# 이광수 문학의 재인식

저자

**김영민** 연세대 국문과 교수
**김재영** 연세대 BK21 연구교수
**김재용** 원광대 한국어문학부 교수
**양문규** 강릉대 국문과 교수
**최현식** 경상대 국문과 교수
**하정일** 원광대 한국어문학부 교수
**한수영** 동아대 국문과 교수

# 이광수 문학의 재인식

**초판1쇄 발행** 2009년 8월 30일
**초판2쇄 발행** 2010년 6월 20일

**지은이** 문학과사상연구회 **펴낸이** 박성모 **펴낸곳** 소명출판 **출판등록** 제13-522호
**주소** 서울시 서초구 서초동 1621-18 란빌딩 1층
**전화** 02-585-7840 **팩스** 02-585-7848 **전자우편** somyong@korea.com **홈페이지** www.somyong.co.kr

**값** 15,000원

ISBN 978-89-5626-417-2 93810 ⓒ 2009, 문학과사상연구회

# 이광수 문학의 재인식

*A New Understanding of Lee Kwangsoo's Literature*

**문학과사상연구회**

소명출판

　문학과사상연구회는 그 동안 공동연구로 '재인식' 시리즈를 펴내왔다. 지금까지 염상섭을 비롯하여 채만식·한설야·임화·이태준 등의 작가 및 근대계몽기 문학에 대한 연구가 있었는데, 이번에 출간하는 『이광수 문학의 재인식』은 횟수로 치자면 어느덧 일곱 번째이다. 이광수는 한국 근대문학사에서 또는 근대정신사에서 지울 수 없는 흔적을 남긴 작가로 그 동안 수많은 연구자들에 의해 지속적으로 다뤄져 온 가장 중요한 작가 중의 하나이다. 실제 한국 근대문학을 연구하는 사람들 중 이광수의 소설을 읽지 않은 이는 없을 것이며, 따라서 그에 대한 헤아릴 수 없을 정도의 많은 견해가 제시되어 왔다. 그런데 새삼 우리는 왜 이광수 문학을 다시 해석해보자고 했는가? 이에 대한 답변을 이 책에 싣는 각각의 글을 간략하게 소개하는 것으로 갈음할까 한다.

　김영민의 「이광수의 새 자료 「크리스마슷밤」 연구」와 「이광수 초기문학의 변모과정」 등 두 편의 글은 서지의 측면에서 이미 그 연구가 완료된 듯싶었던 이광수 문학에서 '크리스마슷밤'이라는 새로운 소설 자료에 주목하여 이를 통해 1910년대 이광수 계몽주의 궤적의 변화와 함께 이광수 초기문학의 변모과정을 섬세하게 살펴본 글이다. 꼼꼼한 서지적 분석과 아울러 이 시기 이광수의 계몽주의가 식민지 현실과 타협해가는 과정에 대한 다양한 실증적 논의 등을 음미해볼 만하다.

　양문규의 「1910년대 이광수 소설 문체의 재인식」은 그 동안 이광수가 이룩한 근대문학적 성과 중의 하나로 당연시돼온 언문일치 및 근대적 문체의 확립에 대한 공과를 다시 한번 따져보고자 하는 글이다. 논의의 핵심은 이광수 단편소설의 문체는 지식인 지향의 문체로 언문일치의 문장이라 할 수 없고, 장편소설의 문체는 조선 후기 국문소설의 국문체를 따르되, 그것이 지녔던 평민문학의 요소들을 발전적으로 계승하지는 못하고 있다는 점이다.

최현식의 「이광수와 '국민시'」는 이광수가 의식적으로든 무의식적으로든 식민지 시기 내내 추구해왔던 '국민' 또는 '국민문학'의 내용들이 일제 말의 '국민시' 이른바 '고쿠민시'에서 어떻게 나타나는지를 묻는 글이다. 특히 이 글은 김재용의 글과 더불어 이광수의 문학을 민족주의 또는 부르주아 민족주의 문학이라는 범주에 놓고 분석했던 기존의 논의들과 비교해보면서 읽는 것도 흥미로울 듯싶다.

김재영의 「이광수 초기 문학론의 구조와 와세다 미사학」은 이광수 문학론의 모태가 되는 초기 문학론을 비교문학적 측면에서 분석하되, 기존의 논의들을 보완하여 쓰보우치 쇼요와 시마무라 호게츠 등 와세다 미사학을 주도했던 자들의 문학론 등과 중점적으로 비교하여 살펴보고 있다. 결론은 기존의 것과 유사한 방향을 취할지라도 이를 실증적으로 검토해 나가는 과정을 찬찬히 살펴볼 필요가 있다.

하정일의 「자율적 개인과 부르주아 결사로서의 민족」은 1910년대의 이광수를 같은 시기 신채호와 비교하는 방식을 빌려 그의 문학론과 사회사상의 특색을 규명한다. 한일합방을 바라보는 양자의 시각의 차이가, 문학에 대한 견해에서부터 시작하여 근대적 주체에 대한 입장 그리고 엘리트와 민중의 관계에 이르기까지 어떠한 차이를 드러내는가를 분석한다. 논의의 결과가 예측되면서도 그러한 결과를 도출하는 춘원과 단재의 대비적 분석 과정이 흥미롭다.

한수영의 「이광수 소설에서의 자유주의와 개인 주체」는 최근 한국사회에서 시의적 주제로 떠오르고 있는 자유주의를 주제로 삼아, 초기 이광수

소설에서 그것의 내면화가 어떠한 수준에서 실현되는지를 검토하는 글이다. 19세기 말에 들어온 자유주의는 이광수 시기에 변형과 굴절의 과정을 겪게 되는데, 이광수의 자유주의를 검토하는 것은 이후 식민지 시기 김동인을 거쳐 프로문학에서 추구한 자유주의 문제를 살펴보는 데 중요한 계기가 된다고 본다.

김재용의 「국민주의자로서의 이광수」는 서구에서 온 내셔널리즘을 식민지 근대의 경우 '국민주의'와 '민족주의'로 나눠 살펴보아야 한다는 전제아래 국민주의자로서의 이광수를 살펴보는 글이다. 이 글은 이광수의 국민주의가 신채호의 민족주의는 물론이요, 실력양성론의 민족주의와도 구분된다고 본다. 특히 흥미로운 것은 이광수에게 영향을 준 자로 흔히 안창호를 거론하는데, 상해에서 귀국한 이후 이광수는 좀 더 윤치호의 영향 아래 국민주의자로서의 길을 걷게 된다는 주장이다.

이와 같이 이 책에 실린 글들은 이광수를 새롭게 그리고 좀 더 정밀하게 보기 위한 다양한 작업들을 시도해보았다. 물론 그러한 뜻과 노력이 얼마만큼의 결실을 얻은 것인지는 모르겠지만 이 점에 대해서는 학계의 엄정한 평가를 기대해본다. 아무쪼록 이광수 문학에 대한 이러한 새로운 재인식이 한국문학사 연구의 또 다른 진전을 마련할 수 있는 계기가 되었으면 하는 바람이고 이것이 우리 연구회가 가장 큰 보람으로 여기는 바이기도 하다.

지은이들 적음

# 제1부
## 이광수 문학의 새로운 지평

# 이광수의 새 자료「크리스마슷밤」연구

김영민

## 1. 머리말

1910년대 유학생 잡지의 필자들은 귀국 후 대부분 국내 문단에 굵은 족적을 남기게 되는 중요한 작가들이다. 따라서 이들 잡지의 필자와 그들의 작품에 대해 연구하는 것은 한국 근대문학의 토대를 살피는 일과도 직결된다.[1] 그런데, 이들 잡지는 유달리 결본이 많다. 그 이유 가운데 하나로는 검열로 인한 배포 중지 문제를 들 수 있다. 이는 『학지광』의 경우도 예외가 아니었다.

---

[1] 일본 유학생들의 잡지 발간 과정 및 문필 활동에 대한 전반적 정리는 필자의 글,「근대적 유학제도의 확립과 해외 유학생의 문학·문화 활동 연구」,『현대문학의 연구』제32호, 한국문학연구학회, 2007, 297~338면 참조.

이 글에서 구체적으로 다루고자 하는 자료는 그동안 검열로 인해 전해지지 못했던 『학지광』 제8호에 수록된 작품 「크리스마슷밤」이다. 『학지광』 제8호는 일본 와세다대학의 호테이 토시히로[布袋敏博] 교수가 미국 의회도서관(Library of Congress)에서 발굴한 자료이다. 당시 『학지광』 제11호도 함께 발굴된 바 있다. 이 자료의 존재는 『조선문학논총(朝鮮文學論叢)』(東京 : 白帝社, 2002)에 발표한 논문 「『학지광』소고─신발견의 제8호와, 제11호를 중심으로(『學之光』小考─新發見の第8号と, 第11号を中心に)」를 통해 처음으로 밝혀졌다. 『학지광』 제8호에는 '거울'이라는 작가의 단편소설 「크리스마슷밤」이 실려 있다. 「크리스마슷밤」이라는 작품 제목은 그동안 조사된 어떠한 서사 자료 목록에도 올라 있지 않다. 거울이라는 작가의 존재에 대해서 역시 알려진 바가 없다. 그러나 「크리스마슷밤」은 그동안 『학지광』에 수록되어 주목을 받았던 일련의 작품들 즉 「청류벽」이나 「부르지짐」 등과 견주어 전혀 손색이 없는 작품이다. 단순히 손색이 없는 정도가 아니라, 문학사적으로 주목할 만한 의미가 있는 작품이라는 것이 본 연구자의 판단이다. 따라서 본 연구에서는 「크리스마슷밤」의 작가가 누구인가에 대해 검증하고, 이 작품이 지니는 의미에 대해서도 검토하려고 한다.


## 2. 『학지광』 제8호의 서지


『학지광』은 돈의연학(敦誼硏學)을 목표로 동경(東京) 및 동경 부근의 유학생들이 조직한 단체인 '조선유학생학우회(朝鮮留學生學友會)'가 발행한 기관지이다. 『학지광』은 1914년 4월에 창간되어 1930년 4월까지 16년

동안 총29호가 간행되었다. 원래 격월간 발행을 목표로 했지만 실제로 는 그 발행 회수가 최대 연3회를 넘지 않았다. 발행 초기인 제4호까지는 비매품(非賣品)으로 배포했지만, 제5호 이후는 유료화하여 판매했다.[2]

『학지광』 제8호에는 판권이 표기된 난이 없으므로 그것이 제작된 시 기를 정확하게 알 수는 없다. 『학지광』 제6호는 1915년 7월 23일에 발 행되었고 이후 7, 8, 9호가 연속 발매금지를 당했으며 제10호는 1916년 9월 4일에 발행되었다. 7, 8, 9호가 연속 발매금지를 당했다는 사실은 『학지광』 제10호 편집후기에 다음과 같이 기록되어 있다.

第一 말삼할 것은 本誌 七號 八號 九號가 連續하야 發賣禁止를 當한바 讀 者諸君의게 對하야 매우 罪悚하옵니다하는 것이올시다.[3]

그런가 하면, 『학지광』 제8호 편집후기에는 제7호가 발매금지된 사 실에 대해서 다음과 같이 기록하고 있다.

本誌 第七號는 印刷所의 事情으로 遲延하엿던 中 雪上加霜으로 發賣禁止 를 當하와 여러 愛讀者에게 無限 罪悚합니다.[4]

『학지광』 제7호는 인쇄소 사정으로 제작이 늦어졌고 이후 발매금지를 당했다. 1915년 당시 『학지광』의 발행 주기를 참고하면 제7호는 제6호를 발간한 지 2, 3개월 후인 10월 발간을 목표로 제작에 임했던 것으로 보인 다. 목표로 했던 일정보다 늦게 인쇄를 마친 제7호가 발매금지를 당하고, 그 후 『학지광』 제8호의 기획이 시작되었다는 사실을 감안한다면 제8호

---

2) 참고로, 『학지광』의 제작 발행 비용은 제3호가 60원 82전, 제4호가 79원 40전이었다. 유료화를 시작한 제5호의 경우 판매 정가는 권당 13전이었다. 「우리소식」, 『학지광』 제5호, 1914.5, 63면 참조.
3) 「편집소(編輯所)에서」, 『학지광』 제10호, 1916.9, 59면.
4) 「편집실(編輯室)에서」, 『학지광』 제8호, 1916.2, 48면.

는 1915년 말부터 원고 수합에 들어갔을 것이라는 추정이 가능하다. 『학지광』 제8호에 수록된 원고들에는 그 말미에 탈고일자가 기록된 것들이 여럿 있다. 이광수의 시 「어린벗에게」는 탈고일자가 1916년 1월 10일이다. 노익근(盧翼根)의 「조선현하(朝鮮現下)의 경제상(經濟上) 공황(恐慌)과 청년(靑年)의 자각(自覺)」은 병진(丙辰) 2월 1일, 제석산인(帝釋山人)의 「용동(龍洞)」은 1916년 1월 24일, 일기자(一記者)가 쓴 「사회단평(社會短評)」은 1916년 2월 1일로 기록되어 있다. 편집후기에 이은 소식(消息)란에는 1월 22일과 23일, 29일, 31일 및 2월 12일, 13일자 모임 관련 기사가 실려 있다. 이를 보면 『학지광』 제8호는 1916년 2월 초순경 일반 원고를 마감했고, 2월 중순 이후 소식란과 후기를 추가해 편집을 끝낸 것으로 보인다. 『학지광』 제3호에 기록된 출간 일정을 참고로 하면, 『학지광』은 원고 마감 이후 인쇄를 끝내는 데 보름 정도가 걸렸다.[5] 원고편집후기 및 소식란의 경우는 인쇄 3일 전에 작성한 기사도 포함되어 있다. 『학지광』 제3호는 1914년 11월 중순 원고마감이 종료되었고, 12월 1일 인쇄를 마친 후 12월 3일 발행한 것으로 되어 있다. 소식란에는 1914년 9월 27일, 10월 25일, 그리고 11월 12일, 14일, 21일, 23일, 25일, 28일자 모임 관련 기사가 실려 있다. 이런 사실들을 참고로 하면 『학지광』 제8호의 제작일은 2월 중순으로 확정해도 무리가 없을 것으로 생각된다.[6]

『학지광』 제8호는 이렇게 1916년 2월 중순경 제작이 완료되었지만 발매금지를 당했고 공식적으로는 배포되지 못했다. 따라서 발굴된 판본은 비공식적 경로를 통해 배포된 불법 유통본이 되는 셈이다.[7]

---

5) 제4호 편집후기를 보면 다음과 같은 구절이 있다. "次號난 三月 下旬에 發行할터이 닛가, 原稿난 三月 中旬 以內로 送致하시기 바랍니다"(「편집소에서」, 『학지광』 제4호, 55면 참조) 이로 미루어 보면 당시 『학지광』은 원고 마감 이후 편집 및 인쇄·발행까지 열흘에서 보름 정도밖에 시간이 걸리지 않았던 것으로 추정된다.

6) 자료 발굴자 호테이 토시히로[布袋敏博]도 『학지광』 제8호의 발간 시기를 '1916년의 이른 시기'로 추정한다. 布袋敏博, 「『學之光』小考─新發見의 第8号と·第11号를 中心に」, 『조선문학논총(朝鮮文學論叢)』, 白帝社, 2002, 232면 참조.

7) 『학지광』 제8호가 검열을 통과하지 못했음에도 불구하고 제작 및 일부 배포가 가능

『학지광』제7, 8, 9호가 당국의 검열에 걸려 배포금지 처분을 받은 이유는 물론 원고의 내용 때문이었다. 『학지광』제10호가 편집후기에서 투고(投稿)를 기대하면서도 "하나 內容은 極히 注意하야 될 수 잇는디로 學術方面을 선택하야 주십소사"[8]라고 부탁하고 있는 것은 이를 잘 보여준다. 『학지광』은 발매금지를 당하기 이전부터도 원고의 재료(材料)는 언론(言論), 학술(學術), 문예(文藝)로 제한했으며 특히 시사정담(時事政談)은 받지 않는다는 사실을 강조해 왔다.[9] 그럼에도 불구하고 계속 발매금지 처분을 받게 되자 편집자는 투고자에게 원고의 내용을 '극히 주의' 해줄 것을 당부하고 있는 것이다.

작가 '거울'의 단편소설 「크리스마슷밤」역시 시사성과 정치성, 더불어 민족성을 기준으로 할 때 검열에서 완전히 자유로울 수 있는 작품이 아니다. 「크리스마슷밤」이 정치적·민족적 요소들을 직설적으로 보여주는 것은 아니다. 하지만, 「크리스마슷밤」역시 『학지광』제8호가 발매금지를 당하는 일에 얼마간 관련이 있었던 것으로 보인다.

---

했던 것은 조선과 일본에서의 검열 방식이 달랐기 때문이다. 당시 국내에서 발행되는 잡지는 대부분 인쇄 이전에 원고 검열을 받았지만 일본에서 발행되는 잡지는 인쇄 이후 납본 검열을 받았다. 일본에서 제재가 이루어진 후에는 "출판법에 의해 내무대신이 발매·반포를 금지한 문서·도화는 한국에서도 그 발매·반포를 금지한다(출판규칙 제2조 1910.5.28 통감부령 제20호)"는 규정에 따라 국내 반입 역시 금지되었다. 일제하 검열 관계 법령 원문은 김창록, 「일제강점기 언론·출판 법제」(『한국문학연구』제30호, 2006.6, 239~317면) 참조. 기타 식민지 시기 검열에 대한 전반적인 사항은 정근식, 「식민지적 검열의 역사적 기원」(『사회와 역사』제64집, 2003.5, 46면) 및 한만수, 「근대적 문학 검열 제도에 대하여」(『한국어문학연구』제39집, 2002.29, 46면) 등 참조.
8) 「편집소(編輯所)에서」, 『학지광』제10호, 1916.9, 59면.
9) 「투고주의(投稿注意)」, 『학지광』제3호, 1914.12, 57면 참조.

## 3. 새 자료 「크리스마슷밤」

『학지광』 제8호에 실린 「크리스마슷밤」의 작가는 누구일까? 이 작품의 서두가 교회당의 예배 장면으로 시작된다는 점, 작품의 제목이 「크리스마슷밤」이라는 점 등에서 보면 우선 떠올릴 수 있는 작가는 늘봄 전영택(田榮澤)이다.

전영택은 『학지광』 제8호가 출간되던 1915년 말 무렵 일본 아오야마[靑山]학원대학 문학부에 재학중이었다. 그는 아오야마학원 문학부를 졸업 한 후 다시 신학부에서 공부했다. 따라서 근대문학 작품 가운데 기독교를 소재로 한 작품들은 우선 전영택과 관련될 소지가 많은 것이 사실이다. 전영택은 『학지광』의 주요 필자 가운데 한 사람이기도 했다. 그는 『학지광』의 편집동인으로 참여하였고,[10] 제10호와 12호, 13호에 본명 및 추호(秋湖)라는 필명을 사용하여 「독어록(獨語錄)」, 「나의 단편(斷片)」, 「전적생활론(全的生活論)」, 「구습(舊習)의 파괴(破壞)와 신도덕(新道德)의 건설(建設)」 등을 발표한 바 있다. 새로 발굴된 제8호에도 그는 「과학과 종교」 및 「종교의 진수(眞髓)와 필요」라는 두 편의 글을 발표했다. 전영택은 이후에도 「크리스마스」(1918, 발표지 불명)라는 시를 창작한 바 있고, 「크리스마스 종소리」(『동광』, 1926.12), 「크리스마스의 마음」(『진생』, 1928.12), 「크리스마스를 맞는 마음」(『기독신보』, 1929.12) 등의 수필과 「크리스마스 전야(前夜)」(『조광』, 1935.12), 「크리스머스 새벽」(1948, 발표지 불명) 등의 소설을 창작하고 발표한 바 있다. 이런 점들로 미루어 보면 「크리스마슷밤」의 작가 거울이 전영택일 개연성이 적지 않아 보인다.

그러나 단정적으로 말해 전영택은 이 작품을 쓰지 않았다. 전영택은 8·15해방 이후 1968년까지 문필활동을 계속했다. 따라서 그는 유학 시

---

10) 전영택, 「처녀작 발표 당시의 감상」, 『조선문단』 제6호, 1925.3, 『전영택전집』 제3권, 목원대 출판부, 1994, 479면 참조.

절 등 자신의 과거에 대해 회상할 수 있는 기회가 비교적 많았던 작가 가운데 한 사람이었다. 전영택은 후일 발표한 여러 편의 문단 회고문을 통해 자신의 첫 소설이 『창조』 창간호에 발표한 「혜선의 죽음」이라고 밝히고 있다.[11] 그 이전에는 소설을 써서 활자화시킨 일이 없다는 것이다. 아울러 다음과 같은 진술 역시 「크리스마숫밤」을 전영택의 작품으로 볼 수 없게 한다. "나는 그때 『학지광(學之光)』이라는 유학생 학우회에서 기관 잡지로 하는 잡지에 수필 같은 것을 내고 YMCA에서 최승만 씨가 맡아 하던 『현대』라는 잡지에 수필이나 창작도 더러 내던 정도였다. 그때는 우리 유학생 사이에는 정치에 대한 정열이 대단해서 두 사람만 모여도 비분강개한 언론을 하고 장래 조국의 운명을 두 어깨에 메고 나가리라는 굉장한 포부들을 가지고 있었지만 한편으로는 문예에 대한 이해는 아주 부족했기 때문에 그런 계열에 들지 않는 사람은, 더구나 시나 소설이나 쓴다는 사람은 고리타분한 생원으로 보거나 심지어 타락한 사람으로 여기던 형편이었다."[12] 자신은 『학지광』에 수필류의 글만을 기고했으며, 시나 소설을 쓰는 사람을 고리타분하고 타락한 인물로 폄하하기까지 했다는 것이다.

그런데 전영택의 회고 「처녀작 발표 당시의 감상」을 보면 그냥 지나치기 어려운 기록이 나온다. 이광수와 김여제가 『학지광』에 시와 소설을 발표했다는 것이다.

그래서 당시 우리네의 유일한 잡지였던 『학지광(學之光)』에 장덕수, 현상윤, 노익상[근] 군 등이 정치 · 사상 · 경제에 관한 논설을 성(盛)히 발표할 때에 나는 종종 노래와 감상문을 썼다. 물론 춘원, 김홍[여]제, 군 같은 이들이 훌륭한

---

11) 전영택, 「처녀작 발표 당시의 감상」, 『전영택전집』 제3권, 목원대 출판부, 1994, 480면 참조. 「나의 문단 자서전」(『자유문학』, 1956.6), 「『창조』를 중심한 그 전후」(『문학춘추』, 1964.4), 「나의 문학수업」(『문학예술』, 1965.5) 등도 참고가 된다.
12) 전영택, 「『창조』」, 『사상계』, 1960.1; 『전영택전집』 제3권, 목원대 출판부, 1994, 511면.

시, 소설을 발표하였고 나는 겨우 그 말석을 차지하였을 뿐이었지만.[13]

전영택의 이 회고는『학지광』제8호와 제11호가 발굴되기 이전까지는 사실로 받아들여지기 어려웠다. 전영택의 이 술회와는 달리, 그동안 전해지던『학지광』에는 이광수와 김여제의 시나 소설은 한 편도 수록된 바가 없었기 때문이다. 그동안 전해지던『학지광』에는 김여제의 작품이 단 한 편도 수록되어 있지 않았다. 이광수의 글도 대부분 논설과 수필류였다. 제14호에「극웅행(極熊行)」이라는 운문이 한 편 수록되어 있어 이를 시로 볼 수도 있겠으나,『학지광』의 편집자는 이 글을 문예 작품과는 구별되는 잡찬(雜纂)으로 분류하고 있다. 그런데『학지광』제8호와 제11호의 발굴은 이 회고가 일부 사실임을 확인시켜 주었다. 김여제는『학지광』제8호에「세계(世界)의 처음」이라는 시를, 그리고 제11호에는「만만파파식적(萬萬波波息笛)을 울음」이라는 시를 발표했던 것이다.[14]『학지광』제8호에는 이광수의 시「어린벗에게」가 수록되어 있다. 그러니까 김여제와 이광수 두 사람은 모두『학지광』에 시를 발표했던 것이다. 하지만, 김여제나 이광수가『학지광』에 소설을 썼다는 사실은 여전히 확인되지 않는다. 전영택이「처녀작 발표 당시의 감상」을 쓴 1925년 이전에『학지광』에 발표된 소설의 수는 많지 않다. 이들 가운데 이광수나 김여제의 작품으로 추정되는 것은 한 편도 없다. 하지만 전영택의 이 회고를 바탕으로 하면,『학지광』제8호에 수록된 새로운 작품「크리스마슷밤」이 이광수와 김여제 두 사람 가운데 한 사람이 쓴 것일 수도 있다는 가정이 가능해진다. 두 사람의 문학적 생애를 참고로 할 때, 소설을 쓴 사람이 있다면 그것은 김여제보다는 물론 이광수가 될 가능성이 높다.

---

13) 전영택,「처녀작 발표 당시의 감상」,『전영택전집』제3권, 목원대 출판부, 1994, 479면. 단,『조선문단』원문의 '노익근'이 전집에는 '노익상'으로, 원문의 '김여제'가 전집에는 '김홍제'로 잘못되어 있어 바로 잡는다.
14) 이 두 편의 시가 지닌 의미에 대한 상세한 논의는 심원섭,「유암 김여제의 '만만파파식적'과 '세계의 처음'」,『문학사상』, 2003.7, 221~233면 참조

「크리스마슷밤」이 이광수의 작품이 되기 위해 충족되어야 할 가장 기본적인 전제는 『학지광』 제8호가 편집되던 무렵인 1915년 말경 이광수가 유학생 학우회 회원이어야 한다는 점이다. 거기에 이광수가 이 작품의 소재가 되는 기독교 및 민족 문제에 관여할 개연성 또한 있어야만 한다. 그것 외에도 작품의 내용이나 문장 등을 통해 이광수의 필치임을 짐작할 수 있어야 함은 물론이다.

1915년 당시 이광수가 일본 유학생 학우회 회원이었다는 점은 분명하다. 1915년 말은 이광수가 인촌(仁村) 김성수(金性洙)의 후원으로 일본에 건너가 와세다대학[早稻田大學] 고등예과에 재학하던 시기였다.[15] 따라서 그는 자연스럽게 '재일본 유학생학우회'의 회원으로 가입할 수 있었을 것이다. 더구나 그는 이미 『학지광』 제5호에 「공화국의 멸망」이라는 글을 발표한 상태였으며,[16] 『학지광』 제8호에 외배라는 필명으로 시 「어린벗에게」를, 이광수라는 이름으로 논설 「살아라」를 발표한다.

기독교를 소재로 한 작품에서 곧바로 이광수를 떠올리기는 쉽지가 않다. 이광수는 일찍 부모를 잃고 고아가 된 후 동학(東學)에 입도(入道)하였고, 그곳에서 문서를 베껴 배포하는 서기의 일을 보며 성장했다.[17] 이 점을 생각하면 기독교보다는 천도교가 더 자연스럽게 다가온다. 그러나 전영택은 다음과 같은 말로 이광수가 일본 유학 당시 기독교의 영향권 안에 있었음을 상기시킨다.

춘원과 나는 나이 겨우 삼 년 차이의 친구지마는 그는 썩 조숙(早熟) 조달(早達)하고 나는 늦되고 만성의 사람이기 때문에 그는 나의 어린 시절에 문학취미를 일으켜 주고, 글공부의 선도자가 되었고 말하면 나의 선생님 격이 된 셈이다.

---

15) 이광수는 1915년 9월 30일 와세다대학에 입학했다. 이 시절의 이광수에 대해서는 김윤식, 『이광수와 그의 시대』 제2권, 한길사, 1986, 478~503면 참조.
16) 1914년 5월에 발행된 『학지광』 제5호에는 고주(孤舟)의 「공화국의 멸망」이라는 글이 실려 있다. 고주(孤舟)는 이광수가 문필활동 초기에 가장 즐겨 사용하던 필명이다.
17) 『이광수전집』 20, 삼중당, 1963, 265면 참조.

그런데 후일 동경에서 만나서 사귀는 동안에 의기가 서로 통하여 정신이 같을 뿐 아니라, 성격조차 비슷한 데가 있으므로 서로 가까워지게 되니, 언제(소년시절에 있어서) 글에서 영향을 주고받고 하였던가 하리만큼 된 셈이다. 그와 나와는 문학사상에 있어서도 주로 인도주의로 나갔다고 하는 점에 있어서 서로 통하는 점이 있다. 그리고 그는 일본 동경에서 명치학원이라는 미션학교, 나는 청산학원이라는 미션학교에서 교육을 받기 때문에 피차에 일찍부터 기독교의 영향을 받았다고 하는 것도 같은 점이라고 할 수 있다.[18]

전영택과 이광수는 유사한 점이 많았던 바, 그 가운데 하나가 기독교적 영향 아래 있었던 일이라는 것이 이 술회의 요지이다. 이광수가 열여섯 살 되는 해에 처음으로 예수교 성경(聖經)을 접하고 청교도적 생활을 흠앙(欽仰)했다는 기록[19] 또한 가볍게 보아 넘길 일이 아니다.

그러나 전영택과 이광수는 기독교를 받아들이는 자세가 크게 달랐다. 전영택은 시간이 지날수록 기독교를 적극적으로 받아들이고 그 결과 신학교 교수를 거쳐 목사가 된다. 하지만, 이광수는 점차 기독교에 대해 회의를 느끼게 된다. 기독교의 진실성에 대해 의문을 갖게 되는 것이다. 다음은 1909년 11월 15일자 이광수의 일기 가운데 일부이다.

禮拜時間은 참으로 싫다(註曰 敎會學校인 까닭에 每日 祈禱會가 있다). 그 祈禱는 모두 하나님을 부끄러우시게 하는 것뿐이다. "大日本 帝國을 愛護하시옵소서. 伊藤公 같은 人物을 보내어 주시옵소서" 滑稽! 滑稽. 그리고도 그들은 基督信者라고 한다. 혓바닥은 아무렇게나 도는 것이다.[20]

---

18) 전영택, 「나의 문학수업」, 『문학예술』 1965년 5월호; 『전영택전집』 제3권, 목원대 출판부, 1994, 526면.
19) 『이광수전집』 20, 삼중당, 1963, 268면.
20) 이광수, 「나의 소년시대」, 『이광수전집』 19, 삼중당, 1963, 11면.

이광수는 메이지학원[明治學院]을 다니면서 의무적으로 예배에 참석해야 했다. 하지만 그는 예배 시간 중에 행해지는 기도에 대해 골계의 감정을 느끼고 냉소적 태도를 취하게 된다. 식민지화되어 가는 약소국가의 국민으로서, 식민지 지배 권력을 위해 기도하는 일본 기독교의 모습을 그대로 수용하기 어려웠던 것이다.[21]

「크리스마슷밤」에서 주인공 김경화가 교회당의 예배 의식을 바라보는 태도 역시 매우 냉소적이다. 김경화와 친구 성순은 교회에 참석한 교인들에 대해서나, 머리에 기름을 바른 집사(執事)들에 대해서 진실성을 믿지 않는다. 그들은 '세상은 모두 다 유희(遊戲)'라고 생각한다. 진심으로 무엇을 하는 이가 드물다는 것이다.

「크리스마슷밤」은 외형적으로는 실연(失戀)을 소재로 한 소설이다. 그러나 그기 이별한 애인 가운데 한 사람의 이름이 '배달'이었다는 점에서 이 작품은 단순한 연애소설로만 읽히지는 않는다. 유학생 김경화는 일본에서 연애에 실패하고 귀국한다. 귀국 후 술로만 살아가던 그는 새로운 애인 '배달'을 만나게 되고, 그 애인을 위해 헌신하기로 결심한다. 하지만 얼마 뒤 '배달'은 죽고 그는 다시 일본 동경으로 돌아간다.

그때에 만일 새로은 愛人을 맛나지아니하엿던들나는 永遠히 酒狂이 되고 말앗스리라. 그러나 나는 幸인지 不幸인지 한 새 愛人을 만낫다. 그는 누구뇨, 배달이엇다. 나는 이 새 愛人을 爲하야 獻身하기로 決定하엿다. 마치 失戀한 사람이 或 僧侶도 되며 或 慈善事業家도 되는모양으로 그리하야 가슴에 마즌 아픈 傷處를 참고 지나더니 그도 얼마아니하야 그 愛人도 죽고 말앗다. 나

---

21) 후일 이광수는 「야소교(耶蘇敎)의 조선(朝鮮)에 준 은혜(恩惠)」(『청춘』제9호, 1917.7) 및 「금일(今日) 조선야소교회(朝鮮耶蘇敎會)의 결점(缺點)」(『청춘』제11호, 1917.11) 등의 글을 통해 조선의 기독교가 지닌 장점 및 단점에 대해 거론한 바 있다. 이광수는 기독교가 가져다 준 이익을 신문명 및 학교 교육 및 한글의 보급, 여성의 지위 향상 등으로 지적한다. 반면 기독교가 지닌 문제점으로는 계급적, 미신적, 교회지상주의(敎會至上主義), 교역자(敎役者)의 무식함 등을 지적한다.

는 그 愛人의 무덤을 쓸어안고 내 不幸을 慟哭하다가 할일업시 東西八 方으로 漂浪하기를 시작하엿다, 마치 크게 失望한 사람이 하는 모양으로 그래서 天涯地角으로 流離하는 동안에도 두 愛人의 생각이 番갈아 닐어나 花朝月夕에 慟哭한적이 멧번이런고 나는 萬年을살아야 다시 두 愛人을 보지못할가하엿다. 그러고 쏘 살아갈동안 자미부칠 무엇이 잇슬가하고 다시 東京으로 굴어들어왓다. 京華는 不勝感慨하야 한참이나눈을감고 안것더니.

"不意에 그의 얼굴을 다시 보앗다. 한 愛人은 이믜 보앗거니와 쏘 한 愛人은 다시 볼는가 말는가."[22]


'배달'은 조선을 상징하는 이름이다. 그것이 다른 뜻을 지니고 있다고 보기는 어렵다. 한 애인은 교회에 와서 다시 보게 되었으나, 또 다른 애인은 다시 볼 수 있을지 없을지 알 수 없다는 것이 김경화의 생각이다. 김경화가 이런 생각을 하는 것은 '배달'이 완전히 죽은 것은 아니라고 믿기 때문이다. 주인공 김경화가 애인과의 재회를 읊조리는 것은 그가 재회의 기대를 완전히 버리지 않았다는 사실을 의미한다. 상실한 조국에 대한 회복의 의지를 버리지 않고 있음을 보여주는 것이다. 「크리스마슷밤」은 나라 잃은 시대의 유학생의 고민을 상징적으로 드러낸 작품이다. 『학지광』 제8호가 배포금지를 당하는 일에 「크리스마슷밤」도 관계가 되었을 것으로 추정하는 이유가 여기에 있다.

이광수는 1916년 초반까지만 해도 민족의 자존이라는 문제에 적잖은 관심이 있었다. 『학지광』 제8호에 발표한 논설 「살아라」와, 시 「어린벗에게」는 모두 이러한 관심을 담고 있다. 시 「어린벗에게」에는 "슬픔보던 네 눈으로 / 깃븜을 보게 하라 / 낡은 半島 보던 눈이 / 새 半島를 보게 해라 // (…중략…) // 造化잇는 네 손아 / 半島를 꿈여 줄 손 / 살려주는 네 藥손을 / 세 번 敬拜하노라 // (…중략…) // 土筆가치 쑤리 깁히 / 잔듸 가치

---

22) 거울, 「크리스마슷밤」, 『학지광』 제8호, 1916.2, 38면.

얽히어 / 三千里에 二千萬이 / 한 生命이 되도록"[23)]이라는 표현이 있다. 여기서 거론되는 '반도(半島)'와 '삼천리(三千里)'는 곧 조선의 상징이 되고 '이천만(二千萬)'은 바로 민족의 상징이 된다는 사실은 자명한 것이다.

이런 점들로 미루어보면 일단 「크리스마슷밤」이 이광수의 작품이 될 기본적 전제는 얼마간 충족이 되는 셈이다. 그러나 기본적 전제의 충족만으로 「크리스마슷밤」을 이광수의 작품으로 단정하는 것은 무리가 있다. 이 작품이 이광수의 작품임을 증명하기 위해서는 세부 사항들에 대한 구체적 검증이 더 필요하다.

작품 속 주인공 김경화가 "그때 나는 톨스토이와 木下尙江의 眞實한 弟子로 自任하야 사랑을 求호대 極히 淨潔한 풀라토니크 사랑을 要求하엿다"[24)]고 한 서술 역시 이 작품의 작가가 이광수일 개연성을 높여준다. 이광수가 일본 유학중 특별히 톨스토이에 심취했고 그의 문학과 예술관을 따랐다고 하는 사실은 너무나 잘 알려져 있다.[25)] 이광수는 톨스토이에 심취했을 뿐만 아니라, 여기서 언급되는 키노시타 나오에[木下尙江] 역시 탐독했다.[26)] 특히 키노시타 나오에는 「경애하는 조선」, 「지리지상의 조선」, 「조선의 부활기」 등의 글을 통해 일본의 식민지 지배와 전쟁에 대한 야욕을 직접 비판하고, 한국 민족에 대해 우호적 입장을 드러내던 지식인 작가였다.[27)] 이 점에서 그는 이광수에게 크게 매력적으로 보였던 것으로 생각된다.

「크리스마슷밤」이 이광수의 작품일 가능성을 높여주는 또 하나의 실

---

23) 외배, 「어린벗에게」, 『학지광』 제8호, 1916.2, 1~2면.
24) 거울, 「크리스마슷밤」, 『학지광』 제8호, 1916.2, 37면.
25) 이선영, 「개화·식민지시대의 문학가 이광수론」, 『한국근대작가연구』, 삼지원, 2001, 65~67면 참조.
26) 『이광수전집』 20, 삼중당, 1963, 269면 참조. 이광수의 작품과 키노시타 나오에의 작품과의 유사성에 관해서는 김태준, 「이광수의 첫 번째 유학 시대와 그 저작들」, 『한국문학연구』 제15집, 1992, 116면 참조.
27) 다테노 아키라, 오정환·이정희 역, 「식민지 지배와 전쟁의 야욕을 날카롭게 비판하다」, 『그때 그 일본인들』, 한길사, 2006, 133~138면 참조.

마리는 이광수의 아명(兒名)이 보경(寶鏡)이었다는 점이다. 「크리스마슷밤」의 작가는 '거울'이라는 필명을 사용했다. 거울은 곧 보경(寶鏡)과 통하는 필명이다. 이광수는 일본 유학 시절 초기에는 대부분 이보경(李寶鏡)이라는 아명을 써서 작품을 발표했다. 그러다가 1910년대 이후로 가면 주로 고주(孤舟), 외배, 올보리, 춘원(春園) 등의 필명을 사용하거나 이광수(李光洙)라는 이름을 사용한다. 보경(寶鏡)이라는 이름은 이광수의 초기 유학 시절까지만 주로 쓰이던 이름이며 와세다 시절 이후에는 별반 사용하지 않던 이름이다. 그런데 『학지광』 제8호에 이광수가 새삼스럽게 보경(寶鏡)을 떠올리게 하는 거울이라는 필명을 사용한 이유는 무엇인가? 그것은 이광수가 『학지광』 제8호에 여러 편의 글을 게재했기 때문이다. 그는 이광수(李光洙)라는 이름으로 수필 「살아라」를, 그리고 외배라는 필명으로 「어린벗에게」라는 시를 게재했다. 그리고 또 한 편의 작품 「크리스마슷밤」을 같은 잡지에 게재하게 되자 거울이라는 필명을 만들어 쓴 것으로 보인다. 지금의 상식으로는 잡지 한 호에 이렇게 세 편의 글을 싣는다는 것은 이해하기 힘든 일이다. 그러나 1910년대 당시는 이것이 그렇게 특별한 일이 아니었다. 특히 이미 문명이 나 있던 이광수의 경우는 누구보다도 이러한 일이 많았다. 그는 『학지광』 제12호(1917.4)에도 세 편의 글을 발표한다. 이광수라는 이름으로 「천재(天才)야! 천재(天才)야!」와 「혼인(婚姻)에 대(對)흔 관견(管見)」과 같은 논설류의 글을 두 편 썼고, 고주(孤舟)라는 필명으로 「이십오 년을 회고(回顧)흐야 애매(愛妹)에게」라는 수필을 발표했다. 후일 그가 주재했던 『조선문단』의 경우를 보면 이러한 현상은 더욱 심했다. 그는 『조선문단』 제2호(1924.12)에 주재(主宰)의 자격으로 「권두사(卷頭辭)」를 쓰고, 춘원(春園)이라는 필명으로 소설 「H군을 생각하고」와 시 「묵상록(默想錄)」을, 장백산인(長白山人)이라는 필명으로 「문단만화(文壇漫話)」와 「담편(談片)」이라는 소품을, 그리고 이광수라는 이름으로 「문학강화(文學講話)」라는 소논문과 「소설선후언(小說選後言)」을 썼다. 잡지 한 호에 세 가지 필명을 사용해 모두 일곱 편의 글을 발표한 것이다. 이러한 사례는 얼마든지 더 제시할 수 있다.

　이러한 사실들은 「크리스마슷밤」이 이광수의 작품일 개연성을 점차 높여준다. 그러나 그것이 이광수의 작품이라고 단정하는 데는 아직도 부족하다. 이들이 모두 직접 증거라기보다는 간접 증거의 성격이 짙기 때문이다. 하지만 다음의 사실은 「크리스마슷밤」이 이광수의 작품임을 확정짓는 결정적인 증거가 될 수 있다. 1917년 7월 『청춘』 제9호 이후 세 호에 걸쳐 연재 발표한 이광수의 단편소설 「어린벗에게」 속에는 「크리스마슷밤」의 주요 에피소드가 그대로 들어 있다. 「어린벗에게」라는 소설 제목은 「크리스마슷밤」이 수록된 『학지광』 제8호에 실린 이광수 시의 제목과도 동일하다.

　「크리스마슷밤」의 가장 중요한 에피소드는 주인공 김경화의 회상을 통해 제시된다. 김경하는 교회에 갔다가 오래 전 사랑을 고백했던 여인을 우연히 보게 되고, 이를 계기로 과거의 사건을 떠올리게 된다. 유학생이었던 그는 친구의 여동생 O양을 만나 그녀에게 사랑을 고백했던 적이 있다. 하지만 기혼자였던 김경화는 이로 인해 곤경에 처하게 되고 결국은 학업을 포기하고 귀국길에 오르게 되었던 것이다. 이 에피소드는 「어린벗에게」의 제2신(第二信)에 나오는 에피소드와 매우 유사하다. 「어린벗에게」는 주인공 나(임보형)의 과거 회상을 서간체로 써나간 작품이다. 여기서도 임보형은 오래 전 사랑을 고백했던 여인을 우연히 만나게 되고 이를 계기로 과거를 떠올린다. 임보형은 동경 유학 시절, 친구의 여동생인 김일련을 만나 사랑을 고백했다. 하지만 그는 기혼자라는 이유로 거절을 당한다. 그 후 임보형은 일본을 떠나 타국을 유랑하게 된다. 「어린벗에게」의 제2신에 나오는 임보형과 김일련 사이의 일화는 「크리스마슷밤」에 나오는 김경화와 O양 사이의 일화를 좀 더 상세히 풀어 쓴 것이다. 이 둘은 내용이 유사할 뿐만 아니라, 부분적으로는 문장이 겹치기도 한다. 두 작품을 직접 비교해 보기로 한다. 먼저 「크리스마슷밤」의 일부이다.

바로 그째에 엇지엇지하야 그를 보앗다. 말할째마다 살쟉 붉어지는 그의 맑 웃맑웃한얼골. 한녑흘 슬젹 갈라 츠렁츠렁 싸하늘인 머리, 作別할째예. "奔走 하신데……" 하던 목소리. 그는나의 가슴에 아직 지나보지못한 火焰을 던졋 다. 그째 나의 어린 생각에는 올치 저야말로 내가 求하는 天使라하얏다. 그러 고 나는 數十日 동안을 혼자 애를 타이다가 엇던날 "나를 사랑하여주소서 오 라비와가치 사랑하노라 하여주소서, 나는 決크 그대의 얼글을 다시 보고져아 니하나이다, 永遠히 아니보더라도 다만 그대의 을아비야 내 너를 사랑한다 한 마듸로 一生의 힘을 삼으리이다" 하는 뜻으로 詩를지어보내엇다. 그러나 이 말이 그의 을아비귀에 들어 已婚男子로 無禮한 일을 하엿다하야 絶交의 請求 를 밧고 다시 이말이 全留學生界에 傳播되어 나는 不良한 墮落生으로 注目 밧게 되엇다. 나는 失望과 羞恥를 의긔지지못하얏다. 나는 나의 바라던 모든 것을 쌔앗겻슬쑨더러 社會(社會라야 내 知人學生數十人이지마는) 에서는 大 罪人과가튼 冷遇를 바닷다. 나는 울고 울엇다. 이제는 내 生命은 임의 破壞되 엇거니하고 스스로 冷灰에 비겻다. 나는 엇던날 平生 첨 술을 만히 마시고 澁 谷鐵道線路에서 自殺을 하려하야 遺詩를 써노코 線路에 누어서 마즈막 그를 생각하면서 汽車가 어서 와서 내 生命을 마자쯘키를 기다렷다. 그째에 나는 實로 죽을수밧게는 길이 업거니하얏섯다. 그러나 마츰 工夫에게 붓들려 巡査 에게 萬般說諭를 밧고 다시 살아낫다. 그러고는 學校도 다 내어던지고 歸國 하엿다. 歸國後에는 酒狂이 되어 二三朔동안 世人의 嗤笑를 바닷다.[28]

다음은 「어린벗에게」 가운데 위와 유사한 내용을 다루고 있는 부분이다.

저의 얼굴이 쌁아케됨을 슬젹 볼째에 나의 얼굴도 저러하려니하야 참아 얼 굴을 들지못하엿나이다. 그는 겨오 가느나마 快活한 목소리로, "奔走하신데 수고하셧습니다" 할쑨이러이다. 나는 엇지할줄을 모르고 우둑하니 섯섯나이

---

28) 거울, 「크리스마숫밤」, 『학지광』 제8호, 1916.2, 38면.

다. (…중략…) 그後 얼맛 동안을 苦悶中으로 지내다가 나는 마츰내 내 心情을 書束을 썻나이다. (…중략…) 내가 그대에게 要求하는바는 오직 하나—아조 쉬운 하나이니 卽 "輔衡아 내 너를 사랑하노라, 누이가 올아비애게 하는 그대로" 한마듸면 그만이로소이다. 만일 그대가 이 한마듸만 주시면 나는 그를 나의 護身符로 삼아 一生을 그를 依支하고 살며 活動할것이로소이다. 그 한마듸가 나의 財産도되고 精力도되고 勇氣도되고—아니, 나의 生命이될것이로소이다. 나는 決코 그대를 만나보기를 要求아니하리이다. 도로혀 만나보지 아니하기를 要求하리이다. (…중략…) 그가 내 書束을 밧고 一鴻君을 請하야 물어보앗고 一鴻君은 내가 旣婚男子인 理由로 이를 拒絶하게한것인줄을 알앗나이다. 그後 나는 매오 失望하엿나이다. 술도 먹고 學校를 쉬기도하고 밤에 잠을 못일워 不眠症도 엇고(이不眠症은 그後四年이나 繼續하다), 幽鬱하여지고 世上에 맘이붓지아니하며 成功이라든가 事業의 希望도 업서지고—말하자면 나는 싸늘하게 식은 冷灰가되엇나이다. 或時 나는 鐵道自殺을 하랴다가 工夫에게 붓들리기도 하고 卒業을 三四月後에 두고 退學을 하랴고도 하여보며, 이리하야 여러 朋友는 나의 急激한 變化를 걱정하야 여러 가지로 忠告도하며 慰勞도하더이다. 그러나 元來 孤獨한 나의 靈은 다시 나을수업는 큰 傷處를 바다 모든 希望과 精力이 다슬어졋나이다. 나는 이러한 되는대로 生活, 落望悲觀的生活을 一年이나 보내엇나이다.[29]

「크리스마슷밤」의 김경화는 시를 보내 사랑을 고백하고, 「어린벗에게」의 임보형은 편지를 보내 사랑을 고백한다. 이들이 상대에게 공통적으로 원하는 것은, 자신을 단지 오라비처럼 사랑한다고 말해달라는 것이다. 그렇게만 해준다면 앞으로는 다시 만날 수 없다 해도 좋다는 것 또한 이들의 공통된 약속이다. 하지만 두 사람은 모두 기혼자라는 이유로 여자에게 거절당하고 실망과 수치심을 느낀다. 결국 두 작품의 남자

---

29) 외배, 「어린벗에게」, 『청춘』 제9호, 1917.7, 112~121면.

주인공들은 모두 철도자살(鐵道自殺)을 시도하지만 공부(工夫)에게 붙잡혀 살아난다. 이러한 사실들은 「크리스마슷밤」이 이광수의 작품임을 확정적으로 보여주는 것이다. 「어린벗에게」는 다시 일부가 개작되어 1926년에 「젊은꿈」이라는 작품으로 발표된다.[30] 「어린벗에게」와 「젊은꿈」 사이의 가장 큰 차이는 내용보다는 문체에 있다. 즉 국한문혼용체이던 「어린벗에게」가 「젊은꿈」에서는 순한글체 작품으로 변화한 것이다. 이광수는 「젊은꿈」 서문에서 「어린벗에게」가 자신의 생명의 한 조각, 젊은 꿈의 한 조각이기 때문에 차마 건드릴 수 없어 그대로 재수록한다고 밝히고 있다. 하지만 「젊은꿈」이 「어린벗에게」의 문체만을 바꾸어 그대로 재수록한 작품은 아니다. 「젊은꿈」의 개별 문장들은 「어린벗에게」의 그것과 상당부분 차이가 난다. 작품의 큰 틀은 그대로 유지되지만 세부는 적지 않게 바뀌는 것이다. 예를 들면 위 인용문에 나타난 철도자살을 시도하다가 공부에게 붙들리는 부분 등도 사라지게 된다.[31]

『학지광』 제8호에 수록된 「크리스마슷밤」이 관심을 끄는 중요한 이유는 우선 이 작품이 한일합방 이후 창작된 소설임에도 불구하고 「부르지짐」 류의 허무주의적 소설이 보이는 한계를 넘어선 작품이라는 데에 있다. 「크리스마슷밤」은 「부르지짐」처럼 식민지 유학생의 고뇌를 소재로 삼은 작품이다. 「크리스마슷밤」과 「부르지짐」은 모두 지식인이 느끼는 상실감을 바탕으로 한 작품이라는 공통성 역시 지니고 있다. 그러나 「부르지짐」과 달리 「크리스마슷밤」은 상실을 운명으로 돌리는 허무주의적 태도를 취하지 않는다. 「크리스마슷밤」의 주인공은 어떤 형태로든 현실에 대한 관심을 놓치려 하지 않는다. 「크리스마슷밤」은 기교의 측면에서도 주목할 만한 점들을 여럿 지니고 있는 작품이다. 그 가운데

---

30) 이광수, 『젊은꿈』, 박문서관, 1926. 작품 「젊은꿈」은 같은 제목의 작품집 『젊은꿈』에 수록되어 있다.

31) 「어린벗에게」와 「젊은꿈」의 문장상의 차이에 대해서는 사에구사 도시카씌(三枝壽勝) 역, 『이광수 작품선』, 이룸, 2003, 290~347면 참조.

주목할 만한 것은 구성의 기법이다. 오랜만에 교회에 간 주인공이 거기서 피아노를 연주하는 옛 애인을 만나게 되고 그 애인을 통해 또 하나의 애인 배달을 떠올리게 하는 수법은 치밀하게 계산된 것이다. 「크리스마슷밤」은 이광수가 초기 문필 활동에서 보여주던 비타협(非妥協)의 자세를 보여주는 작품이라는 점에서도 의미가 있다.


## 4. 맺음말


『학지광』 제8호는 1916년 2월 중순 무렵 인쇄를 마쳤지만, 납본 과정에서 발매금지 처분을 받았다. 『학지광』 제8호가 발매금지 처분을 받은 이유는 여러 가지가 있겠지만, 여기에 실린 「크리스마슷밤」에 담긴 시사성과 정치성 역시 그와 연관되어 있었을 것으로 추정된다.

그동안은 「크리스마슷밤」이 누구의 작품인지 알 수 없었지만, 이 글에서는 그것이 이광수의 작품임을 검증했다. 일본 유학 당시 이광수의 관심과 행적, 그리고 '거울'이 이광수의 아명인 '보경'과 통한다는 사실은 「크리스마슷밤」이 이광수의 작품일 개연성을 높여주었다. 거기에 「크리스마슷밤」의 주요 에피소드 및 문장의 일부가 이광수의 단편소설 「어린벗에게」 속에 유사한 형태로 반복되고 있다는 사실은 이 작품의 작가가 누구인가를 분명히 확인시켜주었다. 「어린벗에게」는 이후 다시 개작되어 「젊은쑴」이 된다.

「크리스마슷밤」은 구성의 기법 등 여러 측면에서 주목할 가치가 있는 작품이다. 그런가하면 「크리스마슷밤」은 이광수가 문필 활동 초기에 지향했던 세계가 무엇인가를 명확히 보여주는 작품이다. 이광수는 문필

활동 초기 민족의 과거를 잊지 않으려 노력했고 갱생을 기대했다. 「크리스마슷밤」은 그동안 작가 이광수가 초기 문필활동을 통해 보여주던 비타협(非妥協)의 자세를 지속적으로 견지하고 있음을 확인시켜주는 작품이라는 점에서도 의미가 있다. 「크리스마슷밤」은 이광수가 조선총독부 기관지 『매일신보』의 필자로 나서기 전에 쓴 마지막 소설이다. 「크리스마슷밤」과 함께 『학지광』 제8호에 투고한 시 「어린벗에게」, 그리고 수필 「살아라」는 모두 조선 민족에 대한 애정과 관심이 담겨 있는 글들이다. 이들 세 편의 글을 종합해 볼 때 당시 이광수가 지니고 있던 생각의 핵심은 어떻게든 살아남아 민족의 회생(回生)을 지켜보는 것이었다.

그러나 얼마 후 『매일신보』라는 새로운 지면을 만나면서 이광수의 생각은 변화한다. 그는 살아남아 민족의 회생을 지켜보는 것이 아니라, 민족을 잊고 식민지 현실을 인정하며 풍속을 개량하는 일에 동참하기로 결심한다. 「크리스마슷밤」을 「어린벗에게」로 개작하면서, 이광수는 과거를 정리하고 새로운 세계에 안착하는 일을 기획한다. 「크리스마슷밤」에서 이광수가 집착했던 것은 '민족(民族)의 갱생(更生)'이었다. 그러나 「어린벗에게」에서 그가 받아들이고자 하는 새로운 세계는 '동족(同族)의 교화(敎化)'로 제시된다. 이를 통해 이른바 타협적 계몽주의자의 길로 나서게 되는 것이다. 「크리스마슷밤」이 「어린벗에게」를 거쳐 「젊은꿈」으로 변하는 상세한 과정에 대해서는 별도의 논문으로 계속해서 다룰 예정이다.

# 이광수 초기 문학의 변모 과정

## 이광수의 새 자료 「크리스마슷밤」 연구 (2)

김영민

## 1. 머리말

이 글은 「이광수의 새 자료 「크리스마슷밤」 연구」의 후속 논문이다. 이 글의 목적은 1916년 초반 단편소설 「크리스마슷밤」을 쓴 이후 작가 이광수가 어떻게 변화되어가는가를 자료를 통해 구체적으로 밝히는 데 있다.

「크리스마슷밤」이 실렸던 『학지광』 제8호는 검열로 인해 발매금지 처분을 받았다. 그동안은 여기에 실린 '거울'이라는 작가의 단편소설 「크리스마슷밤」이 누구의 작품인지 알 수 없었지만, 본 연구자는 최근 그것이 이광수의 작품임을 주장하고 구체적으로 검증한 바 있다. 기독교에 대한 이광수의 태도, 작품 속 주인공이 스스로 톨스토이와 키노시타 나오에[木下尙江]의 제자로 자임했다는 서술 등은 이 작품의 작가가 이광수일 개연성을 지닌다. 「크리스마슷밤」이 이광수의 작품일 가능성을 높여주는 또 하나의 실마리는 이광수의 아명(兒名)이 보경(寶鏡)이었다는 점이다. '거울'과 '보경'은 서로 관계가 깊은 이름이다. 그런가하면, 이광수의 단편소설 「어린벗에게」 속에는 「크리스마슷밤」의 주요 에피소드가 그대로 들어 있다. 특히 두 작품의 문장이 부분적으로 중복된다는 사실은 「크리스마슷밤」이 이광수의 작품이라는 분명한 증거가 된다.[1]

그런데, 본 연구자는 최근에 일본의 하타노 세츠코 교수 또한 「크리스마슷밤」을 이광수의 작품으로 단정하고 연구를 시작했다는 사실을 확인할 수 있었다. 이광수에 관한 전문 연구자이며 장편 『무정』을 일본어로 번역 출간한 바 있는 하타노 세츠코 교수는 「『무정』을 쓸 무렵의 이광수」라는 글을 통해 다음과 같은 사실을 주장하고 있다.

이 8호에는 이광수의 작품이 몇 편 게재되어 있어서 덕분에 필자는 중요한 사실을 몇 개 발견할 수 있었다. 첫 번째는 「농촌계발」에는 토대가 된 「용동」이라는 글이 있다는 것, 두 번째는 이광수의 서간체 소설 「어린벗에게」의 제목이 원래는 시의 제목이었다는 것, 세 번째는 나혜석과 이광수의 관계를 추측하게 하는 「크리스마슷밤」이라는 단편의 존재다. 이 외에 문체 등으로 보아서 「사회단평」과 「소설일속[소화일속]」도 이광수가 쓴 것이 아닐까 추측되지만 단언할 수는 없다.[2]

---

1) 김영민, 「근대적 유학제도의 확립과 해외유학생의 문학·문화 활동 연구」, 『현대문학의 연구』 제32호, 2007.7, 297~338면; 김영민, 「한국 근대문학과 원전(原典) 연구의 문제들」, 『현대소설학회 학술대회 자료집』, 한국현대소설학회, 2007.11.10, 1~20면; 김영민, 「이광수의 새 자료 「크리스마슷밤」 연구」, 『현대소설연구』 제36호, 2007.12.7, 21면 참조
2) 하타노 세츠코, 「『무정』을 쓸 무렵의 이광수」, 『제2회 국제한국문학회 학술발표회 자료집』, 서울대 국어국문학과, 2007.12.6~8, 74면. 이밖에 2007년 11월 17일 일본 니가타에서 진행된 소규모 학술 모임에서도 하타노 세츠코 교수는 이 내용을 언급한 바 있다. 이에 앞서 2007년 가을 와세다대학에서 열린 조선문화연구회 학술심포지움에서도 이와 관련된 내용을 발표했다. 위 인용문 중 「소설일속」은 「소화일속(小話一束)」의 오타이므로 바로 잡았다.

본 연구자 역시 하타노 세츠코 교수의 이러한 생각에 대체로 동의한다. 「『무정』을 쓸 무렵의 이광수」에서 하타노 세츠코 교수는 「크리스마슷밤」이 이광수와 나혜석의 관계를 밝히는 중요한 매개물이 될 수 있다는 생각을 드러내고 또 그 생각을 발전시켜가고 있다. 본 연구자는 『학지광』 제8호와 거기에 수록된 「크리스마슷밤」이 이광수의 변화 내지 변모의 과정을 밝히는 중요한 매개물이 될 수 있다는 생각을 드러낸 바 있고, 여기서도 그 생각을 계속 발전시켜 나아가려고 한다.

이 글에서는 우선 이광수가 「크리스마슷밤」을 쓴 이후 『매일신보』와 만나게 되는 과정을 밝히려고 한다. 『매일신보』는 조선총독부의 기관지였다. 따라서 이른바 비타협적 저항과 민족의 갱생을 주장하던 이광수가 『매일신보』를 만나는 과정을 밝히는 것은 그의 변모를 이해하는 데 매우 중요한 사안이 될 수 있다. 이어서 『학지광』 제8호에 실린 세 편의 이광수의 글인 「크리스마슷밤」과 「살아라」, 그리고 「용동(龍洞)」이 뒤에 어떠한 형태로 변화되어 다시 발표되는가를 정리해 보려고 한다. 이를 통해 이광수의 변모 과정을 구체적으로 확인할 수 있을 것으로 기대한다.


## 2. 「크리스마슷밤」 이후의 이광수


### 1) 『학지광』에서 『매일신보』로

『학지광』에 발표된 「크리스마슷밤」은 이광수가 초기 문필 활동에서 보여주던 비타협(非安協)의 자세를 드러내주는 마지막 작품이라는 점에서 의미가 있다. 이광수는 1900년대의 대표적인 유학생 잡지 『태극학보

(太極學報)』와 『대한흥학보(大韓興學報)』에 투고한 「혈루(血淚)」와 「옥중호걸(獄中豪傑)」에서 압제자에게 굴복하지 않고 사력을 다해 저항할 것을 다음과 같이 외친 바 있다.

同胞여! 諸君이 萬一 禽獸와 如ㅎ면 宜여니와 萬一, 人의 性을 具ㅎ엿거든 우리의 生命을 爲ㅎ야 우리의 權利를 爲ㅎ야 우리의 自由를 爲ㅎ야 起티, 아니ㅎ는다!

然ㅎ다가 得ㅎ면, 우리 스팔타를 再見홀지요, 不得ㅎ면 我輩의 肉片은 萬古不朽의 寶玉이, 되깃고 我輩의 鮮血은 千秋不廢의 靑史를, 빗니리로다.

勇士야!

義士야!

希臘同胞야!

我輩가, 萬一, 戰티아니티못홀딘딘, 我輩를 爲ㅎ야 戰홀디여라.

我輩가, 萬一, 屠殺티아니티못홀딘딘, 我輩를 壓迫하는者를 屠殺홀더여다

我輩가 萬一 死티아니티못홀딘딘 自由의, 하늘아리, 美麗흔 川邊에셔, 勇敢흔 獨立戰에 死홀디여라.[3]

너ー브엄아, 셔를시고, 너ー부엄아, 서를시고! 싣어어라, 네니쌸노, 너를, 얼맨 쇠사슬을! 너니쌸이, 다라져셔, 가루가, 되도록! 깃더려라, 발톱으로, 너를갓운, 굿은獄을! 네발톱이, 다라져셔 가루가, 되도록! 네니쌸과, 네발톱이 다라져셔, 업셔지고, 네勇氣와, 네의힘이 衰ㅎ며셔, 업서지면, 네心臟에, 잇는피를, 쑤리고 죽어이라![4]

「혈루」의 경우는 그것이 비록 번역물이기는 하나, 이광수는 뒤에 붙인 역자 후기를 통해 이 글에 자신이 크게 공감하고 있음을 토로하고

---

3) 이보경(李寶鏡), 「혈루(血淚)」, 『태극학보』 제26호, 1908.11, 55면.
4) 고주생(孤舟生), 「옥중호걸(獄中豪傑)」, 『대한흥학보』 제9호, 1910.1, 33면.

있다. 사조(詞藻)란에 수록된 작품 「옥중호걸」에서는 좁은 옥(獄)에 갇히
어 살아가는 호랑이에게 사슬을 끊고 압제를 벗어날 것을 강력히 주문
하고 있다. 1910년 2월부터 3회에 걸쳐 『소년』에 연재 발표한 「어린희
생」 역시 같은 맥락으로 읽을 수 있는 작품이다. 여기서는 압제자에 저
항하다 희생되는 가족의 이야기를 다루고 있다. 이전 점들과 연관 지어
보면, 「크리스마슷밤」은 이광수 초기문학의 속성을 전형적으로 드러내
주는 작품 가운데 하나라 할 수 있다.5)

그러나 민족자존에 대한 소망을 버리지 않았던 작가 이광수는 조선
총독부 기관지 『매일신보』와 만나면서 자신의 진로를 대폭 수정하게
된다. 이광수와 『매일신보』가 만나게 되는 계기 및 그 과정에 대해서는
여러 가지 추정이 가능한 바, 우선 다음의 두 가지 글이 참고가 된다.

> 춘원이 『매일신보』와 인연을 맺은 것은 1916년 9월 22일 「대구에서」라는
> 편지 형식의 독특한 기행문을 쓰면서였다. 그가 일본 와세다대학 고등예과를
> 졸업하고 잠시 귀국해 있을 때의 일이었다. 춘원은 예과 졸업생 3천여 명 가
> 운데 2등으로 졸업했다. 그 결과 대학 무시험 입학과 함께 특대생(장학생)으로
> 뽑히는 영예를 안고 금의환향했다. 때 마침 『매일신보』에는 그가 잘 아는 심
> 우섭(필명 천풍)이 기자로 근무하고 있었다. 그가 춘원에게 큰 힘이 되었음은
> 말할 것도 없다. (…중략…)

---

5) "고아이며 나라를 떠난 유학생이었던 이광수는, 누군가를 사랑하고 누군가에게 사랑
을 받고 싶다는 애정 기갈로 괴로워했고, 고향에서 빈궁한 생활을 하다가 부모를 잃는
비참한 체험으로부터 탈출해온 이광수의 생존 본능은 살아가는 것을 희구해 마지않았
다. 이 생존과 애정에 대한 욕구가 시대상황과 결부된 곳에 이광수의 낭만적 민족주의
는 확립되었다. 우선 살아가는 것, 생을 철저히 긍정하는 것으로 자아를 확립하였고,
다음으로 자기의 생존과 밀접한 관련을 지닌 국가를 자아의 연장으로서 자기와 일체시
하는 것, 그럼으로써 고향에서 고아로서 경험한 공동체로부터의 소외감은 보상되었으
며, 대상을 찾아서 방황하고 있던 사랑은 애국주의에 '정박'한 것이다(하타노 세츠코[波
田野節子], 「이광수의 자아─작품을 통해 본 이광수의 제1차 유학시대의 세계관」, 『민
족문학사연구』 제5호, 1994, 116~117면)"라는 이광수 초기문학에 대한 정리는 「크리스
마슷밤」에 적용하기에도 매우 적절한 것이다.

춘원이 조선총독부 기관지 『매일신보』에 글을 쓰게 된 데에는 그 나름대로 이유가 있었다. 1910년 3월 26일 일본 메이지학원 보통부(5학년 과정)를 졸업하고 귀국한 춘원은 평북 정주 오산학교의 교사생활(1910.4~1914.11)과 중국, 시베리아 등지의 유랑생활 끝에 인촌(仁村) 김성수(金性洙)의 지원으로 1915년 9월 다시 일본 유학을 할 수 있게 됐다. 그때 춘원은 오로지 작가가 되는 게 꿈이었다. 9월 30일 와세다대학 고등예과에 입학한 그는 육당 최남선이 운영하던 잡지 『청춘』에 시와 소설을 발표하는 등 창작활동에 더 열중했다. (…중략…) 그러나 『청춘』은 육당 중심의 동인지 성격이 짙었고, 『학지광』 또한 1년에 2~3회 밖에 발행되지 않은데다 발행부수도 1천 6백 부 안팎이어서 그의 성에 차지 않았다. 게다가 합방된 지 6년이 지난 당시 그가 유학생활에서 체험한 바로는 일본이 너무나 발전해 조선독립은 도저히 이룰 수 없는 허황한 꿈으로 느껴졌다. 따라서 그는 일본 눈치를 보아 적당히 처신하며 기회가 오기를 기다릴 수밖에 없다고 판단했다. 춘원의 친일은 사실 그때부터 머릿속에 계산되었는지도 모를 일이다. 이런 상황에서 창작의욕이 왕성한 그에게는 독자가 많은, 더 큰 발표 무대가 필요했다. 그것이 바로 우리말 신문으로는 국내에 하나밖에 없는 『매일신보』였다.[6]

유학생계를 넘어서고, 육당적 동인지의 세계도 넘어설 자신이 생기기 시작했다. 그런 발표 무대가 그에게는 필요했다. 그것이 당시로서는 가장 부수를 많이 찍는 총독부 기관지 『매일신보』였다. 처음 이 신문이 기관지로 바뀌자 부수가 줄었으나, 총독부 기관지답게 서서히 부수가 증가되었다. 언문신문으로서는 거의 유일한 것인만큼 그럴 수밖에 없었다. 사람들은 이 유일한 언문신문을 읽어야 했기에 『매일신보』는 거대한 기관으로 변모하였고 이 사정은 1920년의 『동아일보』, 『조선일보』 두 민간신문이 나타날 때까지 계속되었다. 춘원은 이 신문지면이 필요했다. 그는 스스로 그만큼 큰 사상가요 인물이라고

---

6) 정일성, 『일본 군국주의의 괴벨스 도쿠토미 소호[德富蘇峰]』, 지식산업사, 2005, 64~66면.

판단한 것이다. 그의 나르시시즘은 그로 하여금 마침내 이 신문에 「대구에서」를 쓰게 만들었다.[7]

이 글들은 이광수가 『매일신보』에 글을 쓰게 되는 과정과 이유에 대해 주로 명예에 대한 욕구과 관련지어 설명하고 있다. 그 외에도, 학우회 기관지였던 『학지광』은 물론이고 상업지였던 『청춘』조차 원고료를 지불하지 않던 상황에서[8] 『매일신보』가 보내주는 원고료 역시 유학생 이광수에게는 매력적이었을 것이다. 물론 이광수와 『매일신보』와의 만남을 한 유학생의 명예에 대한 욕구와 금전적 보상이라는 문제로만 단순화시켜 설명할 수는 없다. 이광수는 두 번에 걸친 유학을 수행한다. 그런데 이 두 번의 유학이 모두 자신이 스스로 마련한 경비에 의한 것이 아니라 누군가의 후원에 의한 것이었다. 첫 번째 유학은 일진회의 도움에 의한 것이었다. 1915년의 2차 유학은 인촌 김성수의 도움에 의한 것이었다. 이광수는 1905년 1차 유학 당시 일진회의 지원비가 끊어져 일 년만에 귀국했다. 그런 점에서 보면, 학비가 없어 학업을 중단하고 귀국해야만 했던 경험을 안고 있던 이광수가 경제적 여건에서 자유로울 수 없었다는 사실만은 분명해 보인다.

그런데 여기서 새롭게 수정해야 할 중요한 사실이 하나 있다. 이광수가 『매일신보』에 첫 번째로 기고한 글은 지금까지 「대구에서」로 알려져 있었다.[9] 하지만 이는 잘못된 것이다. 그는 「대구에서」를 발표하기

7) 김윤식, 『이광수와 그의 시대』 제2권, 한길사, 1986, 507면.
8) 이광수, 「『무정』 등 전작품을 말하다」, 『삼천리』, 1937.1, 『이광수전집』 16, 삼중당, 1963, 300면 참조. 여기서 이광수는 『청춘』에서는 원고료를 보내주지 않았고, 『매일신보』에서는 『무정』 집필 시 한 달에 5원(圓)을, 그리고 『개척자』 집필 시에는 한 달에 20원을 보내주었다고 밝히고 있다. 심우섭의 회고에 따르면 당시 『매일신보』 기자의 월급이 20원이었다. 이광수는 당시 소설 한 편을 기고하는 대가로 기자의 한 달치 월급을 받았던 셈이다. 이와 관련된 상세한 서술은 「창간이래 34년 본보 성장의 회고」, 『매일신보』, 1938.5.5, 13면 참조.
9) 『이광수전집』을 비롯해 김윤식의 『이광수와 그의 시대』 등 기존의 이광수 관련 모든 자료집 및 연구서에서는 『매일신보』에 투고한 이광수의 첫 글을 「대구에서」로 정

이전 『매일신보』에 「증삼소거사(贈三笑居士)」라는 한시(漢詩)를 투고한 바 있다. 이것이 『매일신보』에 수록된 첫 번째 글이 된다. 이 한시는 이광수와 『매일신보』의 접촉 과정을 이해하는 데 매우 의미 있는 실마리를 제공한다.

> 南溪幽屋始逢君　禪榻焚香人自薰
> 體胖眼青容似笑　滿胸道味定氳氳[10]

이 한시는 1916년 9월 8일자 2면 하단 현대시단(現代詩壇)란에 '고주생 동상도중(孤舟生 東上途中)'에서라는 부기와 함께 실려 있다. 고주생(孤舟生) 즉 이광수가 동쪽 일본으로 길을 떠나며 삼소거사께 드린다는 주석이 달려있는 셈이다. 원고의 성격으로 미루어볼 때, 이 글은 매일신보사의 청탁에 의한 기고가 아니라 이광수 스스로가 창작해 투고한 것으로 추정된다. 여기서 '삼소거사'는 『매일신보』 발간 초기부터 실력자로 행세하던 나카무라 켄타로[中村健太郎]를 지칭한다. 남계유옥(南溪幽屋)은 나카무라 켄타로의 당호(堂號)를 의미한다.[11] 따라서 이 시는 이광수가 나카무라 겐타로의 집을 방문한 후 쓴 것이 분명하다. 나카무라 켄타로는 나중에 일본으로 돌아간 후, 조선에서의 자신의 생활을 회고하는 기록 『조선생활 오십년(朝鮮生活 五十年)』을 남겼다. 이 기록에 따르면 나카무라는 1900년 일본 구마모토[熊本]현이 파견한 조선어(朝鮮語) 유학생으

---

리하고 있다.

10) 이 자료의 발견자는 연세대 박사과정에서 1910년대 『매일신보』를 연구하고 있는 함태영 선생이다. 자료의 수록 사실을 알려주고 이 원고의 집필 과정에 토론을 함께 해 준 함태영 선생에게 감사한다. 이 시의 뜻은 대체로 다음과 같다.
南溪幽屋始逢君(남계유옥시봉군) 남쪽 시내 그윽한 집에서 그대를 처음 만났네
禪榻焚香人自薰(선탑분향인자훈) 참선 자리 향 피운 사람 그 스스로가 향기롭고
體胖眼青容似笑(체반안청용사소) 부처같이 편안하며 맑은 눈빛 얼굴에 미소 띠고
滿胸道味定氳氳(만흉도미정인온) 불도의 참뜻이 그 마음 속에 가득 차있네.
11) 원래 나카무라 켄타로의 당호는 남계초당(南溪草堂)이었던 것으로 보인다. 나카무라 켄타로[中村健太郎], 『조선생활 오십년(朝鮮生活 五十年)』, 靑潮社, 1969 참조.

로 한국에 첫발을 디딘 후 약 47년간 한국에 머물며 활동했다.[12] 그는 처음 한국에 와서는 경부철도회사의 일을 했으나, 1903년 일본인들이 한국 내에서 발행한 『한성신보』에 입사함으로써 언론계에 들어서게 된다.[13] 『한성신보』 한글판의 기사 작성 및 편집을 담당하던 그는 1905년 이후에는 경무고문부에 들어가 국내신문들에 대한 검열을 담당하는 검열관의 역할을 하기도 했다.[14] 나카무라 켄타로는 일본의 대표적 군국주의자 가운데 한 사람인 도쿠토미 소호[德富蘇峰]의 권유로 『매일신보』 발간 작업에 참여하게 된다.[15] 나카무라 켄타로는 1916년 당시에는 『매일신보』의 감사였고, 이후 1918년에는 이사가 되고 1921년에는 편집국장의 역할을 맡는다.[16] 하지만 나카무라는 그의 형식적 직함의 변화와 관계없이 늘상 『매일신보』 편집의 실질적 권한을 갖고 중추적 역할을 수행한 것으로 보인다.[17]

앞뒤 사정으로 미루어보면, 이 한시는 와세다대학 유학생이었던 이광수가 1916년 여름 방학을 끝내고 동경으로 돌아가는 길에 나카무라

---

12) 위의 책, 9~11면 참조.

13) 『한성신보』는 일본 구마모토[熊本]현 사람들이 결성한 구마모토국권당[熊本國權黨]이 중심이 되어 1895년 2월 17일에 발행한 신문이다. 『한성신보』는 국문과 국한문 그리고 일문을 함께 사용하는 격일간 신문으로 출발했다. 1897년 10월 하순부터는 국문(국한문)과 일문 신문을 분리하여 각각 발행하기 시작했고, 1903년 10월 1일부터 이들 국문과 일문 신문을 모두 일간으로 바꾸어 발행했다. 『한성신보』는 1906년 7월 31일까지 발행된 후 폐간된다. 『한성신보』에 대한 자세한 논의는 필자의 글, 「구한말 일본인 발행 신문과 한국의 근대소설」, 『현대문학의 연구』 제30호, 2006.11.30, 7~44면 참조.

14) 「창간이래 34년 본보 성장의 회고」, 『매일신보』, 1938.5.5, 13면 참조.

15) 나카무라 켄타로, 앞의 책, 57~58면 참조.

16) 정진석, 『언론 조선총독부』, 커뮤니케이션북스, 2005, 353~354면 참조.

17) 이광수는 자신이 『무정』을 투고하던 당시 나카무라 켄타로가 편집국장격(編輯局長格)이었다고 술회하고 있다. 이에 대해서는 이광수, 「다난(多難)한 반생(半生)의 도정(途程)」, 『이광수전집』 14, 삼중당, 1963, 401면 참조. 1917년 이광수에게 오도답파(五道踏破) 기행문을 청탁한 인물 역시 나카무라 켄타로였다. 그런데, 이 원고 청탁과 관련된 회상에서 이광수는 나카무라 켄타로가 『매일신보』의 감사였다고 적고 있다. 이광수, 「무부츠 옹[無佛翁]의 추억」, 『동포에 고함』(김원모·이경훈 편), 철학과현실사, 1997, 245면 참조.

의 집을 찾아 그를 만난 후 지어 보낸 것으로 추정된다. 이 한시에서 이광수는 나카무라를 만나 느낀 감회와 존경의 마음을 표현한다. 이는 처음부터 끝까지 나카무라를 과장되게 칭송하는 것으로, 그 도가 지나치다는 느낌을 지울 수 없다. 이광수가 『매일신보』로부터 「대구에서」 등의 원고 집필 청탁을 받은 것이 이 한시를 보낸 이후인지 이전인지는 알 수 없으나, 이광수가 『매일신보』에 원고를 발표하는 일에 나카무라가 개입되어 있었음은 분명하다.

그런데 이광수가 쓴 글 「무부츠 옹[無佛翁]의 추억」에 따르면 이 시기 이광수는 나카무라 뿐만 아니라 『매일신보』 사장 아베 미쓰이에[阿部充家] 역시 만났다.18) 이광수는 자신이 아베 사장을 만난 것이 1916년 초가을이라고 회고하고 있다. 여름 방학을 마치고 동경으로 돌아가는 길에 경성에 들렀다가 심우섭과 함께 그의 집을 찾아가 만났다는 것이다.19) 이 회고에 따르면 이광수가 아베 사장을 만난 시기와 그 과정은 그가 나카무라 켄타로를 만나는 시기 및 과정과 유사하다. 결국 그는 1916년 여름 방학을 마치고 동경으로 돌아가는 길에 『매일신보』의 사장과 감사를 모두 만난 셈이 된다.

기자 심우섭, 감사 나카무라, 그리고 사장 아베를 통해 『매일신보』와 관계를 맺은 이광수는, 점차 『매일신보』와 총독부의 핵심 인물들이 선호하는 필자로 변모한다. 『매일신보』 겸 『경성일보』 사장이었던 아베 미쓰이에는 이광수의 글을 읽고 크게 감탄했고, 일본에서 『국민신문(國民新聞)』을 경영하며 『경성일보』의 감독을 맡고 있던 도쿠토미 소호에

---

18) 김윤식은 『이광수와 그의 시대』 제2권에서 이광수와 『매일신보』의 만남 부분을 서술하며 "1916년 당시 『매일신보』의 사장은 일본인 가등(加藤)이었다(506면)"고 적고 있으나 이는 잘못이다. 이광수가 『매일신보』와 관계를 맺을 당시 사장은 아베였다. 아베는 1914년 8월부터 1918년 6월까지 『매일신보』 사장을 지냈고, 이후 카토[加藤]사장이 취임하여 1921년 2월까지 재임했다. 『매일신보』 임직원에 관한 상세한 기록은 정진석, 『언론조선총독부』, 커뮤니케이션북스, 2005, 355면 참조.
19) 이광수, 「무부츠 옹[無佛翁]의 추억」, 『동포에 고함』(김원모·이경훈 편역), 철학과현실사, 1997, 244면 참조.

게 이광수를 소개했다.[20] 이광수와 아베 그리고 도쿠토미의 만남은 이광수가 이른바 새로운 삶의 행로를 결정하는데 줄곧 지대한 영향을 미친 것으로 알려져 있다.[21]

## 2) 「크리스마슷밤」에서 「젊은꿈」까지

이광수는 1916년 9월 22일부터 「대구에서」를 발표함으로써 『매일신보』의 필자로 적극적인 활동을 시작한다. 『매일신보』에 「대구에서」를 기고하면서 이광수는 그동안 애용하던 고주(孤舟)라는 필명 대신 춘원생(春園生)이라는 새로운 필명을 사용한다. '외로운 배[孤舟]'를 타고 홀로 힝헤히던 이광수가 이제 '봄날의 정원[春園]'으로 나서게 되는 것이다. 이후 이광수는 춘원(春園)이라는 필명을 가장 많이 사용하게 된다.[22] 그는 특히 『매일신보』에 발표하는 글들에서 춘원이라는 필명을 집중적으로 사용한다. 장편 『무정』은 물론이고 「농촌계발」 등에서도 모두 춘원 혹은 춘원생이라는 필명을 사용하는 것이다.[23] 이 사실 역시 『매일신보』와의 만남이 이광수에게 새로운 전환점이 되었음을 보여주는 것으로 해석할 수 있다. 기행문 형식으로 쓴 산문 「대구에서」는 이광수의 변화하는 모습을 상징적으로 보여주는 글이다. 여기서 이광수는 방황하

---

20) 위의 책, 246면 참조.
21) 정일성, 앞의 책, 63~64면 참조.
22) 이후에도 물론 이광수는 고주(孤舟)라는 필명 또한 계속 사용한다. 이광수는 동일 매체에 여러 편의 글을 수록하는 경우가 적지 않았으므로 여러 가지 필명이 필요했던 것으로 보인다.
23) 특기할 만한 사실은 「대구에서」에 이어 발표하는 「동경잡신」에서는 연재 첫날 필명을 춘원 이광수(春園 李光洙)라고 표기함으로써 춘원(春園)이 이광수의 새로운 필명임을 밝히고 있다는 점이다. 연재 두 번째 날부터는 다시 춘원생(春園生)이라고만 적고 있다. 이광수가 자신의 외로움을 강조하던 '고주(孤舟)'라는 필명을 버리고, 『매일신보』를 만나면서부터 봄날의 정원을 의미하는 '춘원(春園)'이라는 호를 사용하기 시작한 것은 우연이라기보다는 깊은 사고(思考)의 결과로 판단된다.

는 식민지 청년들을 어떻게 계도할 것인가에 대한 처방을 제시한다. 신문과 잡지 그리고 강연회 등을 통해 청년들을 교육시키고, 그들에게 이제 새로운 시대가 왔음을 이해시키며, 그것을 받아들일 수 있는 계기를 마련해 주어야 한다는 것이다. 「대구에서」를 통해 새로운 현실에 대한 이해와 적응을 주장하는 이광수의 태도는, 「크리스마슷밤」에서 과거의 애인 배달을 잊지 못하고 그리워하는 주인공을 그려내던 모습과는 너무나 거리가 멀다.

이광수가 작품 활동 초기 「어린희생」 등의 작품을 통해 강조하던 지배자에 대한 저항의 의지는 「크리스마슷밤」을 마지막으로 모두 사라졌다고 해도 과언이 아니다. 「대구에서」를 통해 확인할 수 있는 이광수의 이미지는 조선청년을 교화(敎化)하려는 계몽주의자의 이미지이다.

이미 앞의 논문 「이광수의 새 자료 「크리스마슷밤」 연구」에서 밝혔듯이, 이광수는 「크리스마슷밤」을 개작해 「어린벗에게」라는 제목의 작품으로 다시 발표한다. 「크리스마슷밤」과 「어린벗에게」에서 연애에 실패하고 절망감에 빠져있던 주인공들을 구해준 것은 연애가 아닌 '다른 무엇'이다. 「크리스마슷밤」에서는 그것이 '배달'이라는 새로운 애인이었다. 배달에 대한 관심은 이른바 민족(民族)의 갱생(更生)에 대한 관심으로 이어졌다. 그러나 「어린벗에게」에 이르면 민족의 갱생에 대한 관심을 나타내던 부분은 모두 지워진다. 「크리스마슷밤」에서 배달을 그리워하던 주인공의 심사는 다음과 같이 바뀌어 나타난다.

만일 다른 무엇(아레 말하랴는)이 나를 救援하지아니하엿던들 나는 永遠히 죽어바리고 말앗슬것이로소이다. 그「다른무엇」은 다름아니라, 「同族을爲함」이로소이다. 마치 人生에 失望한 다른 사람들이 或 削髮爲僧하고 或 慈善事業에 獻身함가치 人生에 失望한 나는 「同族의 敎化」에 내 몸을 바치기로 決心하야 이에 나는 새 希望과 새 精力을 어든 것이로소이다. 그계부터 나는 飮酒와 懶惰를 廢하고 勤勉과 修養을 힘썻나이다. 가다가다 맘의 傷處가 아푸

지 아니함이아니나 나는 少年의 敎育에 이 苦痛을 니즈려하엿스며 或 이 新
愛人에게서 사로온 快樂을 엇기까지라도 하엿나이다. 그렁성하야 나는 至今
토록 지내어온것이로소이다.[24]

「크리스마슷밤」의 김경화의 일화(逸話)가 「어린벗에게」의 임보형의
일화로 변하는 사이, 이광수가 지녔던 '민족 갱생'의 의지는 '동족 교화
(敎化)'의 의지로 변화한다. 민족의 갱생은 유학생 학우회 기관지『학지
광』의 필자였던 이광수가 지녔던 미래 구상이고, 동족의 교화는 조선총
독부 기관지『매일신보』의 필자가 된 이광수가 지니게 되는 미래 구상
이다.『매일신보』에 발표한 산문 「대구에서」와 「농촌계발」 등이 중요한
것은 이 글이 바로 「크리스마슷밤」과 「어린벗에게」를 갈라놓는 경계선
에 위치해 있기 때문이다. 「크리스마슷밤」은 「대구에서」와 「농촌계발」
등을 거쳐 「어린벗에게」까지 이르게 되고, 거기서 이광수는 조선을 상
징하는 이름 '배달'에 집착하던 기억을 흔적도 없이 지워버리게 된다.
  이광수는 「어린벗에게」를 다시 고쳐 1926년에 「젊은꿈」이라는 제목
으로 발표한다. 「젊은꿈」은 1926년 박문서관에서 발행한 이광수 작품집
『젊은꿈』 속에 수록되었다. 이 작품집의 서문에서 이광수는 단편 「젊은
꿈」에 대해 다음과 같이 서술한다.

  머리편인 「젊은꿈」은 1914년에 써서『청춘』이라는 잡지에 발표하엿던 것이
다. 1914년은 내가 스물 네 살적이요, 일년 동안 지나와 시베리아에 방랑의 길
을 것고 돌아와 시골학교에서 다시 아희들을 가르치는 일을 할 째다. 이것은
그 째에 내 젊은 가슴에 있던 꿈의 자최다. 나는 처음에는 이것을 「어린벗에
게」라고 불럿다. 그것은 이 니야기가 전부 엇던 사랑하는 벗에게 보내는 편지
투로 되엇던 까닭이다.

---

24) 외배, 「어린벗에게」,『청춘』제9호, 1917.7, 121면.

지금와서 보면 혼자 우슬 곳도 잇고 유치한 곳도 잇지마는 다 손을 대지 아니하고 그대로 두엇다. 내게는 그것이 내 생명의 한 조각—젊은 꿈의 한 조각으로 참아 건들일 맘이 업섯기 때문이다. 그러니 생각하면 그 때에 나는 불가불 열정이 잇섯고 곳업는 희망이 잇섯고 왼천하를 발알에 굴복식히랴는 긔개가 잇섯더니 지금은 이것저것에—말하자면 여러 가지 인습과 체면에 손발이 얽매이고 쏘 무거운 병에 긔운이 줄어지고 말앗다. 맘은 그 때와 다름이 업건만 몸과 사정이 그 때와 가티 자유분방하게 날쒸기를 허하지를 않는구나![25]

이광수는 「젊은꿈」 서문에서 「어린벗에게」가 자신의 생명의 한 조각, 젊은 꿈의 한 조각이기 때문에 차마 건드릴 수 없어 그대로 재수록한다고 밝히고 있다. 하지만 「젊은꿈」이 「어린벗에게」를 제목만 바꾸어 그대로 재수록한 작품은 아니다. 「어린벗에게」와 「젊은꿈」 사이의 가장 큰 차이는 문체에 있다. 국한문혼용체이던 「어린벗에게」가 「젊은꿈」에서는 순한글체 작품으로 변화한다. 「젊은꿈」의 개별 문장들 역시 「어린벗에게」의 그것과 상당부분 차이가 난다. 작품의 큰 틀은 그대로 유지되지만 세부는 적지 않게 바뀌는 것이다.[26]

「젊은꿈」의 한글체 표기는 단순히 한자(漢字)를 한글로 읽는 수준에만 머물지 않는다. 여기서 한 걸음 더 나아가 문어(文語)의 구어(口語)화를 시도하고 있음을 확인할 수 있는 것이다. 다음의 예를 보면 이를 알 수 있다. 인용문 ①은 「어린벗에게」의 문장이고 ②는 「젊은꿈」의 문장이다.

① 나는 病苦도 좀 덜린듯하고 設或 덜리지는 아니 하엿더라도 淸潔한 稀罕 깃븜이 病苦를 닛게함이라 하엿나이다. 實狀 昨夜는 참 苦痛하엿나이다. 하도 괴롭고 하도 외로와 내 손으로 내 목숨을 끈허바리랴고까지 하엿나이다.[27]

---

25) 이광수, 「자서(自序)」, 『젊은꿈』, 박문서관, 1926, 1~2면.
26) 「어린벗에게」와 「젊은꿈」의 문장상의 차이에 대해서는 사에구사 도시카쓰[三枝壽勝] 역, 『이광수 작품선』, 이룸, 2003, 290~347면 참조.

44    이광수 문학의 재인식

② 나는 병고도 좀 덜린듯하고 설혹 덜리지는아니 하엿더라도 쌔긋한 깃븜이 병고를 닛게함이라하엿나이다. 그전에는 하도 괴롭고 하도 외로와 내 손으로 내 목숨을 쯘허바리랴고까지 하엿나이다.[28]

「어린벗에게」의 "淸潔한 稀罕 깃븜"라는 표현은 「졂은꿈」에서 "쌔긋한 깃븜"으로 변화한다. 기쁨을 꾸미는 수식어가 한자어에서 순수 한글로 바뀐 것이다. "實狀 昨夜는 참 苦痛하엿나이다"라는 낡은 투의 어색한 문어체 표현은 아예 사라지고, 그 자리에 "그전에는"이라는 간결하고 자연스러운 표현이 들어온다.[29]

박문서관에서 발행한 작품집『졂은꿈』속의 단편 「졂은꿈」은 앞부분이 일부 낙장된 상태로 전해진다. 따라서 그 서두가 어떻게 시작되었는지는 명확히 알 수 없다. 하지만, 현재 남아있는 부분들을 참고로 할 때 이 작품의 구성 자체는 크게 변하지 않은 것으로 판단된다. 비교적 중요한 에피소드라고 할 수 있는 주인공의 철도 자살 시도와, 공부(工夫)에게 붙들리는 부분이 사라진 것 정도가 관심을 끄는 변화라 할 수 있다. 주인공의 철도 자살은 이광수의 첫 소설 「사랑인가」에서부터 등장하던 장면이다. 따라서 이광수가 이 부분을 삭제한 것은 아마도 스스로 이를 상투적 장면이라 여겼기 때문이 아닐까 생각된다.

이밖에도 이런저런 이유로 인해 삭제되는 부분들이 적지 않은데, 다음과 같은 부분 역시 이광수가 의도적으로 삭제한 것임이 분명하다.

① 오늘날까지 工夫한것은 무엇이며 勤苦하고 일한것은 무엇이뇨, 사랑과 미움과 國家와 財産과 名望은 무엇이뇨, 希望은 어대쓰며 善은 무엇 惡은 무엇이

---

27) 외배, 「어린벗에게」, 『청춘』 제9호, 1917.7, 101면.
28) 이광수, 「졂은꿈」, 『졂은꿈』, 박문서관, 1926, 13면.
29) 그러나 「어린벗에게」의 문어적 표현이 「졂은꿈」에서 구어체 표현으로 완벽하게 바뀌는 것은 아니다. 아직 고쳐지지 않는 부분들이 간혹 발견되는데, 반복적으로 사용되는 종결형 어미 '~나이다' 역시 대표적인 구투(舊套)의 문어적 표현이라 할 수 있다.

뇨, 사람이란 一生에 엇은 모든 所得과 經驗과 記憶과 歷史를 앗기고 앗기며 지 녀오다가 무덤에 들어가는날 무덤 海關에서 말씀 빼앗기고 世上에 나올째에 밝아벗고 온 모양으로 世上을 써날째에도 밝아벳기어 쫓겨나는 것이로소이다.

—「어린벗에게」, 『청춘』 제9호, 1917.7, 98면

② 오늘날까지 공부한것은 무엇이며 근고하고 일한것은 무엇이뇨 希望은 어대잇스며 선은 무엇 악은 무엇이뇨 사람이란 일생에 엇은 모든 소득과 경 험과 기억과 력사를 앗기고 앗기며 지내오다가 무덤에 돌어가는날 무덤 해관 에서 말씀 빼앗기고 세상에 나올 째에 밝아벗고 온 모양으로 세상을 써날 째 에도 밝아벳기어 쫓겨나는 것이로소이다.

—『젊은꿈』, 박문서관, 1926, 5면

이 문장에서 이광수가 "사랑과 미움과 國家와 財産과 名望은 무엇이 뇨"라는 구절을 삭제한 것은 이 구절 가운데 '국가(國家)'라는 단어가 포 함되어 있었기 때문으로 생각된다. 식민지 체제가 공고화된 상태에서 '국가란 무엇인가?'라는 고뇌의 화두를 독자들에게 던질 필요가 없었던 것이다.

이광수에게는 자신의 문단 활동과 창작 경험에 대해 회고할 수 있는 기회가 여러 차례 있었다. 「어린벗에게」에 대한 회고 역시 여러 글에서 발견된다.[30] 하지만 이광수는 「어린벗에게」를 회고하는 기회가 주어질 경우라도 「크리스마슷밤」에 대한 언급은 단 한 번도 한 적이 없다. 그 럼에도 불구하고 이광수가 「크리스마슷밤」의 창작에 대한 기억을 아주 잊지는 못했던 것 같다. 그는 앞에 인용한 『젊은꿈』의 자서(自序)에서 단 편소설 「젊은꿈」이 1914년에 쓴 작품이라고 말한 바 있다. 이에 대해서

---

30) 이광수, 「다난(多難)한 반생(半生)의 도정(途程)」, 『조광』, 1936, 4~6면; 『이광수전집』 14, 삼중당, 1963, 389~406면; 이광수, 「『혁명가의 아내』와 모가정(某家庭)」, 『삼천리』, 1930.5; 『이광수전집』 16, 삼중당, 1963, 276~277면 등 참조.

는 "작가는 1914년에 발표했다고 하나 그것은 사실이 아니다. 작가가 착각을 한 것인지 아니면 의도적으로 그렇게 말한 것인지는 알 수 없다. 혹시 1914년과 1917년을 혼동할 만한 개인적인 사정이 있었을 지도 모른다"[31]라는 지적이 이루어졌다. 이광수는 1936년에 발표한 글 「다난한 반생의 도정」에서도 「어린벗에게」를 쓴 지 22주년, 장편 『무정』을 쓴 지 20주년이 되었다고 술회한 바 있다.[32] 여기서 주목할 것은 이광수가 장편 『무정』보다 「어린벗에게」를 먼저 쓴 것으로 기억하고 있다는 점이다. 단편소설 「어린벗에게」는 분명히 「무정」이 발표된 이후인 1917년 7월에 발표되었다. 작품 속에 들어있는 유학생활에 대한 체험 등으로 미루어보면 이것이 1914년에 완성되었을 가능성은 거의 없다. 그러나 「크리스마슷밤」의 주요 모티브가 되는 주인공 김경화와 애인 '배달'의 죽음에 내한 기익은 1914년에 민들어졌을 가능성이 없지 않다. 1914년은 이광수가 중국과 시베리아를 방랑하다 돌아온 직후이다. 조국에 대한 그리움은 나라를 떠나 있는 동안 가장 커진다. 이광수는 '배달'의 죽음과 회생에 관한 일화를 중국과 시베리아를 떠돌며 만들어냈을 수 있다. 그런 점에서, 이광수가 작품집 서문에서 단편 「젊은꿈」을 집필한 것이 "일년 동안 지나와 시베리아에 방랑의 길을 것고 돌아와 시골학교에서 다시 아회들을 가르치는 일을 할 때"라고 회고한 사실은 의미가 있다. 「크리스마슷밤」의 초고가 이 시기에 시작되었거나 적어도 구상 단계를 거쳤을 가능성이 있는 것이다. 이 시기에 쓴 초고를 바탕으로, 이광수는 일본 유학길에 오르면서 또 하나의 애인 O양에 관한 일화를 추가해 「크리스마슷밤」을 완성한 것으로 보인다.[33]

---

31) 사에구사 도시카쓰[三枝壽勝], 앞의 책, 346면.
32) 이광수, 「다난한 반생의 도정」, 『이광수전집』 14, 삼중당, 1963, 398면 참조.
33) 1926년에 발표한 작품 「젊은꿈」의 근원이 1917년에 발표한 「어린벗에게」에 있고, 그 「어린벗에게」의 근원이 1916년에 발표한 「크리스마슷밤」에 있으며, 「크리스마슷밤」의 핵심을 이루는 조국 상실에 대한 체험이 정리된 것이 1914년이라고 정리한다면, 이광수가 「젊은꿈」의 집필 시기를 1914년으로 회상할 수 있는 개연성이 마련되는 셈이다.

## 3) 「살아라」에서 「위선 수가 되고 연후에 인이 되라」까지

「크리스마슷밤」이 수록된 『학지광』 제8호에는 이광수(李光洙)의 산문 「살아라」가 실려있다. 「살아라」는 논설의 성격을 띠는 글이다. 이 글에서 이광수는 조물주가 인간을 만들 때 내린 명령과 축복이 첫째 '살아라'이며 둘째 '퍼져라'라고 주장한다. '살아서 퍼져나가는 것'이 인류가 지향해야 할 근본적 가치라는 것이다.

> 우리도 사람이외다. 그럼으로 살고 퍼져야 하겟습니다. 가장 즐겁게 가장 價值잇고 合理하게 가장 榮光스럽게 살아야 하겟고 할 수만 잇스면 南北極에까지라도 퍼져야 하겟습니다. 그런데 事實은 이와 反對로 우리는 날로날로 잘 못살게 되고 질 못 퍼지게 되는 衰運에 잇습니다. 우리가 이 運數을 挽回함에는 새로운 精神과 氣魄으로 낡은 精神과 氣魄을 代身함에 잇습니다.[34]

하지만 살아있는 것들이 모두 '살음'의 의미를 충족시키는 것은 아니다. '살음'에는 광의(廣義)와 협의(狹義)가 있으니 진정한 삶은 협의가 아닌 광의의 삶이어야 한다. 협의의 삶은 먹을 것과 입을 것만 있으면 만족하는 삶이다. 이러한 삶은 자유도 없고 희망도 없으며 활동이나 사업도 없다. 심장의 고동과 호흡과 체온은 남아 있지만 진정한 삶이라 할 수 없는 것이다. 이러한 삶은 문명한 오늘날의 삶이라 할 수 없다. 광의의 삶은 협의의 삶에 여러 가지 복잡한 속성을 첨가한 삶이다. 문명인일수록 삶의 내용은 복잡해진다. 인생에는 욕망이 있고, 욕망이 있음으로 인해 의지가 발동하고, 그 의지로 인해 활기찬 행동이 생긴다. 그리하여, 삶의 내용의 복잡함과 요구의 강렬함이 모든 선(善)의 근본이라는 것이 이광수의 주장이다.

---

34) 이광수, 「살아라」, 『학지광』 제8호, 1916.2, 4면.

「살아라」에서 이광수가 결론적으로 내세우는 주장은 인격의 존엄성에 대한 강조이다. 인간 스스로가 지닌 고결한 인격은 그 누구도 범할수 없는 것이며 존엄한 것이다.

　우리는 人格의 尊嚴을 가져야 할 것이외다. 나의 高潔한 人格을 萬人이 犯할 수 업슬만한 尊嚴을 維持하여야 할것이외다. 우리는 우리의 個性을 發揮하야 可及한 範圍內에서 自由意志를 保全하여야 할 것이외다. 天下로도 밧고지 못하고 天子라도 휘지 못할 人格의 尊嚴을 保全하여야 할 것이외다.[35]

　문명인이 되려는 사람들은 전력을 다하여 자신의 의지를 존중하고, 사상과 감정을 자유롭게 표현할 줄 알아야 한다. 각자가 모두 이러한 욕망을 지니고 분투 노력히는 중에 찬란한 문명과 부(富)가 함께 하는 것이다. 그러나 이러한 견지에서 볼 때 우리의 청년들은 너무 욕망이 단순하고 요구가 박약(薄弱)하여 무한히 한탄하지 않을 수 없다는 것이 이광수의 결론적 생각이다.

　청년들에게 자신의 인격을 존중하고 강렬한 욕망을 표출할 것을 주문하던 이광수의 논설은 불과 한 해가 지나지 않아 전혀 다른 방향으로 변화하게 된다. 1917년 1월에 간행된 『학지광』 제11호에 수록된 춘원(春園)의 논설 「위선(爲先) 수(獸)가 되고 연후(然後)에 인(人)이 되라」[36]는 그 내용으로 볼 때 앞에서 다룬 논설 「살아라」와 짝을 이루는 글이다. 그러나 이는 앞에 든 글 「살아라」의 내용을 스스로 뒤집는 글이기도 하다. 춘원은 글의 제목에서 알 수 있듯이, 우선 짐승처럼 살아남고 그 단계를 거친 후에 사람의 길을 갈 것을 제안한다. 건강하게 살아남지 않는다면 무슨 큰 사업을 바라볼 수 있으며, 무슨 승리를 바라볼 수 있겠는

---

　35) 위의 책, 5면.
　36) 『학지광』 제11호는 현재 유통되고 있는 영인본에는 들어있지 않다. 그러나 『학지광』 제11호에 수록된 이광수의 글들은 모두 『이광수전집』에 들어있다.

가 하는 것이 그가 던지는 화두의 핵심이다.

　「살아라」 삶이 動物의 唯一한 目的이니 此 目的을 達하기 爲하야는 道德
도 無하고 是非도 無하니라. 飢餓하야 死에 瀕하거든 他人의 것을 掠奪함이
엇지 惡이라오. 自己가 死함으로는 寧히 他人이 死함이 正當하니라. 그럼으
로 살기 爲한 奮鬪는 人類의 最히 神聖한 職務니라.
　如斯히하야 健康하게 幸福하게 「살기」가 넉넉하여지거든 그 째에 博愛도
唱하야보고 平和도 叫하여 볼지어다. 慈善事業은 富貴者의 하는 일이니라.37)

　춘원 이광수가 이 글에서 주장하는 삶은, 그가 앞의 글 「살아라」에서
혐오하며 비판하던 이른바 협의(狹義)의 삶이다. 여기서 그는 협의의 삶
즉 동물적 삶 없이는 광의(廣義)의 삶 즉 인격적 삶도 없다는 새로운 주
장을 펼치게 된다.
　「크리스마슷밤」을 비롯하여 도처에서 그가 존경의 대상으로 거론하
던 톨스토이를 노쇠한 사상가이며 열패(劣敗)의 사상가로 비판하는 대목
도 관심을 끈다.

　톨스토이는 老衰의 思想家요 劣敗의 思想家라. 톨스토이의 敎訓을 從하는
民族도 無하거니와 有하다하면 彼等은 이믜 競爭場裡에 出하야 活劇을 演할
자격을 일코 山間林中에 奄奄 한 喘息이나 保全하야 勝利者의 嘲笑거리나
되리로다.38)

　「위선 수가 되고 연후에 인이 되라」에는 이른바 흥(興)하려는 민족의
완력(腕力)과 전쟁(戰爭)을 합리화시키는 주장도 곳곳에 들어있다. "生物

───────────

37) 춘원, 「위선(爲先) 수(獸)가 되고 연후(然後)에 인(人)이 되라」, 『학지광』 제11호,
　　1917.1, 35면. 이 원고의 탈고일자는 1916년 11월 6일로 되어 있다.
38) 위의 책, 34면.

學이 다시 가로대 進化는 優者의 特權이라 하도다"[39]라는 우승열패(優勝劣敗)와 적자생존(適者生存)의 진화론적 사상도 적극적으로 드러낸다. 당시 사회진화론이 제국주의의 식민지 지배를 정당화시키는 이론으로도 활용되었다는 점을 생각할 때 이광수가 이러한 주장을 하게 되는 것은 우연이 아니다. 그런 점에서 「살아라」와 「위선 수가 되고 연후에 인이 되라」는 모두 민족의 삶의 자세를 주제로 접근한 글이지만, 두 글에 깔려있는 생각의 차이는 너무나 큰 것이라 할 수 있다.


### 4) 「용동」에서 「농촌계발」까지

「대구에서」를 발표한 직후 이광수는 곧 이어서 「동경잡신(東京雜信)」(1916.9.27~11.9)을 연재하고, 다시 이어서 「농촌계발(農村啓發)」(1916.11.26~1917.2.18)을 연재한다. 「대구에서」와 「동경잡신」, 그리고 「농촌계발」에 이르는 과정에서 공통적으로 발견할 수 있는 특징은 계몽주의자로서의 이광수이다. 「동경잡신」에서 이광수는 일본이 융성하는 힘이 교육에 있다는 사실을 강조한다. 일본은 전국 방방곡곡에 소학교(小學校)가 없는 곳이 없으며, 중학이 수천이고, 대학이 수백이라는 것이다. 이를 본받아 조선이 나아가야 할 길은 문명보급(文明普及)과 사회개량(社會改良) 그리고 산업개발(産業開發)을 하는 것이다.

> 更히 彼等의 將來 朝鮮社會에서 活動하려는 方向을 觀하건대 文明普及과, 社會改良과, 産業開發의 三途에 不出하나니, 此三者는 實로 朝鮮人으로서 朝鮮을 爲하여 努力할 最大最急한 方面이라.[40]

---

39) 위의 책, 32면.
40) 이광수, 「동경잡신」, 『이광수전집』 17, 삼중당, 1963, 480면.

문명보급을 위하여 첫 번째로 해야 할 일은 교육사업이다. 학교 교육이야말로 한 사회의 사활(死活)이 걸린 중대사라는 것이 이광수의 주장이다. 「동경잡신」이 주목을 끄는 또 하나의 이유는 여기서 이광수가 일본 근대화의 상징적 인물인 후쿠자와 유키치[福澤諭吉]의 무덤을 찾아 참배한다는 사실이다. 친구 두 세 사람과 함께 그의 묘를 찾아 모자를 벗고 고개를 숙인 이광수는 "余의 胸中에는 無限한 敬慕와 感慨가 交臻하다"[41]라고 적고 있다. 후쿠자와의 일생과 그의 업적을 회고하던 이광수는 흘러넘치는 감격의 기운을 어찌하지 못한 채 다음과 같은 말로 가르침을 구한다.

그가 비록 此世에 不在하시나 그의 遺한 德과 立한 言이 千秋에 그의 最愛하는 日本國民의 感謝하는 導師가 되고 親友가 되리니, 그의 生命은 그의 祖國의 永遠함과 同히 永遠하고 그의 祖國의 榮光됨과 共히 榮光되리로다. 그의 靈이 存하실진대 今日 그의 墓前에 恭 揖하는 余等 三靑年에게도 高明한 指敎를 授할지어다.[42]

「동경잡신」을 마무리하며 이광수가 일반인의 필독서 가운데 하나로 『진화론강화(進化論講和)』를 추천하고 있다는 사실 또한 가볍게 보이지 않는다. 앞에서 살핀 「위선 수가 되고 연후에 인이 되라」에서 톨스토이를 비판하며 우승열패의 사회진화론을 강조하던 모습이 떠오르기 때문이다.

『학지광』 제8호에는 이광수의 것으로 추정되는 또 다른 산문이 실려 있는 바, 이 글의 제목은 「용동(龍洞)」이다. 「용동」은 제석산인(帝釋山人)의 글로 명기되어 있다.[43] 하지만 문체와 내용을 참고로 할 때 이광수

---

41) 위의 책, 502면.
42) 위의 책, 504면.
43) 본문에는 저자가 '帝釋山人'으로, 차례에는 저자가 '흰옷'으로 되어 있다. 차례에는

의 글임에 틀림이 없어 보인다. 제석(帝釋)은 삼국유사(三國遺事)에 기록된 고조선(古朝鮮) 단군신화(檀君神話)에 등장하는 환인(桓因)의 다른 이름이다.[44] 그 환인의 아들 환웅(桓雄)이 지상에 내려와 세운 나라가 '배달'이다. 배달은 우리민족을 지칭하는 용어이면서 우리 역사상 최초의 나라 이름이기도 하다. 「용동」의 저자는 본문에는 제석산인(帝釋山人)으로 표기되어있지만, 속 표지 목차에는 '흰옷'으로 되어 있다. 흰옷은 '백의민족(白衣民族)'이라는 상징성을 드러내는 필명으로 이 역시 「크리스마숫밤」에 등장하는 '배달'과 통하는 것이다.

「용동」을 이광수의 장편 '서사적 논설' 「농촌계발」과 견주어보면 「용동」이 이광수의 글이라는 점을 분명히 확인할 수 있게 된다. 「농촌계발」의 토대를 이루는 글이 바로 「용동」이 되는 것이다.[45] 「용동」은 단편 산문이고 「농촌계발」은 수개월 동안 연재한 장편 '서사적 논설'이라는 점에서 두 글의 단순 비교는 수월한 일이 아니다.[46] 그러나 두 글의 양식상 차이에도 불구하고 「용동」과 「농촌계발」의 핵심을 이루는 부분들은 서로 유사하다. 「용동」에서 마을사람들이 지향하는 바는 신분상 남들에게 차별대우를 받지 않는 양반이 되는 것과, 경제적으로 잘 살게 되는 것이다. 「용동」에서 이를 성취하는 방식은 마을 사람들이 함께 모

---

'농촌문제(農村問題) 연구(研究)에 관한 실례(實例)'라는 부제도 달려 있다.

44) 일연, 이가원·허경진 역, 『삼국유사』, 한길사, 2006, 64면 참조.

45) 이 문제에 대해서 하타노 교수는 다음과 같이 지적한 바 있다. "1915년 9월에 와세다대학 고등예과에 입학한 이광수는 그해 말에 유지들과 함께 『조선학회』를 만들고 1916년 1월 29일에 열린 제1회 연구회에서 농촌 문제에 관한 발표를 했다. 그해 3월에 발행된 『학지광』 8호에 게재된 「용동」이라는 논설은 필자가 帝釋山人으로 되어있지만 내용으로 보아서 그 발표 요지인 것 같다. 집필 날짜가 1916년 1월 24일로 되어 있는 것도 이 추측을 방증해 준다. 이광수는 오산학교 교사를 하면서 교주 이승훈의 마을인 용동에 살면서 동회를 만들고 계몽활동을 했다. 조선학회에서 그 경험을 발표한 그는 이 발표요지를 토대로 하여 그해 11월 26일부터 다음해 2월 18일까지 『매일신보』에 픽션의 요소를 상당히 포함된 계몽 논설 「농촌계발」을 연재하게 된다(하타노 세츠코, 『『무정』을 쓸 무렵의 이광수』, 앞의 책, 74면)."

46) 「농촌계발」의 성격과 내용에 대해서는 필자의 책, 『한국근대소설사』, 솔출판사, 1997, 419~441면 참조.

여 동회(洞會)를 구성하고 젊은이들을 교육하는 일에 있다. 「농촌계발」에 등장하는 금촌(金村) 마을 사람들이 지향하는 바는 「용동」의 용동(龍洞) 마을 사람들이 지향하는 바와 동일하다. 그들이 소망을 성취해가는 방식 역시 동회(洞會)의 구성과 교육사업 참여에 있다. 「용동」과 「농촌계발」에서는 모두 마을 사람들을 계도하고 이끌어가는 지도자가 등장한다. 「용동」에서 용동을 이끌어가는 지도자는 이참봉이라는 오십 세가 다 된 인물이다. 그러나 「농촌계발」에서 금촌을 이끌어가는 지도자는 일본 동경에 유학하며 법률을 연구하고 조선에 돌아와 모 지방 재판소에 판사로 근무하던 김일이라는 청년이다. 김일은 조선 문명의 근본이 농촌 계발에 있음을 깨닫고 판사직을 버리고 고향으로 돌아온다. 「용동」은 이광수가 쓴 초기 산문 가운데서는 비교적 낙관적 전망을 담고 있는 글이다.

「농촌계발」에서 이광수는 지도자 김일을 통해, 「용동」의 이참봉이 지녔던 낙관적 전망을 몇 배로 증폭시킨다. 「용동」의 이참봉은 양반이 되기 위해 사서오경(四書五經)과 삼국지와 열국지, 그리고 백가서(百家書)를 구해 서고에 간직하고, 교사를 초빙하여 자제들을 교육한다. 「농촌계발」에서도 양반이 되는 일은 중요하다. 김일 역시 양반이 되기 위해서는 배우는 일이 필요하다는 사실을 역설한다. 그러나 여기서 김일이 강조하는 배움은 이참봉의 그것과 달리 '일본과 서양을 배우는 것'이다. 그러기 위해 우리가 해야 할 일은 무엇보다 먼저 우리 자신의 과거와 결별하는 것이다.

낡은 世代와 함께 낡은 兩班도 지나갔읍니다. 새 時代에는 새 兩班이 생깁니다. 우리가 지나간 낡은 世代를 꿈꾸고 있는 동안에 벌써 새 兩班이 많이 생겼읍니다. 만일 이대로 가면 우리 子孫은 永遠히 상놈이 되고 말 것이외다. 우리가 以前에 상놈이라 하던 자도 몇 千年前祖上은 兩班노릇 한 적도 있을 것이요, 兩班이라하던 우리 祖上이 그네의 奴僕이던지도 모르는 것이외다. 그네가 원래 상놈이요 우리가 元來 兩班이 아니라, 그네는 상놈이 「되」고 우리는 兩班이 「된」것이외다. 그와 같이 우리는 상놈이 될 수도 있는 것이외다. 지금은 우리는 상놈 되는 중에 있는 것이외다.

그러면 어쩌면 兩班이 될까? 아주 쉬운 일이외다. 우리 祖上이 兩班이 될 것이, 첫째 그때 時勢를 알고, 둘째 글 공부를 하여 그리 된 모양으로 우리도 兩班이 되려면 첫째 이때 時勢를 알고, 둘째 글공부를 하면 그만이외다.

그러므로 우리는 日本을 배우고 西洋을 배웁시다. 우리는 지금까지 그네를 蠻貊視之하였거니와, 그네에게는 새로 四書五經과 諸子百家가 있읍니다. 그리고 그것은 以前 四書五經과 諸子百家보다도 나읍니다.[47]

과거 우리 조상들은 일본과 서양을 야만적이라 보고 멸시했으나 이제는 세상이 달라졌다는 것이 「농촌계발」의 주인공 김일의 주장이자 작가 이광수의 주장이다. 새로운 시대에는 새로운 도덕과 새로운 지식이 필요하다는 것이다. 일본과 서양은 바로 그 새로운 도덕과 새로운 지식을 제공하는 나라이다. 이제 양반의 나라는 우리가 아니라 그들이다. 「농촌계발」에서 이광수는, 우리가 그들을 본받는 가운데 태평성대가 멀지 않았음을 다음과 같이 강조한다.

이리하여 金村은 果然 富하고 貴하게 될 것이외다. 이에 비로소 新文明의 泰平이 臨하여 至千萬世할 것이외다. 어찌 金村뿐이리요, 이것이 朝鮮 十三道의 將來외다.[48]

「대구에서」와 「동경잡신」 그리고 「농촌계발」을 통해 사상검증의 절차를 마치고 필력까지 인정받은 이광수는 1917년 1월 1일자 『매일신보』에 신년특집 수필 「新年을 迎ᄒ면서」를 게재하고, 장편소설 『무

---

47) 이광수, 「농촌계발」, 『이광수전집』 17, 삼중당, 1963, 132면.
48) 위의 책, 137면.

정』의 연재를 시작한다. 이를 통해 이광수는 조선총독부 기관지『매일신보』의 주요 필자로 확고히 자리를 잡게 된다. 1917년『매일신보』의 특파원 자격으로[49] 국내 여행길에 오른 이광수는 6월 29일부터 「오도답파여행(五道踏破旅行)」을 연재하게 된다. 이 글은『경성일보』에도 연재되었는데 이것이 이른바 '조선 사람이『경성일보』에 쓴 첫 글'이 된다.[50] 이광수는 이제 유학생 잡지『학지광』의 필자에서 국문신문『매일신보』를 거쳐 일본어 신문『경성일보』의 필자가 된다. 이렇게 해서 외로운 유학생 고주(孤舟)는 당시대의 문원(文園)을 대표하는 문필가 춘원(春園)으로 거듭 태어나게 되는 것이다.

## 3. 맺음말

지금까지 이 글에서는 이광수가『매일신보』의 필자로 활동하게 되는 과정을 밝히고,『학지광』제8호에 실린 세 편의 글 「크리스마숫밤」과 「살아라」, 그리고 「용동(龍洞)」이 어떻게 변모되어 다른 형태로 나타나는가를 살펴보았다.

『학지광』제8호는 이광수가『매일신보』의 필자가 되기 전에 마지막으로 글을 실었던 매체이다.『학지광』제8호가 중요한 것은 여기에 실린 글들에서 이광수가 민족의 갱생 혹은 인간의 자유와 존엄성 회복에

---

49) 이광수, 「반도강산(半島江山) 서문(序文)」,『이광수전집』16, 삼중당, 1963, 315면 참조
50) 나까무라 켄타로는 이 글이 '조선 사람에 대한 이해를 내지인(內地人)에게 준 효과가 크다'고 술회한 바 있다. 「창간이래 34년 본보 성장의 회고」,『매일신보』, 1938.5.5, 13면 참조

대한 희망을 드러냈기 때문이다. 이후 이광수는 『매일신보』의 필자가 되면서 본격적인 계몽주의자로 변모하게 된다. 이 시기 이후부터의 계몽은 철저히 체제 순응적 계몽이 된다. 그런 점에서 이광수와 『매일신보』의 만남은 이광수가 현실과 타협하는 구체적 계기가 되었다고 할 수 있다.

소설 「크리스마슷밤」은 뒤에 「어린벗에게」를 거쳐 다시 「젊은꿈」으로 개작된다. 이광수가 작품 활동 초기에 보여주었던 저항의 의지는 「크리스마슷밤」을 마지막으로 대부분 사라진다. 「크리스마슷밤」에서 연애에 실패하고 절망감에 빠져있던 주인공을 구해준 것은 '배달'이라는 새로운 애인이었다. 배달에 대한 관심은 이른바 민족(民族)의 갱생(更生)에 대한 관심으로 이어졌다. 그러나 「어린벗에게」에 이르면 민족의 갱생에 대한 관심을 나타내던 부분은 모두 사라진다. 그것이 「어린벗에게」에서는 '동족 교화(敎化)'의 의지로 변화되어 나타나는 것이다. 「어린벗에게」와 「젊은꿈」 사이의 가장 큰 차이는 문체와 문장에 있다. 국한문혼용체이던 「어린벗에게」가 「젊은꿈」에서는 순한글체 작품으로 변화한 것이다.

『학지광』 제8호에 발표된 논설 「살아라」는 같은 잡지 제11호의 「위선 수가 되고 연후에 인이 되라」로 이어진다. 이광수는 「살아라」에서는 동물적인 삶을 비판하고 인간의 자유 의지와 인격의 존엄성 사수를 강조한다. 하지만, 「위선 수가 되고 연후에 인이 되라」에서는 그러한 주장을 뒤집는다. 우선 짐승처럼 살아남고 그런 연후에 사람의 길을 갈 것을 제안하는 것이다. 여기서는 이광수가 과거 여러 번 존경의 마음을 표하던 톨스토이를 열패의 사상가로 비판하는 부분과, 우승열패와 적자생존의 사회진화론을 강조하는 부분이 눈길을 끈다. 『학지광』의 「용동」은 『매일신보』의 장편 '서사적 논설' 「농촌계발」로 변모한다. 「용동」의 마을 지도자는 특별한 학력이 없지만, 「농촌계발」의 지도자는 일본 유학을 마친 청년이다. 「용동」의 주인공은 마을 사람들을 '양반'으로 만들기 위해 사서오경을 교육하고, 명사(名士)의 강연을 듣고 실행한다. 「농촌계발」의 지도자는 마을 사람들이 '양반'이 되는 길은 일본과 서양을 배우는 데 있다고 단언한다. 일본과 서양을 본받는 가운데 태평성대가 곧 실현되리라는 것이 그의 판단이다.

이광수가 한국 근대문학사를 대표하는 주요 작가 가운데 한 사람이라는 사실을 부정할 연구자는 없다. 이는 한국 근대문학사를 올바로 이해하기 위해 꼭 넘어가야 할 봉우리 가운데 하나가 이광수가 된다는 사실을 의미한다. 그러나 이광수를 이해하는 것은 쉽지 않다. 그것은 이광수가 워낙 많은 작품을 남긴 작가이기도 하지만, 그 작품들 사이의 편차와 변모의 양상 또한 접근하기가 쉽지 않기 때문이다. 이 논문에서는 『매일신보』와의 만남을 전후한 이광수의 변모를 몇 가지 자료를 통해 구체적으로 확인할 수 있었고, 그런 점에서 기존 연구가 다루지 못한 일부 사실들을 새롭게 해명할 수 있었다고 생각한다.[51]

그러나 이광수는 얼마 지나지 않아 다시 『매일신보』를 떠나 상해 임시정부에 가담하고 그 기관지 『독립신문』의 발간과 편집 책임을 맡게 된다. 이광수의 변모 과정에 대한 이해는 그 시기의 이광수를 연구하는 일로 이어져야 할 것이다. 이를 추후의 과제로 남기고 본 연구를 일단 여기에서 마무리한다.

---

51) 필자는 2008년 1월 19일 와세다대학에서 개최된 조선문화연구회에서 이 원고를 발표할 기회가 있었다. 거기서 하타노 세츠코 교수는 일본에 소장된 관련 기록물을 바탕으로 『학지광』 제8호의 발간일이 1916년 3월 5일이라는 사실을 알려주었다. 호테이 토시히로 교수 역시 「오도답파여행(五道踏破旅行)」과 관련해 그동안 잘못 알려진 사실들을 지적해 주고, 새로운 연구의 실마리를 제공해 주었다. 그밖에도 토론 과정에서 많은 분들이 유익한 지적을 해주었다. 하타노 세츠코 교수를 비롯한 토론자 모두에게 감사드린다.

# 1910년대 이광수 소설 문체의 재인식

양문규

## 1. 머리말

기존의 연구들은 이광수가 이룩한 근대문학적 성과 중의 하나로 근대적 문체의 확립을 든다. 가령 백철의 『조선신문학사조사』(1948)는 최남선 및 이광수를 오늘날 한국에서 쓰이는 신문장을 최초로 확립한 자로 든다. 그리고 조연현의 『한국현대문학사』(1957)는 이를 뒷받침하여 이광수가 확립한 신문장이란 다름 아닌 구어체 문장임을 지적한다. 조연현이 말한 구어체 문장은 지금 우리가 얘기하는 이른바 언문일치체의 문장을 가리킨다.

김윤식·김현의 『한국문학사』(1973)는, 김동인이 오래 전 자신의 문학적 공과로 들었던 것을 예로 들어, 이광수의 문장이 '~다'나 현재진행형, 과거형 등을 정확하게 사용함으로써 고투를 벗어났다고 지적한다. 단 이광수의 문장은 이전 논의에서 지적된 것처럼 언문일치체라 볼 수는 없고 서양언어를 직역한 투의 어색한 문장이라고 했다. 그러나 그러한 문장이 소설 속의 사고하는 주체를 객관화할 수 있어 결국은 근대적 문체로 기능한다고 판단한다.

이러한 기왕의 주장들은 이후 크게 바뀌지 않고 계속 보완, 반복되어 왔다. 예컨대 이광수가 성취한 문체는 소설에서 전대와 달리 독자적이고 고립된 '내면'을 포착하여 이를 표현하고자 하는 데 적절히 기여함으로써 이 시기 즉 1910년대 소설이 근대의 '문학'을 형성하는데 일정한 역할을 수행한다고 본다. 이 글에서는 이러한 기왕의 논의들을 다음과 같은 측면에서 재검토하고자 한다.

우선 『한국문학사』에서 얼핏 지적된 것이기는 하지만, 이광수가 이룩한 언문일치의 문장이 과연 진정한 언문일치체의 문장이었는지 하는 문제이다. 『한국문학사』는 물론 이에 대한 이의를 제기했지만, 이광수의 문장을 그 의미가 막연하기만 한 '서양언어 직역투의 문장'이라고 규정했다. 이 글은 이 문제를 이광수가 이룩하고자 했던 언문일치가 '과연 누구의 언어와 일치시키기 위한 문장'이었는가 하는 관점에서 다시 따져보고자 한다.

그리고 『한국문학사』는 이광수가 이룩한 시제, 삼인칭 대명사, 종결어미 '~다'의 확립 등의 문체적 성과들을 지적했고, 이후 논의들은 이것이 근대소설 형성에서 중요한 역할을 한다고 본다. 이러한 주장들은 서구 및 이를 이식한 일본의 근대문학적 기준에서 긍정적으로 평가된 것만은 아닌지 하는 의문을 갖게 한다. 오히려 이러한 문체들이 우리 근대소설이 보여줄 수 있는 다양한 가능성을 제한했던 것은 아닌지 하는 점에서 다시 따지고자 한다.

끝으로 이광수 소설이 조선 후기 국문소설이 성취한 국문체의 성과를 발전적으로 계승했는지를 검토하고자 한다. 식민지 시기 김태준의 『조

선소설사』및 임화의 『신문학사』(1939)는 신소설에서 그 계승 관계를 언급
하지만 단편적인 논의에 그치며 그나마 이광수 소설에는 이르지 못한다.
이 글은 이광수 소설이 문체상에서 전통국문소설과 급격한 단절을 이루
는 배경과 이를 통하여 우리 근대소설이 갖게 된 한계를 묻고자 한다.

이 글은 이러한 문제들을 이 시기 대표작 『무정』에 국한시키지 않고,
1910년대라는 시기에 형성되어나갔던 이광수 초기 소설의 변모 과정을
통해 살피고자 한다. 그런데 이 시기 이광수는 단편과 장편 장르에서
문체적 모색을 각기 달리 하고 있다. 따라서 논의의 효율을 위해 단편
과 장편 장르로 나눠 검토하되, 아울러 이들 각각이 게재된 매체의 성
격적 차이도 참조하면서 이를 살피고자 한다.

## 2. 지식인 문체의 모색–단편소설의 문체

### 1) 국한문혼용체의 의미–단편 「무정」

이광수가 지면상으로 발표한 첫 작품은 단편 「무정」(『대한흥학보』 11~12,
1910.3~4)이다. 이 작품의 표기법은 이른바 국한문혼용체이다. 이 시기 유행
하던 신소설이 순국문체로 창작되고 있는 사실과 비교할 때 이러한 문체는
오히려 시대의 흐름에 역행한다는 인상을 준다. 그러나 이 시기 신문이 아닌
학회지에 게재된 문예물들이 소수의 예를 제외하곤 대부분 국한문혼용체
를 사용하기 때문에, 이광수도 이 점에서 예외일 수는 없었던 듯싶다.

「무정」이 게재된 『대한흥학보』는 동경 유학생 단체의 연합조직인
'대한흥학회'의 기관지 내지는 학회지 성격을 가진 잡지이다. 잡지는 지

면의 제약으로 장편 대신 주로 단편들을 게재할 수밖에 없었다. 그런데 이 시기 장편소설=국문표기의 신소설=저속한 통속소설로 간주되는 상황에서 유학생 학회지의 작가는 소설의 국문표기에 대해 부정적인 생각을 가지고 있었음에 틀림없다.

이광수는 소설 창작 이전 「국문과 한문의 과도시대」(『태극학보』 21, 1908.5)라는 글에서는 한문의 폐지와 국문의 전용을 주장하고 있다. 그러나 그는 다시 「今日我韓用文에 對하야」(『대한매일신보』, 1910.7.23~27) 에서는, "純國文으로만 쓰고 보면, 新知識의 輸入의 沮害가 되겠으므로 …… 只今 余가 主張하는 文體는 亦是 國漢文併用이라"고 주장하여 국한문혼용체가 언어의 기능상 당시의 사상을 감당할 수 있는 효율적 문체임을 강조한다.

그런데 이광수는 이러한 국한문혼용을 비단 논설 등의 비문학적 글에서만이 아니라, 첫 소설 작품인 「무정」에서 적극적으로 사용하고 있는 셈이다. 이는 앞서 얘기한 바, 「무정」이 『대한흥학보』라는 학회지에 게재되었기 때문이라는 사실은 재론할 필요가 없겠다. 단 「무정」에 나타난 국한문혼용체에서는 향후 우리 근대소설의 문체 형성 과정에서 나타나게 될 여러 문제점들을 잉태하고 있다.

무엇보다도 국한문혼용체는 조선 후기 국문소설 전통에서는 전혀 찾아볼 수 없던 낯선 문체이다. 이는 서구를 수용하면서 새롭게 만들어진 일본식 문체를 이식한 것이다. 따라서 전통소설은 물론 신소설에서도 찾아볼 수 없는 새로운 조어법들을 출현시킨다. 그 중 두드러진 예를 찾자면, 종전의 소설이 부사구 위주의 서술어구로 구성된 것, 즉 동사적 문장으로 되어있는데 비해 명사형 어휘의 비중이 상대적으로 늘어난 명사적 문장으로 바뀌게 된다.

"시년에 疲困훈 兒童輩 눈 벌셔 世上을 모르고 昏睡ᄒ난데" (11호, 39면)
"흐르는 月光은 無數훈 金針이 地面에 散ᄒ듯하더라." (40면)

"悲哀가 其極點에 達ᄒ야, 愛를 失홀 時에" (42면)

"이놈! 하든 소리는 空氣에 波動을 作ᄒ야" (43면)

"더욱 悲哀ᄒ야" (12호, 52면)


일반적으로 어떤 행동이나 사건을 하나의 개념으로 추상화시켜 명사형으로 표현하는 것은, 그 사건이나 행동의 내용을 이해하기 어렵게 만든다.[1] 이러한 식의 문체는 이후 작가들의 문체에서 지속적으로 나타나는 등 우리 근대소설 문체 형성에 부정적 역할을 한다. 예컨대 1920년대 염상섭 단편에서 지식인 주인공의 내면 및 심리적 갈등이 그려질 경우, 그것이 관념적이고 난삽한 성향을 띠는데 국한문혼용체는 이러한 점에서 중요한 역할을 한다. 둘째, 일본이 서구의 사상과 문물을 받아들이면서 새롭게 탄생한 한자로 된 신식 조어들이 소설에서 작위적으로 등장한다는 점이다. 이를테면 일본의 신식 조어들 그 자체가 문제라기보다는 이들이 작품 안의 상황에서 어울리지 않는다는 점이 문제다. 대신 소설 안에 사용되는 이러한 단어들은 상등의 또는 고급스러운 것이라는 착각을 주며 지식인 작가의 지적 우월성 또는 현학을 과시하기 위한 하나의 방편이 되고 있음을 보여준다.


"두-合 이난 먹은 것를 긔우이 動脈, 毛細管을 조차 各器官과 細胞에 펴
디니 心臟의 機能도 漸漸 鈍ᄒ게 되고" (11호, 41면)

"宇宙는 依然히 默默ᄒ도다. 自然(天地萬物, 但더 人類는 除,ᄒ고)은 無情

---

1) 박승윤, 「문체와 언어」, 『언어학과 인지』, 한국문화사, 1992. 실제 명사형 어휘의 득세는 서구 학문과 사상을 받아들이는 과정과도 관련된다. 고대 그리스 이래로 철학을 포함한 일체의 학문은 명사형의 말을 중심으로 조립돼왔다. 이것은 서구의 언어 구조와 관계가 깊다. 서구의 문장은 명사형 주어를 반드시 가지며, 3인칭 대명사나 관계대명사 등 명사를 중심으로 문장이 만들어진다. 중국의 학문과 사상도 역시 명사 중심으로 되어 있다. 일본어에서 중요한 번역어가 한자의 명사형으로 되어 있는 것도 이때문이다(야나부 아키라, 서혜영 역, 『번역어 성립과정』, 일빛, 2003, 119면).

ᄒ고……" (42면)

　"아이고 빅야 이놈! 하든 소리는 空氣에 波動을 作ᄒ야……" (43면)

　"書籍에셔 物理며, 人情을 硏究ᄒᆫ 바도 읍고 즉 社會의 영향이라" (43면)


　이러한 과학, 문명에 관련된 일본식 한자 조어들은 이후 1910년대 이광수 소설에서 지속적으로 나타난다. 특히 지식인의 사념의 세계나 그들의 주장을 드러내보이고자 할 경우 이러한 경향이 두드러지게 나타난다. 물론 일본식 한자 조어에 대응하는 의미의 쉬운 일상어가 있음에도 불구하고 전자를 선호하는 것은 식민지 대중을 타자화하려는 계몽적 지식인의 욕구를 반영하는 것으로 볼 수 있다.

　따라서 단편 「무정」이 종래의 소설과 달리 묘사 중심적이고 내용에서는 인간의 감정의 해방을 그리는 등, 이전 소설과는 다른 내용을 제기함에도 불구하고 근대소설이라는 인상을 주지 못한다. 이는 단순히 표기형태의 문제만은 아니다. 「무정」의 국한문혼용체는 결코 소설의 서사적 행위를 묘사하기에 적합한 것이 아니다. 「무정」은 서사적 충동에서 비롯되었다기보다는 이광수의 생각 또는 관념을 전달하기 위한 하나의 방편에 불과했다.


### 2) 국문체의 모색과 계몽적 화자―『소년』의 「어린희생」과 「헌신자」

　「어린희생」(『소년』 14~17, 1910.2~5)이 게재되었던 잡지 『소년』은, 유학생 집단의 잡지들과는 달리 독자층의 대중화를 지향했던 잡지이다. 따라서 『소년』은 표기상에서도 문장을 가급적 쉽게 쓰고자 국한문혼용체가 아닌 순국문체를 지향한다. 그리고 『소년』은 소설을 게재하는 데도 나름대로 원칙을 보여준다. 가령 서양 작품 게재를 우선으로 했으며 국내 작품은 육당이 자신과 절친한 관계에 있었던 이광수의 것으로 한정했다.[2]

「어린희생」은 이광수가 외국소설을 번역한 것으로 되어 있다. 이는 역시 『소년』의 외국문학 지향의 성격을 짐작케 해준다. 그런데 그것이 외국문학의 번역물로 제시되었음에도 불구하고 같은 시기에 발표된 단편 「무정」과는 문체 면에서 상이하다. 우선 한자를 단어 차원에서 삽입하고 있지만, 통사구조나 조어법에서 기본적으로 국문체이다. 이는 앞서 지적한 바, 최남선이 주관한 『소년』의 국문체 지향의 표기와 그 방식을 같이 한 것이다.

따라서 「어린희생」은 일본에서 수입된 난삽한 형식의 국한문혼용체는 나타나지 않고 조선 후기 국문소설에서 나타나는 국문체를 계승하고 있는 모습을 보인다. 특히 이 작품은 아버지를 죽인 적국의 군인들에 대한 불타는 적개심을 보이는 한 용감한 소년의 영웅적 이야기를 다루면서 부분적으로 종래 군담소설의 장르적 습관 및 문체들을 이어받고 있음을 확인해볼 수 있다.

> 祖父의 자난 얼골을 보니 잠은 비록 깁히 들엇스나 苦悶의 빗흔 眉宇에 널넛고 哀痛의 기운은 얼골을 휩쌋구나. (상, 60면)
> 큰 나무는 닙히 다 썰넛고 쎠만 남아서 달빗헤 죽은 빗치 되얏고 바람도 안 불건만 電線 우난 소래 으릉으릉 悲憤한 懷抱를 돕난듯 (중, 68면)
> 老人은 더욱 憤心이 撑中하야 죽드라도 한 놈 마조 치려하다가 다시금 생각하고 (하, 48면)

그러나 「어린희생」은 역시 고소설은 물론이거니와 신소설과는 다른 새로운 근대적 문체의 모습을 보여준다. 우선 이 작품에서 눈에 띄는 것이 대화와 무대 장면에 대한 묘사의 강화이다. 하타노 세츠코의 연구에 의할 것 같으면 이 작품은 외국 문학작품을 번역한 것이 아니고 이

---

2) 한기형, 「근대문화제도의 형성과 최남선」, 한국문학연구학회 2003.11.22.

광수가 일본 유학 시절에 그곳에서 감상한 영화를 소설로 번안한 것으로 추정한다.[3] 이 작품에 나타난 새로운 묘사법들은 이러한 추정을 방증한다.

소설 안에 대화문이 따로 설정되어 있는 것은 이미 신소설에서도 나타난다. 그러나 「어린희생」에서 대화와 더불어 이뤄진 무대 장면과 상황의 묘사들은 마치 연극 대본의 지문을 보는 듯싶다. 이는 이광수가 자신이 본 영화를 기억으로 되살려 소설로 재구한 것이라는 추측을 뒷받침한다. 아래의 장면 묘사는 스크린의 영상을 환기시키는데, 이들은 모두 이광수 소설에서 묘사력의 신장을 가져오는 계기가 될 수 있었으리라는 추측을 낳게 한다.

十一月 三五月은 흐르난 듯한 찬 빗흘 더러온 琉璃窓 으로 드러보내여 悲憤하나 두 사람을 朦朧히 비쵸고 살을 버이난 듯한 北氷洋으로서 오난 찬바람은 마당에ㅅ 나무를 잡아 흔드러 窓 에 그린 나무를 動搖하난데 (상, 55면)

少年은 다시 잠잠하여지고 몸도 움지기지 안난다. 그림자가 한아이 되엿다 셋이 되엿다 여러 가지로 變한다. 三人이 冷笑하난닷 씩 웃더니 (중, 69면)

따라서 「어린희생」은 『소년』이 지향했던 국문체를 구사하면서, 서양 문화의 접촉 과정에서 얻은 묘사력의 신장에 힘입어 국문체 소설 발전의 한 계기를 마련할 계기도 갖고 있었다. 그러나 이광수는 초기단편 「무정」에서도 그랬지만 이후 『소년』에 게재된 그의 단편 작품들을 본격적인 문학 또는 근대문학의 본령으로 생각하지 않았던 듯싶다. 따라서 이 시기에 모색한 국문체를 그의 단편에서 발전적으로 지속시켜 나가지 않는다.

다시 말해 『소년』시기 이광수는 자신의 소설에 대하여 문화 영역에서

---

3) 하타노 세츠코, 최주한 역, 『「무정」을 읽는다』, 소명출판, 2008, 109면.

따로 독립된 문학으로서의 자의식을 갖지 않았던 듯싶다. 「어린희생」이 자신이 본 영화를 소설로 재구성한 것으로 추정되듯이, 이어 「소년」에 발표한 「헌신자」(『소년』 20, 1910.8) 역시 실화를 바탕으로 소설로 재구성한 모양새를 갖추고 있다. 그리고 두 작품 모두 독자에 대한 계몽을 앞세운 작품인데 「헌신자」에서는 그것이 좀 더 직설적으로 나타난다.

「헌신자」는 계몽적 화자가 자신의 모습을 감추지 않고 독자들을 직접 대하고 있기 때문에 이야기 서술의 종결어미도 여러 종류다('~소', '~이라', '~도다', '~ㄴ고?' 등). 그러나 화자가 독자들에게 이렇게 여러 종류의 종결어미로 말을 건네는 것은 그들과 대화를 나누기 위해서라기보다는 그들을 가르치기 위한 계몽적 어법의 소산이다. 이러한 어법들은 작가의 주장을 위한 것일 뿐 근본적으로 서사적 이야기를 풀어나가기 위한 장치는 아니다.

이후 「소년의 비애」(1917)에서도 이러한 전지적 또는 계몽적 화자의 성격을 띤 서술자가 작품의 모든 상황을 기술해나간다.

> 文浩가 보기에 蘭秀만큼 美를 感受하는 힘이 銳敏치 못하다. 그럼으로 文浩가 "애 芝秀야 너는 고은 것을 볼 줄을 모르는고나"하고 輕蔑하는드시 말하면 芝秀는 얼굴이 빨개지며 "내야 아나 蘭秀나 알지" 하고 눈물 고인 눈으로 文浩의 얼굴을 힐끗 본다. 이러케 되면 文浩도 芝秀의 우는 것이 불상하야 머리를 쓸며 "아니. 너도 남보다야 낫지. 그러나 蘭秀가 너보다 더 낫단 말이지"한다.
>
> ―『청춘』 8호, 1917.6, 110면

그러나 젊은이들의 미묘한 내면을 묘사하는 「소년의 비애」와 같은 소설에서 설명으로 일관되는 계몽적 화자의 어법들은 부자연스럽다. 따라서 이미 「금경」(『청춘』 6호, 1915.3)에서는 이러한 젊은이의 내면을 묘사하기 위한 새로운 방식이 모색된다.

### 3) '내면'을 위한 문체-『청춘』의 단편소설들

『소년』시기를 끝내고 『청춘』에 발표된 「금경」(1915.3)은 1910년대 이광수 소설 문체가 형성되는 데 분수령을 이룬다. 무엇보다도 소설에서 다루는 내용이 현저하게 달라진다. 「금경」은 한 인물의 내면이 소설의 중심 제재가 되고 있다.[4] 따라서 이전 이광수의 단편들이 그나마 가지고 있었던 이야기적 요소는 위축된다. 이는 이 시기 1910년대 계몽주의의 담론이 '문명개화'에서 '자아의 각성'으로 넘어오는 것과 관련된다.

즉 내면이 소설 양식 안에서 본격화되기 시작하는 것은 바로 다름 아닌 『학지광』·『청춘』 등의 이른바 유학 경험이 있는 자들 또는 유학생 계층의 잡지들이 등장하면서부터이다. 이 시기 유학생들은, '자아의 각성'을 지식인 제일의 의무로 강조하는 일본 다이쇼[大正]기 문화주의 또는 백화파 문학에 영향을 받고 있었다. 개인주의·자아주의를 강조하는 백화파의 경우 소설문학에서도 자연스럽게 객관보다는 개체의 주관과 내면을 우위의 것으로 간주한다.

주인공의 내면이 중심이 되면서 「금경」이라는 소설에 나타나게 되는 새로운 수법의 하나가 정태적인 풍경의 묘사이다. 주인공이 고향 역에 내려 자신의 숙소로 돌아오면서 묘사되는 자연 풍경은, 그 풍경에 어떠한 의미를 부여하기보다는 그냥 개인의 관조의 대상으로, 즉 바깥 세계가 아니고 내부로 몸을 돌린 자아의 무심한 대상으로 묘사되기에 이른다. 바로 이 풍경 묘사에서 '~ㄴ다'체가 강화되기 시작한다.[5]

---

4) 이전에도 몽몽(夢夢)의 「요조오 한[四疊半]」,(『대한흥학보』 8호, 1909) 같은 인물의 내면을 중심으로 기술되는 예외적인 소설 작품이 있기는 하다.

5) 이후 이광수의 대표작『무정』에도 관조의 대상으로서의 풍경 묘사가 자주 나타난다. "그 담비 연긔가 눅눅ᄒ고 바롬 업ᄂ 공긔중에 퍼질 줄을 모르고 형식의 혹군혹군ᄒᄂ 머리가으로 물결을 지며 도라간다. 형식은 반도 다 타지 못ᄒ 권연을 마당에 획 집어ᄂ던지고 두 손으로 머리 가으로 몽게몽게 도라가는 담비 연긔를 홰홰 젓는다. 담비 연긔ᄂ 혹은 ᄲᆞ르게 혹은 더듸게 길을 일흔듯시 ᄉ방으로 흐터진다. 텬경에서 자던 파리가 놀ᄂ여 왕왕 ᄒ더니 도로 쇼리가 업셔진다"

이번도 한 달 만에 돌아오는 길이라 가슴이 트릿하도록 반가움과 깃븜이 속에 차 혼자 우스면서 저녁 煙氣 나는 村中께를 向하고 들어온다. 발서 벼 갈이 끗나고 여긔저긔 굽을굽을한 벼 배가 싯누런 뱀 모양으로 서리엇다. 동둑에 버들입은 아직도 푸른 긔운이 잇서 서늘한 저녁 바람에 살살 쩔린다. 南國으로 돌아가는 오리쩨가 이 논에 저 논에 물 잇는 논을 싸르어 푸드득하고 날개 소리를 나이며 왓다갓다 한다. (119면)

이러한 내면을 위한 풍경 묘사는 곧 이어 주인공이 자신의 독서 체험을 통해 삶의 내력을 회고하는 기억의 내면으로 이어진다. 그리고 주인공은 「금경」 이후 이광수 단편의 다른 주인공들에서와 같이 회의와 고민에 빠지며 병적으로 움츠려들기 시작한다. '금경'은 "비스테리(히스테리의 오식인 듯합)的으로 움기두 하며", "瘦瘠(수척)하여 가고", "內的 苦悶(내적 고민)"이란 것을 맛보는데, 인생에서 한 일이란 "虛空(허공)"일 뿐이라고 절망한다.

물론 주인공은 겉으로는 절망과 정신적 유약함을 드러내지만 오히려 이것은 세상을 원망하고 세상으로부터 소외된 자신의 고고연함을 과시하는 수단으로 사용된다.

그들과 나와의 關係가 무엇이뇨? 師弟? 그저 오랜 동안 가튼 집에 가튼 마당에 가티 놀앗스니 그래서 情이 든 것이 마치 한 풀 밧헤 매어 노흔 송아지들이 서로 가닥질하고 노닐음과 다름이 업슨지라, 나와 저들과의 連鎖가 무엇이뇨 가르치는 語學! 하여 들리는 이약이? 그것이 무슨 씀직한 連鎖리오 果然 그네가 나를 부르어 "先生님 先生님"하나 내가 그네에게 "君師父"라는 情의 意味로 師된 바ー업스니…… (126면)

그리하여 소설의 주인공 화자 역시 타자를 계몽, 설득하려는 방식이 아닌, 자신의 주관적 내면을 토로하는 형식을 취한다. 따라서 듣는 이를 의식하는 "~더라"와 같은 말 건넴 식의 종결어미 등은 소설 중심의 자리에서 조금씩 물러나게 된다.

대신 이후 단편에서 화자의 존재가 희박해지고 객관적인 자세를 취한 듯싶은 '~ㄴ다', '~ㅆ다' 등의 어미 등을 사용하기 시작한다. 이는 같은 시기 서양소설을 즐겨 번역한 진학문의 영향을 받은 것으로도 짐작해볼 수 있다. 이러한 종결어미는 전과 달리 이야기가 어디까지나 현실 속에서 소위 '현실과 같은 것으로서' 전개되는 인상을 갖게 할 수도 있다. 이 점이 서구 내지 일본근대소설을 좇아 우리가 이뤄놓은 근대적 문체의 성과로 지적된다.[6)]

즉 근대 이전의 이야기에서는 초월적 화자–타자가 걸어오는 말을 듣는다. 그러나 근대소설에서는 화자가 중성화되며 이 때 이야기는 무매개적이고 직접적으로 나타난다. 이러한 방식은 묘사의 객관화를 지향하는 듯이 보인다. 그러나 이는 타자의 음성을 늘 자신의 음성으로서밖에는 나타날 수 없게 해 오히려 주관적으로 빠질 공산이 크다. 즉 타자는 단독성 등을 갖지 못하고 자기와 상호 반전 가능한 동질적인 것에 불과한 존재자일 따름이다.[7)]

물론 고소설의 화자가 쓰는 '~더라'는 이야기를 산만하게 한다. 따라서 근대소설은 그와 같은 화자의 존재태를 취하지 않고 시점을 고정화함으로써 이야기들을 객관적으로 보이게 하는데, 이는 근대소설의 주요한 성과로 간주된다. 그러나 이는 화자가 현실을 이해하면서 갖는 자신의 제한성, 불확실성, 상대성 등의 한계를 감추면서 오히려 작가의 견해를 일방적으로 강요하고, 따라서 한편으론 화자가 독자와 연대할 수 있는 기회를 잃게 할 수 있다.

그리고 작가는 현실을 그럴 듯하게 얘기하는 듯싶지만 오히려 신소

---

6) 이러한 종결어미는 3인칭 대명사와 더불어 서양소설을 번역하면서 일본 근대문학에 새롭게 등장한 문체이다. 야나부 아키라, 서혜영 역, 『번역어 성립과정』, 일빛, 2003 참조
7) 이효덕, 박성관 역, 『표상 공간의 근대』, 소명출판, 2002, 337면.

설과 같이 독자를 전제로 할 때 나타나는 직접성과 수다스러움 등, 서술의 활기는 제거된다. 그리하여 외형상 문장이 정연해진 듯싶으나, 독자들과 대화를 나누기보다는 자기 혼자만의 또는 자기의 주관적 생각을 전달하는 형식의 문체로 이동한다. 「금경」 이후 이광수는 자신의 단편들 즉 「방황」(『청춘』 12호, 1918.3), 「윤광호」(『청춘』 13호, 1918.4) 등에서 이를 강화한다.

> 나는 「기모노」로 머리와 니마를 가리오고 눈만 반작반작하면서 그 차듸찬 하날을 바라본다. 이러케 한참 바라보노라면 그 차듸찬 하늘이 마치 크다른 새의 날개 모양으로 漸漸 갓가히 나려와서 琉璃窓을 뚤코 이 횡한 房에 들어와서 나를 통으로 집어 삼킬 듯하다. 나는 불현듯 무서운 생각이 나서 눈을 한번 쌈박한다. 그러나 하날은 두루 앗가 잇든 자리에 물러가서 그 차듸찬 눈으로 물끄럼이 나를 본다.
>
> —「윤광호」, 『청춘』 13호, 1918.4, 74면

이 중에서도 「어린벗에게」(『청춘』 9~11호, 1917.7~11)는 1910년대 이광수가 이룩한 문체의 한계를 가장 잘 보여주고 있다. 일찍이 김동인은 「어린벗에게」를 평하면서 "형식에 있어서는 현란한 미문(美文)—조선 구어체 문장의 초창기인 당시에 있어서도 과연 경이의 미문이었다"[8]면서, 언문일치체와 함께 미문의 성과를 아울러 지적하고 있다. 이러한 평가는 이후 특별히 문제없이 수용돼오고 있다.

그러나 「어린벗에게」를 다시 보자면 우선 표기상에서 처녀작인 단편 「무정」보다는 덜 하나 국한문혼용이 강화된다. 앞서 「금경」 같은 작품은 지식인의 내면을 다루지만 그래도 국한문 혼용표기가 자제되는 편이다. 「금경」에서는 주인공의 내면을 다루더라도 독자를 지향한 자기호

---

8) 『김동인전집』 제6권, 삼중당, 1976, 86면.

소의 성격이 강하다. 「어린벗에게」는 표면상으로 독자에게 호소하는 듯 싶지만 궁극적으로 독자를 소외시킨다. 이는 「어린벗에게」에서 국한문 혼용이 강화되는 것과 관련된다.

이광수 작품에서 국한문 혼용의 강화는 작품의 관념성과 비례한다. 즉 그것은 작품이 추상적으로 흘러가는 데 일조한다. 「어린벗에게」의 국한 문혼용은 처녀작 「무정」에서 보여주었던 국한문혼용의 문제점들을 고스란히 재현할 뿐만 아니라 그것을 극대화시킨다. 가령 일본식 문체를 이식함으로써 빚어진 명사형 어휘 중심의 낯선 조어법, 서구 과학과 문명 수입과 관련하여 일본에서 만들어진 새로운 어휘들의 효과가 강화된다.

그런데 앞에서도 지적한 바, 일본식 조어법, 또는 일본에서 수입한 외래어 그 자체가 문제가 아니라, 그것이 「어린벗에게」에서는 지식인 작가가 대중 앞에서 자기를 현시하기 위한 방편으로 사용되고 있다는 점이다.

> 空氣에 對流作用이 업섯던들 그의 깨끗한 肺에서 나온 입김이 그냥 그 자리에 잇서 왼통으로 내가 들이마실수 잇섯슬것이로소다. (…중략…) 마치 그 말이 엑스光線 모양으로 封套를 께뚤코 내 쓰거운 머리에 直射하는 듯더이다. (…중략…) 美와 사랑과 溫情의 一滴을 얻어 마시려고 (…중략…) 只今 내 身體를 組織한 모든細胞는 깃븜과 滿足에 뛰며 소래하고 熱한 血液은 律呂마초아 循環하는도다.9)

이성간의 심리관계를 그리는 이 글은 대중과의 소통을 위한 글이라기보다는 지식인들 내부에서 특정적으로 사용되고 있는 일종의 '사회적 방언' 같다는 인상을 풍긴다.

언문일치는 글자 그대로 말하듯이 쓴다는 의미다. 그런데 이광수 '단

---

9) 『청춘』 9호, 1917.7, 104 · 113 · 118면.

편'에서 글과 말의 주체는 대중이 아닌 유학생 지식인이라는 특수계층
이다. 이들은 대중이 실제로 사용하는 구어를 문자에 일치시키려고 하
기보다는, 구미-일본어의 번역체를 합성하여 또 하나의 새로운 에그리
뛰르를 만들고자 했다. 즉 그들의 언문일치의 내용은 지식인이 중심이
되는 새로운 방식의 말과 글이지, 그것이 결코 진정 구두상의 속어를
원천으로 하는 대중언어는 아니다.

그리하여 「어린벗에게」는 작가의 엘리트적 의식을 구현하고 있으며,
이는 비단 국한문 혼용의 문체로만 실현하지 않는다. 우선 이 작품은
서간문 형태로 연장자가 이른바 '어린 벗'에게 소식을 전달하는 형식으
로 되어 있다. 그러나 상대가 연하자임에도 불구하고 말을 건네는 어미
들은 '~나(데)이다', '~로소이다', '~리잇가', '~소서' 등 독자들과 정중
하게 소통하려는 태도를 취한다. 앞의 「헌신자」의 계몽적 화자보다 훨
씬 정중한 말투이다.

그러나 이러한 청자지향형 어투가 독자들과의 정서적 연대를 보증하
는 것은 아니다. 오히려 화자가 아래를 지향하는 형식적으로 정중한 어
투는 가식적으로 느껴진다. 가령 「어린벗에게」에서 그것은 지적, 정신
적으로 우월한 계몽적 화자의 일방적인 전달을 이뤄내기 위한 장식으
로 기능할 뿐, 결코 독자와 '함께' 하기 위한 어법은 아니다. 오히려 화
자는 자신 역시 '조선인'임에도 불구하고 '조선인' 독자를 타자화한다.

> 朝鮮에 엇지 男女가 업사오릿가마는 朝鮮男女는 아직 사랑으로 만나본 일
> 이 업나이다. (…중략…) 朝鮮人은 果然 사랑이라는 것을 모르는 國民이로소
> 이다. 그네가 夫婦가 될 째에 얼굴도 못보고 이름도 못 듯던 남남끼리 다만
> 契約이라는 形式으로 婚姻을 매자 一生을 이 形式에만 束縛되어 지나는 것
> 이로소이다. 大體 이 짜위 契約結婚은 즘생의 雌雄을 사람의 맘대로 마조 부
> 침과 다름이 업슬 것이로소이다.
>
> ―『청춘』 9호, 1917.7, 105면

이른바 '조선인'은 화자와는 그 종류가 다른 제 삼자로 '그네'이며 '즘생'과 다름없는 비열한 존재들이다. 화자는 도처에서, "朝鮮人에 웨 淫風이 만흐뇨"(9호, 107면), "엇지하야 우리는 아름다온 사람을 보고 사랑하여 못쓰나잇가"(108면) 등을 반복하면서 자신이 '조선인'임을 부끄러워 못 견뎌 한다. 이런 미개한 조선인들과 비교하여 반대로 문명국 또는 그 국민들에 대해서는 숨길 수 없는 선망을 드러낸다.

동경, 상해 등의 문명적 공간 또는 소백산(시베리아) 삼림이라는 이국적 공간들을 통해, 상등의 문명을 체험하고 세상 견문에서 우월한 작가의 위상을 과시한다. "日比谷 公園 噴水池"가 있고, "西洋式으로 입을 마촐" 수 있는 동경, 주인공의 병상(病床)에는 "蜜柑과 林檎 담은 광주리와 牛乳筒"의 이국적 정물들이 놓인다. 서양의 큰 기선과 선상 체험을 과학적 어휘를 동원해 그리면서 바다 건너 온 서구문명에 대한 작가의 선망을 드러낸다.

요컨대 「어린벗에게」의 강화된 국한문혼용 표기를 비롯한 제반 문체는 대중에게 우월한 주인공의 지적 입장을 보여주기 위한 장치이며, 또 대중과 격리, 소외되어 자신에 집착하는 지식인의 내면을 위한 장치이기도 하다. 그러나 이는 『청춘』과 같은 특정한 집단을 겨냥한 잡지에서 작동될 뿐, 『매일신보』 같은 대중 매체에서는 이를 피한다. 이러한 양상을 『매일신보』에 게재된 장편 『무정』과 『개척자』를 통해 살펴보기로 하자.

## 3. 『매일신보』 장편소설의 국문체 모색과 그 한계

### 1) 전통적 국문소설의 계승과 단절-『무정』의 가능성과 한계

이광수 등의 1910년대 신지식인들은 종래의 국문소설 및 신소설을
부정적으로 보았다. 그 이유 중의 하나는 종래의 국문소설들이 이야기
또는 사건 중심에 치우친 흥미위주의 성격을 가지기 때문이다. 따라서
앞서 보았듯이 이광수는 단편소설에서 이야기 중심의 전통적 국문소설
들을 거부하고, 초기에는 계몽적 내용, 후반에는 인물의 내면을 소설의
중심 소재로 삼아, 이러한 내용을 다루는 것을 근대문학 또는 순문학의
본령으로 생각했다.

그러나 신문을 통해 대중적 독자들을 만나야 하는 장편소설의 경우
에는 사정이 달라진다. 우선 작가는 신문에 게재된 이전 소설의 관습과
상업적 대중독자들을 의식할 수밖에 없다. 따라서 이광수가 『매일신
보』에 연재한 장편소설들은 그의 단편들의 문체와 근본적으로 차이가
난다. 『매일신보』에 게재된 이광수의 장편소설들은 역시 같은 신문에
게재되었던 신소설 및 번안소설은 물론 이전의 다양한 전통의 서사체
들과 소통하고자 한다.

가령 『무정』은 이야기를 풀어 나가야 하는 화자의 말투를 전통소설
또는 신소설의 화자, 어떤 경우는 번안소설 화자의 것에서 부분적으로
차용해와 독자와 적극적으로 소통하고자 한다. 아래 예로 든 화법들은
『무정』이 당대 독자들에게 다가가기 위한 작가의 다양한 자세를 보여
준다. 그리하여 적어도 『무정』의 화자는, 근대소설 서술자의 한 특징으
로 간주되는 통일성은 있되 경직된 성격을 드러내는 자세와는 거리를
두고 있다.

그러다가 마참너 형식이 셔울에 잇는 줄을 알고 이러케 차자 왓던 것이라. (30회)

이 날 저녁에 영치를 챠자 온 형식은 영치를 만낫는가 (35회)

일동은 가장 합리(合理)ᄒ게 만ᄉ를 힝ᄒ엿거니 ᄒ엿다. (…중략…) 위험ᄒ 일이다. (83회)

영치의 쇼식이 엇더케 합ᄒ며 엇더케 틀닐지는 모르지만은 여러분의 ᄒ신 싱각이 닉가 ᄒ 싱각이 다른 것을 비교히 보는 것도 ᄆ우 흥미잇는 일일ᄯᅳᆺᄒ다. (86회)

그런가 하면 『무정』은 때로는 고소설 등의 관용적 문체를 활용하기도 한다. 특히 이러한 부분은 기생 박영채의 부분이 등장하는 경우 강화된다. 그러나 『무정』이 기왕의 신소설, 번안소설과 구별되는 것은, 아래 인용문의 종결어미 변화에서 보듯이 화자가 구소설 식의 이야기를 전개하는 경우라도, 수시로 그의 시선을 근대의 지적, 정신적 능력을 갖춘 부르주아 지식인 주인공 '이형식'의 시점으로 순조롭게 이동시키기 때문이다.

영치는 그 악한에게 붓들려 장ᄎ 엇지되랴는가. 그 악한은 어엿분 틱도를 탐ᄒ야 못된 욕심을 치오려 ᄒ는가…… 아모려나 영치의 몸이 그 악한에게 더럽혀지지나 안이 ᄒ엿스면 ᄒ엿다. 그리ᄒ고 영치의 얼골과 몸을 다시 ᄌ셰히 보앗다. 대긱 녀ᄌ가 남ᄌ롤 보면 얼골과 쳬격에 변동이 싱기는 줄을 알ᄆ라. 엇지 보면 아직 쳐녀인 듯도 ᄒ고 ᄯᅩ 엇지 보면 임의 남ᄌ에게 몸을 허ᄒ 듯도 ᄒ다. (10회)

즉 『무정』은 전대 소설의 화자의 역할을 활용해 소설의 기본이 되는 이야기적 요소를 잃지 않고자 한다. 심지어 화자는 앞의 인용문 중 86회 분에서는, 일종의 자기반영적 언술을 보여주기도 하는 등 다양한 자세를 보여준다. 그러나 이야기를 풀어나가는 화자의 외적이고 객관적인 시점에 주인공의 내적이고 주관적이고 감정적인 시점이 수시로 덧입혀

짐으로써 독자들은 주인공의 내면을 실감으로 대할 수 있게 된다.

이에 반해 그의 단편의 화자의 시점은 지식인 주인공과 완전하게 일치하면서 그를 대변한다. 그리고 그러한 화자의 말은 국한문혼용체 또는 지식인의 말투로 표현된다. 앞서 지적한 바, 국한문혼용체는 주인공으로 설정된 지식인과 대중을 분리시키며, 이는 특정 지식인 집단의 방언을 구사케 하는 수단으로 사용된다. 그리고 그것은 지식인의 추상적 사고를 설명할지언정, 물질적이고 감각적인 접촉 속에 체험된 인간을 묘사할 수 없게 한다.

이에 비해 『무정』의 국문체는 새로운 지식인 주인공의 생각만이 아니라 그 행동을 독자에게 구체적으로 전달할 수 있는 역할을 제대로 수행한다. 단 『무정』의 문체가 새롭게 등장한 시민계급의 영혼을 그려내고 있음에도 불구하고, 이러한 개인을 감싸 안은 사회의 세부적 모습을 그려내는 데 한계를 보여준다. 다시 말해 『무정』에는 근대인의 심리적 공간은 새롭게 설정돼 있지만, 그들을 둘러싼 시정의 세계는 생략되어 있다.

『무정』에 나타난 시정의 세계는 비활동적이다. 한 예를 들자면 박영채 등이 등장하는 기생 사회의 세태를 묘사하는 수준은 신소설 등에서 화류계의 일상적 면모를 그리는 데에도 크게 못 미친다. 이는 『무정』의 국문체의 한계와도 관련된다. 『무정』은 박영채 등을 그릴 때, 전래의 통속적 염정류의 국문체 등을 부분적으로 모방하지만, 시정 세태를 그리는 것을 특징으로 하는 조선 후기 평민소설의 국문체와는 단절되어 있다.

이러한 국문체 전통과의 절연은 물론 이광수 개인에 국한된 문제는 아니다. 실제 조선 후기 국문소설의 전통은 신소설 시기 이인직과 이해조 등의 작품에서는 발전적으로 계승될 기회를 갖고 있었다. 단적인 예로 이인직의 『은세계』는 '최병도 타령'이라는 판소리를 신소설로 개작한 것이며, 시정성이 강한 이해조의 신소설들 역시 여항을 소재로 한 소설 또는 판소리계 전통을 계승하고 있음을 확인할 수 있다.[10]

그러나 식민지라는 정치적 변수는, 신소설로 이어진 판소리계 소설의 전통, 즉 경험적 현실을 강조하며 세태묘사 등을 특징으로 하는 평민문학의 성과가 이어질 맥을 끊어 놓는다. 정치성이 사라진 이인직의 『모란봉』, 『구마검』, 『박정화』 등의 시정소설에서 합방 이후 염정소설 등의 로맨스로 회귀한 이해조의 신소설들이 그 예이다. 게다가 1910년대 이해조 소설은 상업성을 좇아 통속극적 성격을 띤 외래의 신파극과 결합되기도 한다.

판소리계 소설의 문제의식 등 평민소설의 전통이 상실되면서 이광수로 넘어온 우리 소설은, 시정 세계의 상실과 더불어 이야기 내용의 희극성이나 비극성과 관계없이 '웃음' 또는 '비속'의 공간을 상실한다. 오히려 이러한 것들은 낡은 시대의 문학적 잔재로 치부되어 우리 소설에서는 공식적이고 엄숙한 음조가 주조를 이루게 된다. 그리고 문체에서 작가의 개성적 통일성은 나타날지언정, 시정 언어가 지닌 사회적 다양성과 음성적 다양성은 사라진다.

이광수 소설의 문체는 한국 근대소설 문체의 전범으로 평가되지만, 실제로는 조선 후기 평민문학에서 성장되어 왔던 민중적 전통의 문체를 발전적으로 계승하지는 못하며 따라서 다양한 몸짓 말, 속담적 비유 등 우리말의 잠재력을 다각도로 끌어올릴 가능성 역시 차단된다. 즉 민중문화의 고유한 입담과 해학 및 이야기적 전통이 근대 장편소설 문학에서 단절되는 셈인데, 이러한 단절은 『무정』에 이어 발표된 『개척자』에서 심화, 고착된다.

---

10) 임화는 일찍이 이해조 소설이 "구 가정소설의 형(型) 가운데다가 새로이 도입한 것이 시정소설(市井小說)의 요소"(임규찬·한진일 편, 『임화 신문학사』, 한길사, 1993, 281면)임을 지적했는데 이 시정소설이라는 것이 바로 여항소설·판소리계 소설의 전통과 관련되어 있는 것으로 판단한다.

## 2) 현대 대중소설 문법의 확립 — 『개척자』

『개척자』는 『무정』에 이어서 『매일신보』라는 동일한 지면에 발표된 작품임에도 불구하고 『무정』과 많은 점에서 달라진다. 우선 『개척자』의 화자는 독자와 대화하기보다는 이들을 훈계 또는 지도하고자 하는 입장이 상대적으로 강화된다. 『무정』의 화자가 주인공 이형식의 시선과 대체적으로 일치한다고 본다면, 『개척자』의 화자는 소설의 주요 인물들을 모두 조감하는 우월하고 권위적인 위치에 놓이게 된다.

이광수는 후일 그의 초기 작품들을 회고하면서 『무정』에서는 '리얼리즘'과 '심리묘사'에 "자신의 역량이 미치는 한 힘을 썼다"는 점을 강조한다. 그런데 『개척자』는 "一種의 이데올로기 小說"이라는 점을 강조한다.[11] 『개척자』가 『무정』 못지않은 대중소설의 성격을 띠고 있음에도 불구하고, 작가는 오히려 『무정』에 비해 서술자를 통해 전달코자 하는 메시지 또는 사상성에 좀 더 관심을 썼던 듯싶다.

이러한 점에 비춰볼 때 『개척자』가 국한문혼용 표기를 다시 선택한 것은 우연한 일이 아니다. 물론 『개척자』의 국한문혼용체는 단어의 차원에서 한자를 삽입시킨 방식에 불과하다. 그러나 그 자체가 바로 단편에서와 같이 화자가 독자에게 우월한 태도를 취하고자 함을 보여주는 것은 아닐까? 그리고 이광수 소설에서 국한문혼용 표기가 두드러지는 것은 작가의 주장 등을 직접 노출시킬 때인데, 『개척자』 역시 이러한 점을 잘 보여준다.

『개척자』의 화자는 작중인물의 삶과 현실을 모두 통괄하여 권위적이고 고압적 어조를 드러내며, 심지어 "제군(諸君)"이라는 표현을 사용해 가면서 독자까지 강하게 설복코자 한다.

---

11) 이광수, 「多難한 半生의 途程」, 『이광수전집』 14, 삼중당, 1962, 99~401면.

諸君은 무엇을 볼 써에든지 그것이 盈ᄒᆞᄂᆞᆫ 것인지 虧ᄒᆞᄂᆞᆫ 것인지(Waxing or Waning)를 먼져 살펴야ᄒᆞᆫ다. 그리ᄒᆞ야서 그것이 盈ᄒᆞᄂᆞᆫ 것일진된 現在의 小와 弱은 將來의 大의 强을 約束홈인 줄을 알아야 ᄒᆞᆫ다. 明晳치 못ᄒᆞᆫ 사람은 虧ᄒᆞᄂᆞᆫ 大돌와 强을 보고 깃버ᄒᆞ고 盈 ᄒᆞᄂᆞᆫ 小이와 弱 을 보고 도로혀 슬퍼ᄒᆞᄂᆞ니 明晳ᄒᆞᆫ 諸君은 이러ᄒᆞᆫ 미련을 비와셔ᄂᆞᆫ 되지 아니ᄒᆞᆫ다.

—『매일신보』, 1918.1.22

물론 이광수는 『무정』에서도 『개척자』와 마찬가지로 어떤 경우 작정한 듯이 논설 형태의 글을 장황히 삽입한다. 그러나 그 경우에 등장인물 '이형식'은 논설로 제시된 작가 또는 화자의 주장에 매몰된다기보다는 이에 일정한 거리를 두며 일종의 '자의식'을 보여준다.[12]

즉 『무정』은 결말 부분을 빼고는 전반적으로 독자를 설득하면서, 부분적으로는 화자 또는 주인공을 통해서 그것이 옳은가 되돌아보고 자신의 사유를 되짚어 반추하는 음성을 들려준다. 그러나 『개척자』의 화자는 우월한 위치에서 대중으로부터 소외된 지식인 주인공의 입장을 일방적으로 대변한다.[13] 화자의 말투는 당연히 지식인의 언어이며 자기성찰이 결여되어 있다.

『무정』과 달리 『개척자』에서 이러한 점들이 나타나는 것을 어떻게 설명해야 할까? 『무정』은 어찌하였든 신문이라는 매체에 연재된 첫 번째 장편소설이다. 작가는 신문 매체의 속성을 참작하고 또 그 동안 『매

---

12) 53회에서 화자는 형식의 생각을 빌려 장황한 논설적 주장을 편 이후 마지막에 다음과 같이 덧붙이며 끝낸다. " …… 형식은 리론(理論)으로는 영치를 위ᄒᆞ야 울지 안이치 못ᄒᆞ얏다. 그러나 형식은 영치를 날근녀즈라 ᄒᆞ고 다시 형용스를 부쳐서 순결열렬(純潔熱烈)ᄒᆞᆫ 구식녀즈(舊式女子)라 ᄒᆞ얏다. 그러나 우션은 이번 영치의 힝위는 절ᄃᆞ뎍(絶對的)으로 션(善)ᄒᆞ다 ᄒᆞᆫ다. 한아는 영문식(英文式)이오 한아는 한문식(漢文式)이로다"면서, 친구 '우션'의 생각을 끼워 넣어 나름대로 반성적 회의를 시도한다.

13) 이광수는 『개척자』에서 "因襲에 對한 個性의 反抗과 解放", "사랑의 自由와 神聖性", "靑年들의 微弱하고 孤單하나나 朝鮮에 新文化를 自己네 손으로 建設해보려는 熱情"을 그리고자 했다고 한다(이광수, 「多難한 半生의 途程」, 『이광수전집』 14, 삼중당, 1962, 401면).

일신보』에 게재되었던 대중소설들의 성격을 십분 고려했음에 틀림없다. 심지어 『무정』은 「구운몽」에서 「옥루몽」으로 내려온 서사전통의 끝자락에 놓여 있는 것으로 얘기도 된다.[14]

그러나 『무정』은 이렇게 종래의 이야기적 전통을 존중하면서도, 신소설과는 다를 필요가 있었다. 그것은 식민지 당국 및 『매일신보』가 이광수에게 기대한 것으로,[15] 이는 지식인이 대중과 어떻게 만날 수 있는지의 문제로 귀결된다. 그리하여 『무정』에서는 『개척자』와 달리 적어도 소설 전반부에서는 대중을 굽어보는 우월한 입장보다는, 대중을 내부로부터 파악하고 자신의 선 자리 자체를 문제 삼는 시선이 상대적으로 눈에 띈다.

그러나 『개척자』는 이보다는 대중과 분리된 지식인의 우월한 모습을 보여주는 이광수 단편의 회지의 비슷한 입장을 취한다. 이는 그의 계몽주의가 가진 분열적 모습에서 비롯된다. 즉 계몽에 대한 열정을 견지하면서도 한편으로는 식민지 상황에서 계몽주의가 갖는 한계 때문에 발생한 좌절감들이 대중을 타자화 하거나, 또는 대중으로부터 분리된 지식인의 고립을 내세우는 것으로 나가게 한다. 『개척자』는 바로 이러한 지점에 놓인다.

물론 『개척자』는 신문에 연재된 소설이기 때문에 단편소설과 같이 이야기 구조가 결여된 채, 대중과는 절연된 지식인의 추상적 소외만을 그려낼 수는 없다. 그리하여 『개척자』는 대중과의 소통을 위해 『무정』이 등장하기 전 번안소설이 즐겨 사용하던 신파적 관습을 빌려온다. 즉 근대인의 소외를 봉건적 인습 아니 주요하게는 금전의 문제로 훼방받는 남녀 사랑의 문제를 통해 강조해나간다.

---

14) 임형택, 「동아시아 서사학 시론—「구운몽」과 「홍루몽」을 중심으로」, 『대동문화연구』 40, 2002, 21면.

15) 김영민은 이광수의 『무정』의 등장은 『매일신보』라는 매체의 조직적 발굴 내지 지원이 없이는 불가능한 것이었음을 강조하며 이에 대한 여러 예증을 제시했다. 『한국근대소설의 형성과정』, 소명출판, 2005, 163~165면 참조

『개척자』는 그리고 이러한 이야기를 번안소설에서 사용된 신파적 문체로 치장한다. 『무정』과는 다르게 『개척자』에서 강화된 신파적 글투는 대중을 의식하고는 있지만 실은 독자들로 하여금 이야기 자체를 자기 나름대로 생각해볼 수 있게 하는 것이기보다는 장식적인 글투로 사건들을 단선적으로 몰고 가려는 의도를 가지고 있다. 그것은 엄밀하게 보면 궁극적으로 작가가 독자와의 진정한 소통을 거부하는 방식이다.

> 世上은 당신을 逼迫홀 수 잇는대로 逼迫ㅎ겟지오? 당신의 平穩홀 수 잇는 一生은 도로혀 져를 爲ㅎ야 不幸흔 一生이 되겟지오. 졔가 스랑ㅎ여들이는데셔 밧으시는 깃붐이 足히 그 不幸과 相殺ㅎ고 남음이 잇겟습닛가. 엇더케 엇더케. 졔 스랑이 무엇이기로 져갓흔 것의 스랑이 무슨 힘이 잇고 무슨 價値가 잇겟기로 아ー偉大흔 당신에게 조고마흔 졔 스랑이 무엇이겟습니가. 졔가 졔 몸과 마음을 다 바친들 그것이 무엇이겟닛가.
>
> ―『매일신보』, 1918.3.5

요컨대 『개척자』의 문체는 이중적 구조를 갖는다. 그 하나는 대중과 분리되어 자폐적 몰입을 지향하는 지식인의 입장을 대변하고, 이를 통해 대중을 타자화하는 설교적인 말투가 있다. 그리고 또 하나는 대중과 통속적으로 소통하는 신파의 문체가 있다. 이 양자가 『개척자』에는 두루 섞여 있는데, 이러한 문체는 향후 30년대의 장편대중소설이 독자에게 일방적 계몽을 내세우면서 한편으로는 그것을 통속적인 내용과 결합하는 방식의 원형이 된다.

## 4. 맺음말

1910년대 이광수 소설에서 근대적 문체의 모색은 단편과 장편 장르에서 각각 달리 추구되었다. 이광수는 1910년대 전반기에는 자신의 단편소설을 계몽적 이념을 전달하는 하나의 도구로 간주했다. 따라서 이른바 '문학 작품'을 창작한다는 자의식은 크게 없었던 듯싶다. 그러나 중기 이후 지식인의 내면을 다루기 시작한 자신의 단편들에서는 신문에 연재한 장편들과 달리 문학의 본령 또는 '순문학'을 추구하고 있다고 생각하고 있었다.

그리하여 대중이 아닌 특정한 독자층을 대상으로 하는 잡지 등에 게재된 그의 단편소설에서 국한문혼용의 문체는, 지식인 작가가 자기를 현시하는 방편으로 사용되며 이를 통해 식민지 대중을 타자화한다. 물론 그는 단편을 통해 언문일치의 국문체를 지향하고 있지만, 그 방식은 대중이 실제로 사용하는 구두상의 속어를 기초로 하기보다는, 구미―일본어의 번역체를 합성하여 만든 지식인 중심의 말과 글을 또 다르게 고안해내는 식으로 이뤄진다.

그리고 이와 아울러 '~다'나 현재진행형, 과거형 등을 사용하여 '내면'을 형상화하면서 정연해진 듯 싶은 단편소설의 문체는 오히려 이야기를 흥미롭게 풀어내고자 하는 화자의 유연한 자세를 구속하며 소설의 이야기적 성격을 약화시킨다. 이러한 문체의 특징들은 이후 한국 근대소설사에서 지식인 인물을 형상화하는데 지속적으로 영향력을 미쳐, 행위가 아닌 관념으로 지식인을 그리게 하여 현실을 추상성 안에 가두게 하는데 일조를 한다.

그러나 이광수는 일반 독자대중을 의식해야 하는 신문 연재소설, 가령 장편 『무정』에서는 조선 후기 평민소설에서 신소설로 이어지는 종래 국문소설의 문체적 전통을 부분적으로 계승한다. 그리고 이를 단편을 통해 모색한 인물의 내면을 묘사하기 위한 서구적 근대소설의 문체적 방식과 결합한다. 그리하여 『무정』은 종래 국문소설의 사건중심의 이야기적 전통을 살리면서도 새롭게 등장한 시민계급의 내면을 그려낼 수 있었다.

그러나 『무정』은 이전 조선 후기 국문소설이 가진 평민문학의 요소들을 발전적으로 계승하지는 못한다. 신소설만 해도 시정 세태의 풍요로운 형상화를 이뤄내고 있다. 그러나 『무정』의 국문체는, 종래 국문소설이 이뤄놓은 문체적 성과를 염정류의 국문소설에 국한하여 계승하지, 판소리계 소설의 문제의식 및 평민문학이 실현한 민중적 전통의 문체까지 수용은 못하여 우리말의 잠재력을 다각도로 끌어올릴 가능성을 차단한다.

오히려 이광수의 『개척자』는 『무정』이 그나마 이뤘던 문체적 성과에서 후퇴한다. 『무정』이 가진 이야기적 전통은 약화되고 독자를 훈계하는 전지자적 시점의 문체가 우세해진다. 그리고 일면으로는 이야기를 진행시키기 위하여 신파극과 밀접한 관련을 가진 번안소설의 문법을 받아들인다. 독자를 작가의 일방적인 설교로 이끌려는 서술자의 설정과 그것을 신파적 이야기 문법과 결합하는 방식은 이후 장편대중소설의 전범이 된다.

# 이광수와 '국민시'

**최현식**

## 1. '국민문학'의 분절과 이광수

어떤 말들은 특정 현실과 역사를 통과하면서 때로는 휘황한 신화를 때로는 오욕의 추문을 덧입으며 굴절, 왜곡되어 간다. 이를테면 한국 근대문학에서 국민문학이 그렇다. 조선에서 근대문학(literature)은, 이광수의 「文學이란 何오」(1916)가 적시하듯이, 전통적인 문(文)의 전체성에서 분리되어 자율적이고 독립적인 예술로 소개, 입법되었다. 하지만 그것은 조선의 문화적 정체성과 민족적 자아를 표상하고 구현하는 국민(민족)문학으로도 동시에 구상되었다. 근대적 현상으로서 국민문학 또는 민족문학은 국민국가의 건설, 백성들의 국민화, 민족정체성의 구축을 핵심 의제로 설정한다.[1] 이런 까닭에 국민문학은 민족과 국가의 성격과 형태, 미래를 어디에 두는가에 따라 특정 이데올로기의 간섭과 침윤에 긴박

될 가능성이 크다.

근대문학사에서 어느 순간부터 기피되기 시작한 국민문학이란 용어, 그리고 그것을 대체한 민족문학이란 용어를 둘러싼 진보와 보수 진영의 끊임없는 쟁론은 저런 이데올로기적 파장의 예로 모자람 없다. 물론 국민문학의 결정적 탈락과 민족문학의 극적 부상에 크게 기여한 요소로는 흔히 친일문학으로 뭉뚱그려지는 일제 말의 '국민문학'을 들어야 할 것이다. 실체 없는 국민국가를 민족이 대체, 대신했다는 역사적 상황은 민족문학의 사용을 자명하게 만든 듯이 보인다. 그러나 식민지 시대 내내 민족문학이란 용어는 국민문학에 비해 결코 우세하지 않았다. 해방이 되면서 비로소 좌파든 우파든 국민문학의 반민족성과 허구성을 선명히 드러내는 대립항으로서 민족문학을 선점하기에 바빠진 것이다.[2]

상상의 공동체를 현실화하기 위한 문화 거점으로 상정된 국민문학의 이런 분절, 아니 얄궂은 운명은 이광수를 처음과 끝으로 거느린다는 점에서 더욱 비극적이다. 춘원은 조선문단에 국민문학의 당위성과 필요성을 처음 각인시켰지만, 이후 힘센 문명과 국가/민족에 사로잡혀 국민문학을 제국주의 전쟁과 전도된 오리엔탈리즘의 이데올로그로 본격 타락시킨 문제적 인물이다.

계몽 기획의 입안자요 추구자로서 스스로를 '문사'로 부르는 데 주저함이 없었던 춘원의 근대주의는 문명/문화의 완숙한 개화와 국민국가의 수립을 핵심으로 삼고 있다. 춘원에게 '조선심' '민요' '시조' 등으로

---

1) 황종연, 「문학이라는 역어」, 『동악어문론집』 32, 동국어문학회, 1997, 465~475면.
2) '국민문학'은 1920년대 중반 국민문학 논쟁을 거치면서 보편화되었지만, '민족문학'은 1930년대 들어서야 간혹 사용되기 시작한다. 그러나 임화의 예에서 보듯이, 이즈음의 '민족문학'은 현재와 같은 이념과 사상이 착색된 것이기보다는 근대문학 일반에 내재된 민족(ethnic) 관념과 기획을 지시하는 용어에 가까웠다. 임화는 해방 후 조선전국문학자대회에서 발표한 「조선민족문학건설의 기본과제에 관한 일반 보고」(1946.6)에서야 비로소 '민족문학'을 표제에 처음 노출시키며, 또한 그 이념성을 선명히 표현한다. 여기에 맞서는 보수 진영의 민족문학 논의로는 김동리의 「문학하는 것에 대한 사고(私考)」 「본격문학과 제3세계관의 전망」 등을 우선 꼽아야 할 것이다.

대변되는 민족적 에스니시티(ethnicity)는 현실에 부재한 국가를 대체/대신하는 일종의 의사(pseudo) 국가에 해당된다.[3] 그런데 춘원은 이 에스니시티를 동일한 민족 구성원이라면 누구나 갖추었기 마련인 생리적 산물이 아니라 매일의 영혼의 기투를 통해 획득되는 '만들어진 동일성'으로 간주했다는 점에서 특징적이다. 가령, 그는 『소년』에서 대황조(단군)가 성취한 문명국 '대조선'은 "肉身의 血統보담 精神의 血統"[4]을 계승함으로써 재창출될 수 있다고 확언한 바 있다. 이 말은 30여년 뒤에 발설되는 "일본인이란 일본정신을 소유하고 또 이를 실천하는 사람을 가리킨다. 우리 제국은 과거에도 그랬지만 금후 한층 더 혈통국가이어서는 안된다. (…중략…) 대동아공영권의 건설을 위해서는 혈통이 방해되는 경우조차 있을 수 있다"[5]와 거의 정확히 대응된다.

이 일관된 정신적·미적 에스니시티를 단지 친일 협력의 근거이자 동력으로 파악하는 것은 현시점에서는 그리 유효한 시좌도, 논법도 아니다.[6] 민족적 에스니시티의 발굴과 획정, 그리고 그것의 파기와 일본적 에스니시티에 대한 동화로 이어지는 영혼의 굴절과 도박은 부재한 국가와 그것을 대체하는 민족의 영속성에 대한 가공할만한 욕망을 충실히 현시한다. 이광수의 "민족을 위한 친일"이란 말은 적어도 이 지점에서는 진실이다. 그의 욕망은 그러나 스스로와 민족을 식민화함으로써 식민지의 울타리를 벗고 제국의 지위로 올라서겠다는 모순적 주체 개조 및 권력 행위였다. 어쩌면 그는 스스로가 제시한 국민문학의 절정을

---

3) 박수연, 「일제말 친일시의 계보」, 『우리말글』 36호, 우리말글학회, 2006, 214면.
4) 孤舟, 「朝鮮ㅅ사람인靑年들에게」, 『소년』 제3년 8권, 1910.8, 32면.
5) 이광수, 「內鮮一體隨想錄」, 1941.5. 여기서는 이경훈 편, 『춘원 이광수 친일문학전집 II』(평민사, 1995, 246면). 이후 이 글에 인용되는 이광수의 '국민시'와 산문은 같은 책 및 이경훈 외편, 『춘원 이광수 친일문학─동포에 고함』(철학과현실사, 1997)을 따른다. 이를 고려하여, 원래의 발표 지면과 이 책들에 부여한 번호(I과 II) 및 면수를 동시에 밝히는 것으로 인용의 출처를 표시한다.
6) 친일문학 혹은 '국민문학'에 대한 최근의 연구 관점 및 경향에 대해서는, 한수영, 『친일문학의 재인식』(소명출판, 2005) 4~9면과 윤대석, 「1940년대 '국민문학' 연구」(서울대 박사논문, 2006) 15~21면 참조.

30여 년이 지난 시점에서 만끽하고자 했을 지도 모른다. 하지만 이즈음의 '국민문학'은 그 욕망을 파행과 퇴폐의 골짜기로 몰아넣는 자기파괴의 논리로 이미 돌변해 있었다.

춘원이 민족과 국가의 가짜 생성과 영속을 상상하는 '국민문학'의 미혹을 아주 몰랐다고 믿기는 어렵다. 무언가 미혹의 반동성과 위험성을 초과할 매혹이 존재했기 때문에, 그는 보다 근원적이고 급진적 의미의 민족 개조, 다시 말해 '조선심'을 '일본정신'으로 대체하는 '황민화적 개조'에 주저함이 없었을 것이다.[7]

여기서는 그 내적 논리를 내면의 목소리가 가장 직접적으로 울려 퍼지는 장르로 흔히 간주되는 시, 그러니까 '국민시'를 통해 되짚어 보고자 한다. 춘원의 '국민시'[8]는 조선 문인의 친일의 계기를 형성하는 세 지점, 즉 중일전쟁(1937)과 신체제 선언(1940), 태평양전쟁(1941)을 오롯이 관통하며 그때그때 요구되는 일본적 에스니시티를 내면화해갔다는 점에서 매우 급진적이며 전향적이다. 따라서 이 내면화의 길은 일제말 조선의 일본화가 걸어간 대표적 경로와 운명을 적절히 되비추는 일그러진 거울이기도 하다.

---

7) 춘원이 종종 사용한 '황민화적 개조'의 근본 목표가 '힘센 국가'에 있었음은 거의 틀림없다. 이를테면 "무엇보다 먼저 조선인은 「힘잇는 일본국민」이 되지 아니하여서는 아니 된다. 이것은 금일의 목표만이 아니오 자손 영원의 목표다."(이광수, 「황민화와 조선문학」, 『매일신보』, 1940.7.6(Ⅰ : 76))라는 말을 보라.
8) 이광수의 '국민시'는 그 중요성에도 불구하고 따로 연구된 경우는 거의 없다. 개략적이나마 춘원 '국민시'의 종류와 성격, 또는 국민문학론 및 국민소설과의 연관성을 다룬 대표적인 논의로는, 『친일문학론』(임종국, 평화출판사, 1963), 『개정·증보 이광수와 그의 시대』 2(김윤식, 솔출판사, 1999), 「암흑기의 '국민시'」(오세영, 『20세기 한국시 연구』, 새문사, 1989), 『이광수의 친일문학 연구』(이경훈, 태학사, 1998)를 들 수 있다.

## 2. 이광수와 국민문학, 그리고 국민시

절대성과 파행성을 동시에 거느린 일제 말 '국민문학'은 엄격히 말해 일본 '고쿠민분가쿠[國民文學]'의 파생적 산물이다.[9] 이 때문에 '국민문학'은 주체성과 고유성의 내포를 처음부터 봉쇄당했으며, 그것의 자율성 / 자발성은 타율성의 허황된 그림자에 지나지 않았다.[10] '국민문학론'자들은 그래서 '국민문학'의 천형 같은 운명, 즉 '고쿠민분가쿠'에 다가서면 설수록 오히려 더 멀어지고 차별되는 지체 현상에 몸을 떨며 그 운명의 초극에 더욱 매달릴 수밖에 없었다. 일본 전향 문인을 대표하는 하야시 후사오[林房雄]의 "우리들은 전향해도 돌아갈 조국이 있지만 그대들은 그것이 없다"는 말은 좌우를 막론하고 '국민문학론'자들이 결코 넘어설 수 없는 심연이었다. 시간이 흐를수록 '고쿠민분가쿠'에 대한 '국민문학'의 자발적 복종과 동화가 더욱 심화되어가는 현상은, 당대 현실의 광포함을

---

9) 체제 익찬(翼贊) 운동으로서 '국민문학'의 출발을 어디에 둘 것인지는 여러 의견이 있을 수 있다. 조선에서 그것의 공식적 출발은 신체제 운동에 부응해 창간된 『국민시가』(1941.9) 및 『국민문학』(1941.11)을 통해 이루어졌다. 일본도 사정은 비슷해서, 이즈음 들어 대정익찬회(大正翼贊會)가 주도하는 '고쿠민분가쿠' 운동이 본격화된다. 그러나 전선총후(戰線銃後)의 실천으로서 '고쿠민분가쿠'는 특히 중일전쟁(1937) 이후 그 출현이 농후해진다(미요시 타츠지[三好達治], 「國民詩について」, 『분게이슌쥬[文藝春秋]』, 1942.4 참조). 조선문단의 친일 협력 역시 일제에 의한 중국의 무한·삼진 함락과 연동되어 양적·질적 수준을 달리하게 된다(김재용, 「친일문학과 근대성」, 『협력과 저항』, 소명출판, 2004, 80~85면 참조). 이광수의 친일 협력에 결정적 계기를 제공한 수양동우회 사건(1937.6~1938.3)이 이 시기에 걸쳐 있음 역시 주목된다. 따라서 '국민문학'과 '국민시'의 역사적 기원과 외연은 이 시기까지 확장될 여지가 충분하다. 조선의 일본화, 곧 황민화를 통한 새로운 민족과 국민국가의 열망 및 요구, 이것의 달성 방법으로서 군국주의 체제 익찬은 '국민문학'과 '국민시'의 핵심 원리를 이룬다.

10) 최재서와 조선총독부가 수차례 절충한 결과 정해진 『국민문학』의 편집요강은 이를 대표한다. "①국체 개념의 명징, ②국민의식의 앙양, ③국민 사기의 진흥, ④국책에의 협력, ⑤지도적 문화이론의 수립, ⑥내선문화의 종합, ⑦국민문화의 건설"(최재서, 노상래 역, 「조선문학의 현단계」, 『전환기의 조선문학』, 영남대 출판부, 2006, 68~69면)

감안하더라도, 이런 주체의 아포리아와 결코 떼어놓을 수 없다.

이 아포리아를 '육신의 혈통' 못지않게 '정신의 혈통'의 동일성에 대한 상상을 통해 초극하려한 '국민문학론'자를 꼽으라면 누구보다 먼저 춘원 이광수를 들어야 할 것이다. 그는 가히 친일 '문사의 괴수'로 불러도 좋을 정도로, 수양동우회사건에서 벗어나는 시점인 1939년 들어 문학 내외부에 걸쳐 '국민' 갱생의 길을 본격 개척하기 시작한다. 시와 소설, 평론, 수필을 막론하고, 그의 관심이 처음부터 '국민성' 개조에 오롯이 맞춰진다는 것은 매우 주목할 만하다.[11] 물론 이것은 당국의 의도에 충실히 부응한다는 자세의 외적 드러냄일 것이다.

그러나 춘원은 그의 삶과 사상에 새로운 전기를 마련할 경우, 「문사와 수양」(1921) 「민족개조론」(1922) 등이 예시하듯이 개아(個我)에 대한 냉정한 성찰보다는 민족/국민에 대한 비판과 개조를 먼저 앞세우곤 한다. '국민성'의 개조 요청이 이와 멀지 않음은 첫 '국민시' 「折にふれて歌へる[가끔씩 부른 노래]」의 "韓土의 二千萬 民草와 함께 임금님, 우리 임금님 하고 우러러 받들도다"(I : 13~14)에도 잘 드러나 있다. 이런 방식의 '공동성'의 비판과 요구는 춘원이 주체성을 유지, 보존하고, 필요에 따라 갱신, 재구축하는 전형적인 방식이다. 하지만 주체의 의도적 축소와 은폐는 그때그때의 전환과 참회에서 진정성을 약화, 박탈하는 한편, 그것들을 점차 변명으로 변질시키는 자기왜곡의 방법이라는 점에서 매우 문제적이었다.

그런데 조선의 문인 및 문학은 바야흐로 일대전기(一大轉機)에 도달하고 있다. 그것은 조선문의 문학은 일본 국민문학의 일부라고 하는 명확한 인식과 강력한 의식을 말한다. 사실대로 말하면 아직 일천한 때문이기도 하겠지만,

---

11) 장르별 최초의 '국민문학'에 해당하는 시 「折にふれて歌へる[가끔씩 부른 노래]」(『東洋之光』, 1939.2), 소설 「육장기」(『문장』, 1939.9), 평론 「文學の國民性」(『경성일보』, 1939.11.14 · 16 · 17)이 모두 그렇다.

종래의 조선 문인은 바로 최근까지도 국민의식에 눈 뜨지 못했다. 따라서 그 작품에도 국민적 감정이 스며들어 있지 않다. 옛날을 회고 하고 거기에 애착하는 ○○ 민족주의적인 것이 아니면, ○○ 마르크시즘의 이데올로기물이나, 일부 소위 순문예파라 자칭한 구주류의 탐미주의나 인성(人性) 병리학적 묘사를 득의로 하는 일파가 있었을 뿐으로, 일본 제국 전체를 시계(視界)로 하는 문인도 작품도 없었던 것이다.[12]

춘원이 일문(日文)으로 작성한 최초의 '국민문학' 평론이다. 이런 언어적 직접성은 '국민문학'의 당위성과 필연성에 대한 노골적 주장에서도 그대로 감지된다. 그것이 무엇이든 새로운 논리와 사상의 획득은 과거에 대한 냉철한 통찰을 요구하며 또한 스스로를 지탱할 수 있는 내적 논리의 비준을 필요로 한다. 그러나 춘원의 '국민문학'에의 투신은 미학과 자아에 대한 통렬한 반성과 부정, 미래에 대한 침착한 기획을 제대로 통과하지 않는다. 조선문학의 과거와 현재에 대한 반성은 거의 의례적인 것으로, 이것은 당시 일본문학에서 행해진 근대문학 비판의 일반적 문법이기도 했다.

조선문학의 위기와 미학적 결핍에 대한 신중한 검토의 부재는 조선문학의 미래를 지워버린다. 이 허위의 자리를 메우는 것은 '자기의 개조'와 '자기의 수련'의 요구이며, 그를 통한 새로운 '국민의식', 다시 말해 '일본정신'의 획득이다. 그는 이 글의 말미에서 "국민성을 떠나서 문학은 없다"라고 일갈하는바, 이 말은 '정신의 혈통'을 향한 욕망의 또 다른 번역에 지나지 않는다.

그리고 이러한 종류의 국민문학은 참으로 국력을 증강하는 힘이 될뿐더러 조선동포를 바로 인도하는 손이 되고 아울러 대동아 신문화 건설의 기초가

---

12) 이광수, 「文學の國民性」, 『京城日報』, 1939.11.14 · 16 · 17(Ⅰ : 58~59).

될 것이다. 그러므로 문학에 뜻을 두는 청년은 먼저 제 마음에 앉은 묵은 티끌을 다 밀어버리고 천황께 귀일하는 청명심(淸明心)을 얻어 황민(皇民)으로서의 자기 연성(練成)에 힘쓸 것이오 일기나 시가나 소설이나 수필이나 무릇 문필의 일을 황민생활의 기록으로 전향할 것이다.13)

이광수에게 '국민문학론'은 과감히 말해 미학론이 아니라 주체와 민족의 개조론이다. '청명심' 같은 일본정신을 절대화하며 '황민화적 개조'를 일상의 지배원리로 적극 수용하는 춘원의 일관된 자세는 여기서 비롯한 것이다. 물론 일제의 지배 논리에 부응하는 새로운 민족 / 국민의 창출은 식민지의 초극과 제국적 주체로의 발돋움이라는 이중욕망을 실현하기 위한 것이었을 테다. 하지만 그의 욕망은 주체와 타자의 본질 및 그것의 제 관계에 대한 냉철한 응시를 회피하는 방향으로 진행되었다는 점에서 허구적이며 모순적이다.

춘원의 '국민문학'은 현실의 제 문제를 극복하기 위한 것이 아니라 또 다른 현실로 대체하기 위한 것이었다. 가령 그는 조선의 정체성을 대표하는 '조선어'와 '조선문학'을 상황의 논리에 따라 대체 또는 배제 가능한 것으로 상정한다. 조선문학은 조선인의 고유성과 현실성을 표현하는 문학과는 거의 무관한 언어적 수단, 즉 "국어를 모르는 동포에게 국민정신을 주는" '언문문학(彦文文學)'이라는 발언이나, 한글을 옛일본 신대문자(神代文字)와의 유사성에 비추어 "내선(內鮮)이 나뉘기 전의 문자"로 단정 짓는 태도를 보라.14) 이 순간 조선어와 조선문학은 일본적 에스니시티를 보충하고 확장하는 데 유효한 도구적 기호로 전락한다.

하지만 이런 관점은 스스로의 허구성을 증명하는 자기폭로와 파괴의 방편이기도 하다는 점에서 매우 아이러닉하다. 제국 일본을 욕망하는

---

13) 이광수, 「국민문학 문제」, 『신시대』, 1943.2(Ⅰ : 373).
14) 앞은 「문인의 응소(應召)」, 『매일신보』, 1941.3.10~14(Ⅰ : 211), 뒤는 「國語と朝鮮語」, 『신시대』, 1942.6(Ⅰ : 343).

방편으로서 한글(언문)의 기원과 '언문문학'의 도구성에 대한 주장은, 과감히 말해, 그 이전의 "한글 창작과 조선적 내용이 하나의 허구에 지나지 않았으며 그 허구가 또다른 허구로서 일본정신의 추구로 나아가는 경험적 틀이었음을 역설적으로 증명"하기 때문이다.[15]

춘원의 이와 같은 주체의 대체와 타자화 방식은, 결국 황민문학으로 귀결되긴 했지만 '국민문학'의 조선화에 나름의 노력을 기울인 최재서의 논리와 여러모로 비교된다. '신체제론'을 계기로 『국민문학』의 주재자가 된 최재서는 '국민문학'을 이른바 '신지방주의'의 건설에 연동시켰다. '신지방주의'는 내선일체와 대동아공영론에 경사된 '국민문학'의 궁극적 목표를 '신체제' 내에서 조선의 특수성을 보장받는 일, 다시 말해 일본문학과 동등한 지위를 갖는 제국 내의 지역문학 설립에 두었다. 이런 지향은 내선일체(동일성)만큼이나 내선어 차이/차별의 감각에 민감할 수밖에 없었다. 『국민문학』 그룹이 '일본'이란 민족 관념이 제국 전체로 확대 적용되는 것을 경계하고, 또 일본이 다수 민족을 포괄하기 위해서는 일본 스스로가 먼저 변해야 한다고 주장한 일은 이런 태도에서 비롯한 것이다.[16]

차이와 차별을 되도록 외면하며 제국의 주체성을 오로지 염원했던 춘원의 '국민문학'은 따라서 일종의 주술이었다. 주술은 성찰의 언어가 아니라 맹목적 믿음의 언어이다. 반복과 도취가 주술을 현실화하는 주요 방편임은 물론이다. '황민화적 개조'를 목적하는 이 주술은 거듭 말하거니와 '정신의 혈통', 곧 '일본정신'의 반복과 도취를 형식과 내용으로 삼았다. '혈통'은 대체로 자기 가문 또는 자민족의 수월성과 영웅성을 선전하고 자아화하기 위한 동일성의 장치라는 점에서 이상적 견본의 창출과 심미화를 방법으로 거느리기 마련이다. 춘원은 『소년』 시대

---

15) 박수연, 「일제말 친일시의 계보」, 『우리말글』 36호, 우리말글학회, 216면.
16) 보다 자세한 내용은 윤대석, 『식민지 국민문학론』(역락, 2006)의 제1부 '식민지 국민문학론' 참조

그 견본을 '대황조(단군)'의 정신에서 찾았던 것처럼, 이즈음에는 '일억 국민'의 교양서로 강조되던 『만요슈[萬葉集]』 『고지키[古事記]』 등에 표현된, 아니 창출된 '일본정신'에서 찾는다. 물론 표면적으로는 전자는 주체가 찾아간 것이란 의미가, 후자는 타자에 의해 주어진 것이란 의미가 훨씬 크다는 차이점을 지니나, 새로운 민족/국가의 발명을 위한 시간과 가치의 전도라는 점에서는 전혀 동일하다.[17)

그렇다면 '대황조' 정신, 곧 '조선심'을 일거에 대체한 '일본정신'은 무엇인가? "그것은 맑고 밝은 마음", "모든 욕심을 떠난 마음, 즉 청명심"으로, 이를 통해 "사람은 신과 접하고 신과 일치"한다.[18) 이런 종교적 성정의 정치태가 "천하를 하나의 집으로 한다"는 뜻을 가진 '팔굉일우(八紘一宇)'이다. 이것의 실천 주체는 당연히도 천황이며, 한 집안의 자애로운 가장으로 표상되는 그의 영도를 통해 일본과 세계는 저마다 자유롭고 평등한 자리를 갖게 된다고 믿어졌다. 이를 근거로 일제는 아시아 각국의 침략과 서구와의 전쟁을 '팔굉일우'의 정신을 실천하는 것으로 심미화하였다. 말하자면 과거에 갇혀 있던 '일본정신'에 진리성, 정의성, 보편타당성을 부여함으로써 그것을 일거에 근대를 초극하는 현대성으로 전유했던 것이다. 이렇듯 신비화·낭만화된 '일본정신'에 대한 전폭적 신뢰가 없고서는 '국민문학'에서 쇼비니즘과 파시즘적 전체성을 삭제함은 물론, 일본을 향해 "민족에 관한 인식과 동정의 범위를 칠천만에서 구천만으로 넓히는"[19) 사고의 전환을 촉구하는 춘원의 과잉된

---

17) 춘원의 일본 1차 유학(1905~1910)은 메이지 시대 말년을 관통한다. 1890년대를 전후하여 『만요슈』와 『고지키』 등은 국민적 정체성을 뒷받침하는 정전, 다시 말해 '일본정신'의 핵심적 출처의 지위를 부여받게 된다. 하지만 특히 『만요슈』는 널리 읽혀 국민적 시가집이 된 것이 아니라 미리 국민적 가치를 부여받았기 때문에 국민적 시가집이 되었다는 점에서 '발명된 국민 고전'의 전형적인 예에 속한다(시나다 요시카즈[品田悅一], 「국민시가집으로서의 『만요슈』」, 『창조된 고전』(H. 시라네 외, 왕숙영 역), 소명출판, 2002 참조). 우리는 이를 통해 『소년』 후반기를 지배한 대황조(단군) 정신의 기억과 복원을 통한 민족('대조선')의 발명이 『만요슈』, 『고지키』에서 수행된 '일본정신'의 발명과 밀접한 상관관계에 놓여 있음을 쉽게 짐작할 수 있다.

18) 이광수, 「인간수행론」, 『신시대』, 1941.1(Ⅰ : 162~163).

언술은 쉽사리 제출되기 어려웠을 것이다.

이제부터 살펴볼 춘원의 '국민시'는 당연히도 '국민문학'의 장르적 실천이자 '고쿠민시[國民詩]'의 조선적 적용이다.[20] 그러나 우리의 관심은 이런 미학적 형식에 결코 제한될 수 없다. 그의 '국민시'는 '일본정신'의 내면화, 그러니까 정신 혈통의 육화(肉化)에서 김윤식의 말마따나 "가장 과격하고도 노골적인" 형식과 내용을 노출하고 있다. 그는 조선어와 일본어, 시조와 자유시, 와카[和歌], 그리고 창작과 번역을 넘나들며, 천황 송축과 황민 생활 예찬, 전쟁 고무 및 장병의 무훈 예찬, 대동아공영권 예찬 등을 '국민시'의 주제로 삼았다. 그의 와카 형식의 '국민시'가 재조선 일본문인 다나까 히데미츠[田中英光]에게 '애국가'로 지칭된 것은 이런 성격 때문일 텐데, 그런 만큼 '감정 처리의 직접성'과 '구호적 성격'을 면하기 어려웠다.[21]

이런 특성은 무엇보다 '일본정신'에 대한 맹목에서 연유한 것이지만, 시의 근본과 원리에 대한 천착 및 성찰이 춘원에게 부재했다는 점에서 필연적이었다. 가령 조선의 '국민시'에 적잖은 영향을 끼친 것으로 판단되는 미요시 타츠지[三好達治]는 '고쿠민시'에 종래의 비시(非詩)나 악시(惡詩)에서 보았던 경박하고 무참한 꼴이 여전히 횡행하고 있다고 비판했다. 그러면서 '고쿠민시' 역시 시가(詩歌)라는 것, 그러니까 웅변에서 원기왕성하게 떠들어 대는 언어의 표면보다는 "오히려 언어가 말해진 다음의 풍미에" 항상 주의할 것을 강조했다. 서정주와 김종한 같은 신인들이, "동아공영권이란 또 좋은 술어가 생긴 것"에 내심 기뻐하면서

---

19) 이광수, 「內鮮一體と國民文學」, 『朝鮮』, 1940.3(Ⅰ : 71).

20) 일제 말 각종 신문과 잡지, 그리고 선행 연구자(임종국, 이경훈)의 보고를 종합적으로 검토한 결과, 춘원은 최소한 26편의 '국민시'(국문 16편, 일문 10편)를 창작한 것으로 판단된다. 발표 지면은 잡지 『신시대』와 『매일신보』가 각각 7편과 6편으로 가장 많으며, 뒤이어 『국민시가』가 4편을 차지하고 있고, 그 외 『동양지광』, 『삼천리』, 『경성일보』, 『녹기』에 1~2편이 실렸다.

21) 춘원의 '국민시' 성격에 대한 이런 설명은 김윤식, 『개정·증보 이광수와 그의 시대』 2, 1999, 솔출판사, 345~353면 참조.

도 "시는 무엇보다 언어의 문제"임을 주의하는 한편, 세계를 초월하고 시적 질서를 구축하는 원리로서 '예지'에 각별히 주목하는 현상 역시 그런 관심의 일종이다.[22] 따라서 이들의 '국민시'의 심미성은 '일본정신'에의 열정보다는 시와 언어에 대한 관심과 숙고에서 생겨나고 숙성된 것이라 할 수 있다.

이광수의 '국민시'는 진정한 의미의 시를 포기하고 웅변술을 자청함으로써 주체와 국민의 개조에 크게 기여하는 진군가가 되고자 했다.[23] 그러므로 거기에는 '비시'와 '악시'를 개의치 않는 매혹과 점차 그를 파탄으로 몰아가는 미혹이 때로는 사이좋게 때로는 갈등하며 동서(同棲)하고 있을 가능성이 크다. 이후의 글은 이에 대한 탐문이자 분석에 해당한다.

## 3. '정신 혈통'의 내면화—와카[和歌] 제작 및 번역의 의미

이광수는 첫 '국민시'를 '와카'로 지어 제출했다.[24] 최초의 일문(日文)

---

22) 이상의 내용은 미요시 타츠지, 「國民詩について」, 『분게이슌쥬[文藝春秋]』, 1942.4; 서정주, 「시의 이야기─주로 국민시가에 대하여」, 『매일신보』, 1942.7.13~7.17; 김종한, 「새로운 사시의 창조」, 『국민문학』, 1942.8. 미요시 타츠지와 서정주의 '국민시'의 연관성에 대해서는 최현식, 『서정주 시의 근대와 반근대』, 소명출판, 2003, 9~13면을, 김종한의 '국민시'에 대해서는, 허윤회, 「1940년대 전반기의 시론에 대하여」, 민족문학사학회 편, 『민족문학사연구』 32호, 2006, 260~266면을 참조.

23) 춘원은 "문인은 군인이다"라고 하면서 군국시인의 본분을 다음과 같이 적고 있다. "시인은 애국가와 군가를 짓고 전선 용사의 생활을 영탄할 것이다. 그러치 아니하면 총후봉공(銃後奉公)의 생활의 노래를 부를 것이다. (…중략…) 일억국민에게 감격을 주고 분기(奮起)를 주는 시를 지어야 할 것이다. 그 시를 을플 때에 애국의 열정이 솟고 멸사봉공의 적성(赤誠)이 타고 인고단련(忍苦鍛鍊)의 기백이 일어나는 그러한 시를" 써야 한다(「문인의 응소」, 『매일신보』, 1941.3.10~14(Ⅰ:209)).

24) 춘원이 지은 '와카'는 총16편으로, 「折にふれて歌へる[가끔씩 부른 노래]」(『東洋之

'국민시'라는 상징성을 제외한다면, 이 와카는 독특한 성격의 일문시로 간주되어도 좋다. 그러나 일본의 고전적 국민시가로 이해되는 '와카'는 '일본정신', 바꿔 말해 '정신의 혈통'을 내면화하기 위한 핵심적 음율 형식이다. 와카는 에도 시대 일본 국학자들이 그 가치를 창출하기 시작한 이래 메이지 시대 들어 천황과 최하층 서민에 이르기까지 모든 일본인이 즐기는 노래로 승인되기에 이르는 '만들어진 국민시가'에 해당한다. 요컨대 '와카'는 "내셔널리즘의 '전통', 특히 일상어로 된 문학에 기반을 둔 전통"을 형성함으로써 일본인을 고유한 민족으로, 나아가 근대국민국가의 국민으로 확립하는 데 결정적 기여를 한 시가 양식인 것이다.25)

이광수에게 '와카'의 국민화와 '와카'의 모범적 집결체로서 『만요슈』의 성선화는 그리 낯선 현상은 아니었을 것이다. 그는 메이지 말기를 관통하는 1차 유학을 통해 '와카'와 『만요슈』가 '일본적인 것'의 생산과 확장에 기여하는 현장을 목도했을 것이다. 『소년』 후기 '대황조(단군)'와 시조('국풍')로 급격히 경도되는 최남선과 이광수의 문화민족주의적 성향은 이런 유학 경험의 반영일 수 있다. 어디 그뿐인가. 조선 고유의 국민문학으로서 '시조'의 가치화는 1920년대 중반 국민문학파 논쟁을 통해 본격화되기에 이른다. 일례로 최남선은 '시조'를 '조선심'을 표현하는 조선 고유의 음율로 정의하며, 그 기원을 고조선 시대의 노랫가락에서 찾았다. 물론 이광수는 조선적 에스니시티의 정수를 시조보다는 민요에서 구했다. 하지만 그 역시 조선문학의 진정한 근원을 "비교적 순수한 고조선의 시가와 국어와 정조"에 두었으며, "인생관·사회관을 가르치는 생(生)의 철학"을 향가와 시조에서 구하기는 마찬가지였다.26)

光』, 1939.2)에 9수, 『元旦』(『신시대』, 1942.1)에 7수가 묶여 있다. 이런 집체 형식은 와카가 5·7음을 기본단위로 하며 5·7·5·7·7 5구 31음으로 구성되기 때문에 가능했을 것이다. 근대 이후 와카를 부르는 별칭 단카[短歌]도 이런 짧은 형식에서 기인했다.
25) 이상의 설명 및 인용은, H. 시라네, 「창조된 고전」, 『창조된 고전』(H. 시라네 외, 왕숙영 역), 소명출판, 2002 및 시니다 요시카즈, 「국민시가집으로서의 『만요슈』」 참조.
26) 이광수, 「조선문학의 개념」, 『신생』, 1921.1(여기서는 『이광수전집』 10, 삼중당, 1971,

이런 사실을 염두에 둔다면, '일본정신'의 집결체자 표현체로서 '와카'는, 이미 절멸해가는, 그러면서 제국적 주체로의 갱생을 도모하는 한 '문사'의 '조선심'과 그 표현체 '고조선의 시가'를 극복, 대체할 양식으로 떠오르기에 충분했을 것이다. 춘원은 '일본정신'을 "충효일치의 정신이나 밝은 마음을 가지고 신과 나에게 자기 자신을 받들어 모시는 아주 고마운 정신과, 그것에 어울리는 모든 문화정신"이라고 규정한 바 있다.[27] 다음의 와카들은 국민정신의 개조와 일본정신의 내면화를 향한 수행의 자세를 모범적으로 예시한다.

> ① 天地 어디든 우리 집 아니랴 진정 우러러 볼 빛이 있다면
> 좋은 사람의 글 읽고 문득 念佛 아뢰는 몸이 되었네
> 韓土의 二千萬 民草와 함께 임금님, 우리 임금님하고 우러러 받들도다
> 영원한 탁류에 헐떡이는 黃河의 흐름도 맑아져 天皇의 나라가 되노라
> ─「折にふれて歌へる[가끔씩 부른 노래]」 부분(I : 13)

> ② 恩愛의 고삐 끊고 恩愛의 緣 닿은 것을 구제하는 일이야말로
> 나라고 하는 敵을 침에 사십팔년 그 싸움은 작년에도 금년에도
> 참된 마음 가리키는 眞에 一念으로 나는 따르노라 그날그날을
> ─「元旦(원단)」 부분(I : 20)

춘원의 와카는 이른바 연장체(聯章體) 형식을 취하고 있어 주목된다. 일본의 와카는 5구 31음 1수 형식으로 제작되는 것이 보통인데, 춘원은 하나의 제목 아래 9수(①) 및 7수(②)를 이어붙이고 있다. 이런 형식의 채택은

---

451면). 이광수의 국민문학론은 시기를 막론하고 중국문학과의 단절 및 조선 고유성의 회복에 초점을 맞추고 있다. 일제 말 '국민문학론'에서 국민정신의 한 기원으로서 신도(神道)의 공통성을 강조한다든가 신대문자와 한글의 유사성에 주목하는 것도 이와 깊은 연관이 있다.
27) 이광수, 「內鮮一體と國民文學」, 『朝鮮』, 1940.3(I : 71~72).

와카에 대한 무지의 소산이라기보다는 일종의 '서사충동'에서 비롯한 것으로 보인다. 두 와카는 그 순서가 뒤바뀌어 있지만, 임금에 대한 존숭과 경애, 임금을 모시는 한편 그에게 귀의하는 '나'와 '우리'의 마음가짐을 공통적으로 표현하고 있다. 이것들은 '일본정신'으로 기투하는 춘원의 맹목적 영혼을 표상한다기보다는 '일본정신'을 제도화한 '국체(國體)' 관념을 춘원이 의도적으로 드러낸 것으로 이해하는 편이 옳겠다.

'국체'는 이른바 '이에[家]'의 논리를 바탕으로, 모든 신민이 천황이라는 초월적 인격체로 귀일함으로써 상호호혜의 평등을 달성한다는 내용을 담고 있다.[28] '국체'의 보편화는 천황을 무오류의 어버이, 즉 현인신(現人神)의 자격으로 신민을 자식처럼 감싸고 깨우치는 절대존재로 심미화하니, 신민을 더행과 절제를 통해 진정한 일본인으로 거듭나는 수행의 존재로 자리매김한다. 와카는, 그 집합체 『만요슈』 등은 무엇보다 '국체' 또는 '일본정신'을 구성하는 전통의 기원으로 격상되면서 국민시가(집)가 되었다. 일본인들이 와카의 제작 또는 향유란 문학적 실천을 통해 민족적·국가적 정체성을 얻었다는 말은 그래서 가능하다.

기실 '국민문학론'에서 '국체'의 내면화는 '일본정신'의 획득과 실천으로 가는 지름길로 인식되었고, "참된 일본인 되기" 다시 말해 "심적 신체제를 완성한 일본인이 되는 일"의 전제조건이기도 하였다.[29] 그렇다면 춘원의 와카의 제작과 그를 통한 천황으로의 귀일은 '참된 일본인'이 되기 위한 문학적 실천이자 정신의 수양으로 이해되어도 좋다. 따라서 춘원이 1940년 이후의 일기를 "가일기(歌日記)라 해도 좋을 정도로, 단카[短歌] 투성이"로 채웠고, 일기가 대부분 "'대군(大君)의'로 시작되는 투로 되어 있었다"는 다나카 히데미씨[田中榮光]의 보고는 웃어넘길 에피소드나 의식 과잉의 제스처로 단정짓기 어렵다. 그보다는 차라

---

28) 근대 일본의 '국체' 형성 과정 및 의미에 대해서는 강상중·임성모 역, 『내셔널리즘』, 이산, 2004, 제2부 「'국체' 내셔널리즘의 사상과 그 변용」 참조.

29) 이광수, 「심적 신체제와 조선문화의 진로」, 『매일신보』, 1940.9.4~12(Ⅰ : 111).

리 춘원 특유의 "거짓없는 생활, 표리부동하지 않은 행자의 생활 태도"를 시현한 것으로 이해되는 편이 낫다.[30)]

왜냐하면 '대군의'로 시작하는 투와 수행자의 면모는 여타의 조선어 '국민시'에도 여일하게 드러나기 때문이다. 이를테면 7·5조의 율격으로 '어버이'인 임금에 대한 충과 효, 귀일, 멸사봉공을 노래하는 「어버이」(『신시대』, 1941.1)를 보라. 시공간의 좌표만 지운다면, 이 노래는 자기 겨레와 임금에게 바치는 송축가이자 애국가로 이해되기에 충분하다. 사실 여기 등장하는 '임금'은 『춘원시가집』(1940)에 집중 수록된 '잃어진 님'을 대체, 극복하는 존재, 즉 '기다리던 님'이라는 점에서 하나의 연속이자 단절이다.[31)]

그러나 '단절'이 압도적임은 이 '임금'을 자신이 회귀해야 할 고대적·영속적 존재로 상상하는 장면에서 뚜렷이 드러난다. 춘원은 「절ᄒᆞ는 ᄆᆞᄋᆞᆷ」의 말미에 「어버이」와 거의 비슷한 형태의 제목 없는 연시조를 싣고 있다.[32)] 이 시는 '임금'에 대한 충효를 노래하고 있지만, 옛한글을 표기수단으로 취함으로써 '임금'의 의미와 가치를 전혀 새롭게 바꿔놓는다. '임금님(천황)'은 옛한글로 표기됨으로써 현재뿐만 아니라 과거로부터

---

30) 다나카 히데미쓰의 보고와, 이어 인용한 와카 제작의 심리에 대해서는 김윤식, 『개정·증보 이광수와 그의 시대』 2, 솔출판사, 1999, 350~353면 참조.

31) 『춘원시가집』(박문서관, 1940)에 실린 '님' 노래가 대부분 시조 형식을 취하고 있음은 주목할 만하다. 여기서의 '임'은 병든 '나'를 구제할 절대존재로 상상되는 경우가 많다. 따라서 이 시집의 '님' 시편들은 님의 상실을 호곡하는 비가가 아니라 "시방 동경하고 있는 바"(「시가집을 내며」, 『박문』, 1939.6), 곧 새 님을 기다리는 연가였다. '새 님'이 천황이었음은 『춘원시가집』 『세조대왕』 등이 "내가 편협하고 착오된 민족관념을 완전히 이탈하고 천황을 내 임금님으로 모시고 일장기를 나와 밋 내 자손들이 피로 지킬 국기로 사랑하면서 쓴 작품"(「조선문학의 참회」, 『매일신보』, 1940.10.1(Ⅰ:121))이라는 고백에서 뚜렷이 확인된다.

32) 춘원, 「절ᄒᆞ는 ᄆᆞᄋᆞᆷ」, 『신시대』, 1944.7(Ⅰ:421~426). 이 글은 "만빅셩의 복을 비는 이", 곧 천황의 은혜에 조선인들이 깊이 감사해야 함을 옛한글로 적고 있어 매우 주목된다. 이경훈은 이 표기법을 두고, 첫째, 한글을 공간적으로 일본의 한 지방문자로 귀착시키며, 둘째, 한글을 이미 역사적으로 죽은 옛 문자로 취급하기 위한 전략으로 보았다(Ⅰ:421 참조).

"아츰히 쓰는곳"의 주재자이자 통치자로 즉시 전도된다. 이를 통해 '천황'은 조선에 없어서는 안 될 신성불가침의 동일성과 정신의 기원으로 매끄럽게 승화되는 것이다. 옛한글이 만세일손의 천황 가계를 '대황조'를 대신하는 유일한 '정신 혈통'으로 새롭게 창조하는 희한한 전도가 성립된 것이다. 조선의 기표를 지우고 일본의 기의를 채워나가는 이런 언어 전략과 애국가는 거의 유례가 없다는 점에서 매우 가공할 만하다.

이런 점에서 춘원의 와카 번역이 메이지[明治] 천황의 것에 국한되어 있다는 사실은 매우 의미심장하다.[33] 메이지 천황은 일본의 근대화를 성공리에 수행한 계몽 군주이기도 했지만, 일본의 '국체'를 몸소 실현하고 가르치는 현인신(現人神)이기도 했다. 말하자면 그는 '일본적인 것'으로 동징될 수 있는 '전통'의 충실한 계승자이자 그것을 근대국민국가에 알맞은 생활 원리와 이데올로기로 변혁한 현대성의 딤지지이기도 한 것이다. 실제로 춘원이 번역한 메이지의 와카는 '이에[家]'의 논리에 충실하게 신의 숭앙, 충과 효, 백성에 대한 자애 등을 주요 내용으로 하고 있다. 이것은 일본인을 국민화·신민화하는 원리가 근대문명(현재)에 있지 않고 근대가 불러낸 '전통', 좁혀 말해 천황이 지배하던 서사시적 과거에 있음을 뜻한다. 따라서 메이지의 와카는 이런 사실을 근대적 시공간에 몸소 시현한 것으로 이해된다.

춘원의 '임금'에 대한 상상과 과거로의 소급은 당시 보편화되어 있던 메이지 천황의 저런 이미지에 기대어 이루어진 것일 가능성이 크다. 더군다나 춘원의 근대 접속과 국민주의적 성향의 형성, 문학과 제반 글쓰기를 아우르는 계몽의 기획은 메이지 시대의 경험과 영향에서 비롯된 것이 아니던가. 그러니까 메이지 천황은 춘원의 사적·공적 기억 및 과거와 현재의 삶에서 결코 빼놓을 수 없는 유력한 견본이었던 셈이다.

물론 춘원의 창작과 번역에 걸친 '애국가' 제작은 당시 '국민문학'의

---

33) 이광수, 「いくさ船[군선]」, 『신시대』, 1941.5; 이광수, 「明治天皇御製謹譯」, 『신시대』, 1941.7·9(Ⅰ:44~53).

보편적 논리이자 목적이었다는 점에서 강제성의 사유와 더불어 면책의 사유도 될 수 있다. 그러나 시의 최소한의 조건, 특히 음율과 언어의 맛을 통한 심미성의 성취라는 면에서 본다면, 면책의 사유는 성립되지 않는다. 이를테면 일본에서조차 와카를 비롯한 '국민시'들이 오로지 전쟁을 독려하고 애국심을 진작시키는 웅변술이어서는 안 되며, 시의 원리에 대한 충실한 고민 속에서 일본정신을 반성하고 창조하는 노래가 되어야 한다는 주장34)이 공공연히 제기되었음을 떠올려보라. 당시 일본에서 '고쿠민분가쿠'의 전도지를 자임했으며 조선에서도 널리 읽히던 『분게이슌쥬[文藝春秋]』에 실렸던 이런 주장과 움직임을 춘원이 몰랐을 리 없다. 이처럼 시의 예술성에 대한 방기 또는 무관심은 춘원의 와카와 '국민시'의 커다란 결락이자 특수한 성격인데, 이를 통해 시의 도구적 성격은 한결 강화된다. 이런 특성은 여타의 '국민시(인)'과 나란히 놓을 때 한결 뚜렷해진다.

춘원과 더불어 와카의 창작 또는 번역에 나선 시인으로는 주요한과 김억을 들 수 있다. 이들은 춘원과 함께 『창조』의 동인이었고, 민요시를 조선적 에스니시티의 한 형식으로 창안했으며, 또 중일전쟁 후 친일 협력에 나서는 '국민문학론' 1세대라는 점에서 춘원과 여러모로 비견된다. 이들의 '국민문학' 역시 '일본정신'의 내면화와 조선의 '황민화적 개조'에 바쳐졌지만, 적어도 시의 원리와 심미성에 대한 신뢰에서는 춘원과 적잖은 차이를 노정한다.

먼저 주요한. 그는 '국민시'가 애국의 웅변술로 그치기보다는 "직재(直裁)하고, 평명(平明)하고, 그리고 무한한 깊이를 가지는 언어"가 되어야함을 강조했다. 다양한 비유를 통한 직접적 언술의 회피와 대중에게 호소하는 음율 형식의 실험은 이런 주장의 구체적 실천이었다.35) 다음

---

34) 미요시 타츠지[三好達治], 「國民詩について」, 『분게이슌쥬[文藝春秋]』, 1942.4 및 미요시 타츠지, 「日本情神の反省と日本精神の創造」, 『近代の超克』(竹內好 外編), 富山房, 1979 참조.

으로 김억 '국민시'에 대한 그의 주요한 기여는 『애국백인일수(愛國百人 一首)』(1943)의 번역에서 찾아져야 할 것이다. 이 책은 13세기 경 와카의 대표적 명편을 편집한 『백인일수(百人一首)』를 본뜬 것으로, 『만요슈』에서 메이지 시대 직전까지 국민의 애국심을 앙양할만한 와카 백편을 모아 '대동아전쟁'의 완수를 기원하는 뜻에서 편찬되었다. 김억의 독특성은 이런 내용의 번역보다는 와카를 현대시조의 한 양식인 양장시조에 담았다는 점, 또한 이를 고려해 "시조향(時調響)으로의 용어"를 주된 번역어로 선택했다는 점36)에 있다. 내게 이것은 '일본정신'의 주체적 심화보다는 그것의 번안, 다시 말해 조선화로 먼저 비친다. 심미성의 추구가 애국심의 직접적 노출과 표현을 얼마간 눅이는 의외의 효과가 창출되고 있는 것이다.

물론 김억은 "조선심의 육체화라고 할 조선 시가의 호흡률을 일본정신의 애국적 정수에 결합시키는 데 성공"함으로써 오히려 그가 추구한 '조선심'과 '민요시'가 미학 상의 허구적 산물임을 입증한 것인지도 모른다.37) 하지만 미학적 국민주의자로서 김억은 시의 원리를 맨 앞에 둠으로써 '일본정신'을 나름대로 상대화하는 데 성공한 것처럼 보인다. 시 앞에서 '조선심'이든 '청명심'이든 그것들은 필요에 따라 언제나 대체 또는 폐기 가능한 상대적 물품으로 존재하기 때문이다. 그의 명성과 비중에 비해 '국민문학'의 제출 수요가 의외로 적고, 작가의 내면을 어느 정도 숨길 수 있는 고전의 번역에 주력했던 것도 이와 무관치 않을 것

---

35) 인용은 주요한[松村紘一], 「勝たねばならぬ」, 『國民文學』, 1943.6, 44면. 대표적인 예로 「手に手を[손에 손을]」, 「タンギ[댕기]」(이상 『국민문학』, 1941.11) 등이 있다. 번역은 김규동 외편, 『친일문학작품선집』 1, 실천문학사, 1986, 136~138면 참조.
36) 김안서(金岸曙), 「卷頭小言」, 『鮮譯 愛國百人一首』, 한성도서, 1944. 안서는 '大君', '君', '天皇' 등을 '님', '우리 님', '높은 님'으로 바꿔 번역하는 것을 원칙으로 삼았다. 한편 이 책에는 『애국백인일수』와 막부 말 우국지사들의 와카 백편을 모아 번역한 『憂國遺珠』가 함께 묶여 있다. 이 자리를 빌려 『鮮譯 愛國百人一首』를 흔쾌히 제공해주신 박수연 선생께 감사의 말씀을 전한다.
37) 박수연, 「국민문학, 시조와 민요시, 친일」, 『친일문학의 내적 논리』(김재용 외), 역락, 2003, 107~110면.

이다.38) 이런 상황은 춘원의 국민주의와 안서의 미학주의가, 마치 『창조』 시대에 그랬던 것처럼, 잠재적 협력과 갈등의 이중적 관계에 놓여 있었음을 얼마간 암시한다.

춘원의 와카는 비유컨대 일종의 '향수'이다.39) 그에게 와카의 제작 및 번역은 새로운 국민국가 / 민족의 열망, 그러니까 일본 제국으로의 신민화·국민화를 실현하는 정신의 개조를 의미했다. 그러나 이 존재 변환은 미래보다는 과거를 절대화함으로써 가능한 것이었다. 그가 되돌아본 충만한 과거와 그것의 이상화는, 그의 창씨명이 상징하듯이,40) 과거의 시선을 작동시킴으로써 수행될 성질의 것이었다. 하지만 이 과거의 시선은 현실에 존재하는 갈등과 분열, 차이와 불연속성 따위를 오직 '임금(천황)'이란 절대적·심미적 기원에 귀일함으로써 해소하려했다는 점에서 구체적 삶의 개선과 거의 무관한 설맹(雪盲), 바꿔 말해 시대착오적 이데올로기에 가까웠다.

---

38) 김억의 '국민문학' 양상에 대해서는 임종국, 『친일문학론』, 218~219면 참조. 김억은 『鮮譯 愛國百人一首』의 번역이 자신의 『만요슈』 번역을 본 매일신보사의 이노우에 오사무[井上收]의 부탁에 의해 이루어졌음을 「권두소언」에서 밝히고 있다.

39) '향수', 곧 '노스탤지어'는 상실의 경험에서 비롯되며, 그런 만큼 재생과 회복의 행위, 그리고 그 행위에 적합한 어떤 대리자나 보상물을 요구한다. 과거를 충만한 시간으로 설정하고 그것을 현재의 일부로 회복하고 보존하는 방식은 그에 대한 전형적인 해결책이다(D. Chakrabarty, "Afterword : Revisiting the Tradition / Modernity Binary", S. Vlastos ed., *Mirror of Modernity*, California uni., 1998, pp.289~290). '정신 혈통'의 측면에서 본다면, 춘원의 근대성은 시종일관 과거의 시선에 지배된 형국을 이루고 있다.

40) '가야마 미쓰로우[香山光郎]'. '香山'은 기원전 660년에 등극해 '국체'의 기틀을 마련했다고 전해지는 초대천황 신무(神武)가 즉위한 지역(橿原)에 있는 향구산(香久山)에서 따온 것이다(「창씨와 나」, 『매일신보』, 1940.2.20(Ⅰ : 64~66)). 따라서 춘원의 창씨개명은 일본 '정신 혈통'의 기원으로 거슬러 올라가는 행위에 해당한다.

## 4. '청년'의 죽음―'국민'의 탄생 혹은 좌절

근대는 이른바 '청년의 시대'라 할 수 있다. 변화와 진보, 팽창과 정복을 최고의 가치로 여기는 근대주의, 바꿔 말해 힘의 문명에서 청년의 이미지를 떠올리기란 그리 어렵지 않다. 그러나 식민지 조선에서 '청년'은 "새 지도의 젊은 화공"(임화, 「지도」)으로 스스로를 욕망할지라도, 결국은 제국의 안위 또는 팽창에 소용되는 '순종하는 청년'으로 이끌려졌다. 그들의 이데올로기가 무엇이든, 일제 말 조선 '청년'의 운명이 국민과 민족을 매개로 하여 저 이상과 현실의 비극적 낙차 사이에 단단히 결박되어 있있음은 주지의 사실이다.

'국민문학'은 이런 현실과 이상의 괴리를 무두실하는 '청년' 담론이었는지도 모른다. 왜냐하면 일본정신과 애국주의의 고취를 통해 "'반사이'! '반사이'! '다이닛' ⋯⋯"(임화, 「해협의 로맨티시즘」)과 같은 '협위(脅威)'의 언어를 제국 국민/신민으로의 탄생을 축하하는 '감격'의 언어로 뒤바꾸는 데 열중한 글쓰기였기 때문이다. 춘원의 '국민시'는 특히 이 점에서 철저했다. 총력전 아래서 모든 국민의 병사화는 피하기 어렵다. 이런 현실에서 춘원은 특히 '청년'을 개인이나 민족의 전도(前途)에 관한 의혹과 불안, 그리고 국민생활의 새로운 양식의 급격한 전환을 감내하는 존재로 자리매김함으로써[41] 그들을 국민화 · 신민화의 첨병으로 삼았다.

그러나 '청년'의 황민화적 개조, 즉 제국 '국민'으로의 탄생은 삶의 수양과 단련에 그치지 않고 끝내 '죽음'을 요구했다는 점에서 '감격'을 볼모로 한 존재 '협위'와 '박탈'의 형식이었다. 따라서 '청년'의 죽음을 땅뺏기 싸움의 결과로 세속화하지 않고 진정한 '국민'이 되기 위한 이상적 행위로 심미화하는 일은 '국민시'의 주요 과제일 수밖에 없었다.

---

41) 가야마 미쓰로우[香山光郞], 「朝鮮青年と信念」, 『同胞に寄す』, 博文書館, 1941(Ⅱ : 161).

춘원은 이 작업을 충군애국의 지속적 강조와 죽음의 심미화 같은 외적 가치 한편에, 주체의 수양과 헌신의 결과 주어지는 "생사를 초월한 맑은 심경"[42] 같은 내부 가치를 설정하는 방식으로 수행했다. 이런 종교적 법열 또는 안심은 비속한 현실에 대해 초월론적 자기 우위를 확인하는 기제일 수 있다. 하지만 춘원의 말은 타인의 강요된 헌신과 죽음의 의미화 향방을 오롯이 당사자의 문제로 귀속시킨다는 점에서 매우 무책임하며 비윤리적인 것처럼 느껴진다.

과연 춘원의 이런 착종은 어떻게 발생하며, 여기에 긴박된 조선 '청년'의 운명은 어떻게 표상되고 있는가. 이광수 '국민시'의 대종을 차지하는 '청년'과 '전쟁' 시편은 이에 대한 또렷한 윤곽과 명암을 제시하는 물적 증거로서 손색이 없다.

일제 말 참정권이 주어지지 않은 상태에서 일본의 '국민'임을 승인받을 수 있는 가장 손쉽고도 위험한 방법은 전쟁에 참여하는 것이었다. 전쟁은 국민=인간과 비국민=비인간의 철저한 구분을 요구하며, 같은 국민 내에 전선을 끌어들이는 것을 금지하고 오직 국민과 비국민 사이에만 전선을 설정하려 한다.[43] '청년'들의 전쟁 참가는 이처럼 동일자와 타자를 분리, 포섭하는 대표적 장치 가운데 하나였다. 말하자면 그들은 제국 내의 차별을 철폐하는 한편, 자기희생 및 죽음을 국민공동체에 참여하는 형식으로 제도화하려 한 일종의 통합자인 것이다.

이런 점에서 일제의 지원병제(1937)와 징병제(1943)의 시행은 '국민'과 '비국민'의 효율적 구분 및 '국민'의 통합과 배제를 주도면밀하게 계산한 일종의 정치적 산물이다. 이 제도들이 조선에서 거센 반발 못지않게 공공연한 지지의 대상이 되었던 것도 저와 같은 '국민'의 탄생과 '통합'

---

42) 이광수, 「兵役と國語と朝鮮人」, 『신시대』, 1942.5(Ⅰ : 335).

43) 전쟁을 통한 국민과 비국민의 구별 및 소수자(식민지)의 다수자(제국)에의 포섭 및 동일화 형식에 대한 이상의 설명은 酒井直樹, 「多民族國家における國民的主體の制作と少數者の統合」, 『總力戰下の知と制度』(酒井直樹 外), 岩波書店, 2002, 8~12면 참조.

의 효과 때문이었다. 누구보다 빨리 이 제도들의 중요성을 간파했던 춘원은 특히 징병제의 시행을 내선일체를 넘어 '국체'의 신앙과 종교적 신앙을 일치시키는 관문으로 보았다.[44) 춘원의 '청년'과 '전쟁' 시편에 '대군(大君)의' 투가 더욱 두드러지고 '국민'에의 열망이 미약해 보이는 것은 이 때문이다.

하지만 춘원은 천황을 향한 직역봉공(職域奉公)이 황국 신민/국민으로 거듭나는 지름길이란 소신을 일관되게 유지한 이였다. 비근한 예로, "남자로서 신체 또는 정신의 결함 때문에 병역에 복무할 수 없는 사람은 최대의 불행이며 치욕이다. 국민개병의 나라에서 병역에 복무할 수 없는 사람은 완전한 국민이라고 할 수 없다"는 발언을 보라. 조선의 '청년'은 "모든 사리사욕을 떠나 군국(君國)을 위해서만 순충(純忠)의 자기희생"을 할 때만이 황국의 국민/신민으로 비로소 등새되는 것이다.[45)

　　폐하를 위해 나라를 위해서라야 소중한 아들, 총 들고서야 작별 고하네
　　씩씩하게 가슴 뛰며 죽어 더욱 명예 있으라고 나 기원할까나
　　폐하의 은총의 이슬에 조선의 들마저 젖을 때, 그때야말로 나는 일어서리
　　　　　　　　　　　　　　　　　　　　　　　－「지원병을 기다리며」 부분(Ⅱ : 300)[46)

춘원의 '국민시'에서 '천황'은 늘 절대상수이며 여타의 것들은 종속변수에 지나지 않는다. '청년'의 기원과 최후가 천황에게 철저히 종속된다는 점에서 이것은 일체의 출구 없는 전체성의 형식이다. 이런 관계의

---

44) 지원병제와 징병제를 소재로 한 춘원의 글은 여러 편이지만, 그 중에서도 「병제(兵制)의 감격과 용의(用意)」(『매일신보』, 1943.7.28~31)가 가장 방대하고 치밀한 논의를 갖추고 있다.
45) 이상의 인용은 이광수, 「兵役と國語と朝鮮人」, 『신시대』, 1942.5(Ⅰ : 335).
46) 일문시(日文詩) 가야마 미쓰로우[香山光郞], 『同胞に奇す』, 博文書館, 1941에 수록. 특별지원병의 출정을 다룬 시로는 「조선의 학도여」(『매일신보』, 1943.11.5(Ⅰ : 29~32) 가 있다. 이들의 출정은 "그대들의 忠義 家門의 榮華,/ 三千萬 朝鮮人의 生光이오, 生路,/ 一億 國民의 깃붐과 感謝"로 의미화된다.

파시즘 속에서 개인의 실존성은 오롯이 억압되고 은폐될 따름이다. 따라서 개인성을 지워버려도 될 만한 무언가가 제시되지 않는다면 '청년'의 희생과 죽음은 타율적이며 강요된 것 이상의 의미를 지니기 어렵다. 이런 이유로 '청년'이 어리석은 제국주의자거나 몽매한 이등 신민에서 벗어나 자신을 모랄리스트 또는 세계주의자로 상상할 수 있는 사상과 제도는 반드시 필요했다. 일본 '국체'의 실현으로서 팔굉일우 정책, 곧 동양을 억압하는 서구적 근대의 초극과 동양을 해방하는 '대동아공영'론은 거기에 가장 근접한 형식으로 주어졌고 또한 기능했다.

> 千島로부터 수마트라까지
> 義州로부터 솔로몬까지의
> 皇國日本의 生靈들이어
> 純忠의 丹心과
> 奉公의 聖汗으로
> 이날을 豫備할지어다.
> 보소서 天神地祇여.
> 보소서 諸佛菩薩이어
> 보소서 人類의 모든 義人의 靈이어,
> 道義의 세계—慈悲의 世界,
> 仁의 세계—사랑의 世界,
> 禮의 世界의 세 祈願의 날을.
>
> —「새해의 기원」(『신시대』, 1944.2) 부분(I : 37)

이 시의 과잉 수사가 암시하듯이, 춘원에게 대동아전쟁은 도의적(道義的) 세계관에 입각해 전혀 새로운 세상을 창조하는 일종의 모랄이었다. 아시아의 해방을 통한 영미귀축(英美鬼畜)의 타파는 가치의 귀정(歸正)이었으며 군민일체의 가족국가를 건설하는 필연적 통로였다.[47) 가족국가의 건설은 '이에[家]' 논리의 세계사적 실현이자 또 탐욕에 사로잡힌 개인성을 구제하는 황도(皇道)의 현현이라는 점에서 '국체' 최후의 이상 가운데 하나였다.

그러나 이토록 아름다운 전망의 제국주의적 성격은 의외의 곳에서 툭 불거지고 있다. 춘원은 「전망(展望)」의 일절에서 '대동아공영'론의 본질과 허구성을 저도 모르게 고백하는데, 이것은 식민지적 무의식을 식민주의적 의식으로 전유한 대표적 사례라 할 만하다. 그는 아시아를 모든 것이 충족되어 있는 천혜의 땅으로 묘사하는 한편, 아시아인을 자비와 아름다움을 좋아하고 "자기를 버리고 사람 사랑함을 業으로" 하는 대자적 존재로 그린다. 하지만 이는 어디까지나 천황에 의해 구축된 서사시적 과거와 미구에 시현될 유토피아적 미래에 근거한 동양 인식일 따름이다. 말하자면 정복자의 시선인데, 그것의 본질은 "한편으로 아시아의 大陸을 정복하며 / 한편으로 太平洋의 섬들을 키우며 / 우리 日本은 君臨한다"는 말에 뚜렷하다.[48] 정복자의 시선을 평화공존 및 호혜평등의 윤리로 은폐하기. 여기에 '청년'의 가해 / 피해의식을 탕감하고 세계인의 감각과 신민의식을 끌어올리는 주체전환의 논리가 숨어 있다.

하지만 이런 전환은 이른바 타자의 타율적 통합과 승인에 중점을 두고 있다는 점에서 불완전하며 불충분한 것이다. 주체의 최후가 걸린 '죽음'은 가장 무섭고 무거운 실존 의식을 동반할 수밖에 없다. 따라서 '청년'의 병사화는 자아의 죽음을 설득하고 이해시킬 수 있는 고차원의 형이상을 필요로 한다. 군에서 병사 일반에게 권장되는 종교 활동은 이런 현상의 반영일 텐데, 춘원 역시 직역봉공과 관련된 '청년'의 모든 행위를 종교, 특히 불교 및 신도(神道)와 밀착시켰다. 이것은 대동아전쟁을 천황이 영도하는 '성전(聖戰)'으로 의미화하는 통로이기도 했지만, '청년'들의 희생과 죽음을 무의미한 소모가 아니라 현실을 초극하는 존재

---

47) 이광수, 「大東亞戰爭の敎訓」, 『綠旗』, 1943.8(Ⅰ: 405~414).

48) 이광수, 「전망(展望)」, 『綠旗』, 1943.1(Ⅰ: 26~27).

의 완성으로 상상케 하려는 의도에서 취해진 것으로 이해된다.

일례로 춘원은 자기를 타기함으로써 자유자재의 경지에 도달하는 명인(名人)들의 특색은 "이름이 나타나 만인의 존경을 받으며, 죽어도 그 정신이 중생을 지도하며, 그 혼은 신으로서 받들어지는" 것에 있다고 말한다. 이런 경지에 도달하는 것은 '청년' 자신의 완성이자 "나라의 힘을 강하게 하는 길"이기 때문에 '보살행' 자체라 할 수 있다.[49] 이를 위해 춘원은 멸사봉공(滅私奉公), 즉 끊임없이 자아를 멸하고 직무에 충실함으로써 그에 합당한 '정당한 인(因)'을 쌓는 '인간수행'에 몰두할 것을 요구한다. '청년'에게 이 길은 무엇보다 '죽음'을 개인적 지평에 묶어두지 않고 나를 낳고 길러준 임금과 부모, 중생에 대한 보은으로 바치는 것에 있었다. 보은은 말 그대로 은혜의 갚음이기에, 사리사욕으로 가득 찬 자아를 죽이고 타자를 받드는, 그럼으로써 전체의 조화와 통합으로 나아가는 자기 비움의 형식에 속한다.

그러나 춘원의 '보은'과 '무심'의 요구는 끝내 '천황'으로의 귀일과 총후봉공을 목적했다는 점에서 보편적 의미의 종교성과는 상당한 거리를 유지한다.[50] 그것은 다음과 같은 국민화·신민화의 유력한 방편일 뿐이다. "명심(明心)·정심(淨心)·직심(直心)으로 충도(忠道)를 위하여서 사생(死生)을 초월할 때에 우리는 전장에서 충용한 장사가 되고 총후(銃後)에서는 국운을 하담(荷擔)하는 믿어운 신민이 될 것이다."[51]

춘원은 자기를 초개같이 버림으로써 군인 최고의 반열, 다시 말해 '일억 국민'이 사모하고 존숭하는 군신(軍神)으로 추앙된 어느 조선 청년의 최후를 다음과 같이 그리고 있다. 이것은 과연 얼마나 정당하고 정직한 최후의 표정인가. '청년'은 과연 춘원의 소원대로 "소관세음으로

---

49) 이광수, 「半島青年に寄す―朝鮮青年と菩薩行」, 『신시대』, 1944.10(Ⅰ : 449).
50) 춘원의 불교를 총후봉공 및 황도 불교와의 연관성을 중심으로 파악한 글로는 이경훈, 『이광수의 친일문학 연구』 제3장 '총후봉공과 불교'가 유익하다.
51) 이광수, 「생사관」, 『신시대』, 1941.2(Ⅰ : 175).

전심력을 다하는 동안에 일국(一國) 일세계(一世界)를 논도(論度)하는 대관세음"52)으로 거듭난 것인가.

세상에 온지 겨오 二十안팎에
아는것은 父母님 사랑,
님금님 恩惠와 臣者의 ○○
妻子의 皆恩도 나는 모른다.

옳다, 저기 있다. 검은 點 하나.
보라, 또 하나 또하나─
내 찾는 敵의 배─아메리카의 배.
가슴이 激動한다, 機艦도 함께.

부지중 싱긋 웃고 키를 누른다.
"敵艦隊 찾았노라, 지금 突入하노라"
父母님 모양, 고국의 산천, 번개지내듯,
눈에 오직 겨누는 검은 點 하나.
　　　　　─「적 함대 찾았노라」(『신시대』, 1944.12) 부분(Ⅰ : 40~41)

부제 "神·松井伍長을 노래함"에서 보듯이, 카미카제 특공대로 '산산이 부서져 간(玉碎)' 21살의 조선 청년 마쓰이 오장을 기린 노래다.53)

---

52) 이광수, 「인생과 수도」, 『신시대』, 1941.6(Ⅰ : 258).
53) 마쓰이 히데외[松井秀男]. 1924년 개성 출생. 본명 인재웅. 1933년 창설된 소년항공병 13기 출신으로, 1944년 11월 29일 필리핀 레이테만에서 조선 비행사 최초로 전사한 것으로 알려짐. 하지만 최근 연구에 의하면, 그는 공격에 실패해 미군 포로로 붙잡혔으며, 수용소에서 일제에 맞선 조선 상륙훈련 등을 실시했으나 그것을 활용할 기회도 얻지 못한 채 1946년 1월 미군에 의해 가족에게 인도되었다고 한다(오오누키 에미코[大貫惠美子], 이향철 역, 「카미카제 특공대와 한국인 대원」, 『죽으라면 죽으리라』, 우물이있는집, 2007, 409~410면).

특별지원병 1기생으로 전사한 이인석(1939)이 그랬듯이, 그 역시 '일억 국민' 모두가 본받고 추앙해야 할 멸사봉공의 화신으로 선전되었다. 헌데 춘원은 그의 죽음을 무턱대고 심미화하는 대신 '죽음'을 맞는 내면의 목소리를 발화하고 있어 특징적이다. 마쓰이는 담담하다 못해 감격에 젖어있는 것처럼 느껴진다. 이런 정서는 춘원이 마쓰이의 가면(persona)을 쓰고 내면을 고백했기 때문에 가능한 것이다. 춘원은 이 시 역시 예외 없이 충효가로 작성하였으니, 그것은 무엇보다 마쓰이의 '죽음'을 '정당한 인(因)'을 쌓은 보은으로 가치화하기 위한 것이다.[54] 그러므로 부지중의 '웃음'은 최고의 보살행, 즉 충효를 위한 '죽음'의 순간 느닷없이 찾아든 '청명심'의 현현으로 보아 무방하다.

마쓰이의 죽음을 보살행으로 심미화한 춘원과 달리, 서정주는 송가(頌歌, 추모가가 아닌) 형식을 바탕으로, 옥쇄(玉碎)하는 순간의 아름다움과 영원한 삶을 획득한 이미지[55]를 묘사하는 데 집중하고 있다. 미의식과 군국주의 의식이 단단하게 결합되어 있는 형국인 것이다. 이 산화(散花)의 풍경과 대상의 신성화가 '마쓰이'의 추념만을 위한 미적 장치가 아니라 조선인의 국민화·신민화에 요구되는 전쟁 동원 기제였음은 물론이다. 춘원과 미당 공히 '황민화적 개조'를 위해 자신들이 믿거나 구상하던 종교적 신념과 가치를 적극적으로 활용했던 것이다.

그러나 이런 종교적 표상에도 불구하고 두 시는 다음과 같은 결정적 폭력성을 공유한다. 우선 타자, 곧 '청년'의 죽음을 일본정신의 실천과

---

54) 춘원은 임금과 부모, 중생, 스승의 은혜를 가장 값있게 여기는 불교의 사중은(四重恩)을 신봉했다. 그는 이들에 대한 보은을 자기를 멸하고 자기를 완성하는 보살행의 기초로 줄곧 강조했다. 마쓰이의 '죽음'은 "인생만사에서 충효가 본"이며, 따라서 "충효의 길은 사상을 초월하고야 하는 일"(이광수, 「생사관」(Ⅰ : 173~175))이란 인생원리의 구체적 실천인 셈이다.

55) 예컨대 "귀국대원(마쓰이 - 인용자)의 푸른 영혼은/ 살아서 벌써 우리게로 왔느니/ 우리 숨쉬는 이 나라의 하늘 위에/ 조용히 조용히 돌아왔느니"가 그렇다(서정주, 「송정오 장송가(松井伍長頌歌)」, 『매일신보』, 1944.12.9). 죽은 자의 귀향 및 부활, 죽은 자와 산 자의 교감 등은 미당의 이즈음 시와 해방기 시에서 두루 발견되는 이미지이다.

애국주의의 함양을 위한 수단으로 전유했다는 사실이다. 이것은 일반적인 전쟁의 논리라는 점에서, 또 식민지인이 제국 국민으로 올라서기 위한 주체의 변용이라는 점에서 일종의 국민화의 형식이다. 하지만 이 형식은 개인성, 즉 마쓰이≠인재웅의 실존을 삭제하고 은폐한다는 점에서 지극히 폭력적이다. 예정된 '죽음'을 향한 그의 실존적 고뇌와 공포는[56] 저들 제멋대로의 영웅화와 심미화에 의해 한갓 사적이며 비국민적인 감정으로 가치 절하되어 버린다. 그럼으로써 그는 죽음에 무감각한 차가운 병기이기 전에 뜨거운 인간이었다는 가장 상식적인 존재 의의를 상실하고야 만다.

'청년'이 '임금님'의 병사가 되는 것은 일본신민과 동등하게 살 수 있는 삶의 권리를 확보하는 기제가 아니라 그들과 동등하게 죽을 수 있는 권리를 얻는 기제였다. 말하자면 '청년'은 오로지 죽어서만 '국민'이 될 수 있었지, 살아서는 언제나 의심과 차별의 눈초리를 벗어날 수 없는 '비국민'일 따름이었다. 그러나 그들의 진정한 타자화는 국민/신민 자격의 지연과 차별에만 존재하지 않는다. '청년'의 죽음은 때로는 그들을 국민의 모범으로서 군신(軍神)으로 밀어 올렸지만, 이는 어디까지나 '청년'의 개인성과 내면을 삭제, 박탈하는 조건으로 주어진 것이었다. 이것은 그들이 공식적 역사에서 말소되고 배제된 것보다 훨씬 참혹한 실존의 처형이 아닐 수 없다. 그들은 죽음을 통과하면서 '국민'이 되자마자 내밀한 인간이기를 거절당한 채 오로지 천황의 의지와 현실에 따라 왜곡된 자아를 드러내는 끔찍한 불구자로 형질 변경되어버린 것이다. 춘원의 '보살행'이 다다른 최후는 이토록 참담했다.

---

56) 조선인 특공대는 여러 사정상 공식적 유서나 소감 이외에는 자기 내면을 고백할 만한 글을 남길 수 없었다. 하지만 일본인 특공대가 수기와 일기, 편지 등에 내밀하게 기록한 죽음의 공포와 삶의 욕망, 일본정신 및 군국주의에 대한 환멸 등은 조선 청년의 내면을 얼마간 엿보게 한다. 일례로 "뭐가 애국이고 조국이란 말인가?" "아아! 죽고 싶지 않다. 외롭다. 왜 이리 외로운 걸까" "짧은 생명이지만 추억의 순간은 많다. 많은 것을 누려온 나로서는 이 세상과 이별하는 것이 견디기 힘들다" 등을 보라(오오누키 에미코, 앞의 책, 참조).

## 5. 이광수, 창조와 개조의 간극

'창조'와 '개조'는 현실의 변화와 미래의 건설을 추동하는 가장 대표적인 방법이다. 두 개념은 유사성이 커 보이지만, 차이성 역시 만만찮다. '창조'는 최초나 기원의 의미가 강하다는 점에서 '과거'와의 단절을 시간성의 핵심으로 삼는다. 이에 비해 '개조'는 '고쳐 다시 만듦'이란 뜻풀이에서 보듯이 과거의 단절과 계승을 동시에 아우르는 행위이다. 그런 까닭에 '개조'의 시간성은 그것의 목표와 모델을 어디에 두는가에 따라 복고-과거로도, 창신-미래로도 흐를 수 있다.

시간성의 흐름을 놓고 본다면, 춘원은 '창조'보다는 '개조'를, '창신'보다는 '복고'를 계몽의 사유와 전략으로 삼은 듯이 보인다. 이런 성향은 그의 개인적 기질보다는 식민지 전략에 따른 국민국가의 좌절에 의해 형성된 것일 가능성이 크다. 춘원은 부재한 국민국가를 '대조선'으로 대체함으로써 민족의 정치적·문화적 수월성(秀越性)을 확인하는 한편, '대조선'을 미래의 국민국가 기획에 없어서는 안 될 '전통'으로 확고히 전유하였다. 하지만 '대조선'은, '정신의 혈통'이란 말이 암시하듯이, 역사적 현실보다는 민족정체성을 형성하고 보장하는 정신적 귀소처, 바꿔 말해 '조선심'의 기원과 본류로 상상된 면이 크다. 『소년』시대 춘원과 육당이 인간 보편의 덕목, 심지어는 근대문명에 귀속될 가치들조차 이미 '대조선'에 편만했다고 주장하는 것은 이런 문화민족주의의 산물이다.

그러나 상상된 '전통'은 현재의 검인을 획득하지 못하는 한, 낭만성과 허구성의 혐의를 쉽게 이탈하기 어려웠다. 더군다나 사회진화론이 세계의 지배적 원리로 통용되던 당대의 사정은 자민족의 우월성 확보를 목표하는 문화민족주의에도 심대한 제약을 가져왔다. 이런 이중적 억압은 춘원이 한편으로는 조선의 문명화, 즉 민족의 개조에, 다른 한편으로는 국토기행이나 민요, 시조의 가치화를 통한 '조선심'의 보급 및 확장에 전력케 한 주요 요인이었을 것이다. 그런데 춘원의 사유와 실천은 조선의 구체적 현실보다는 '정신 혈통'에 대한 주관적 신념과 식민지 본국에 깊이 침윤된 '학습된 근대'에서 착목한 것이란 한계를 지닌다. 그의 조선 개조와 문명화 기획이 복고주의와 팽창주의의 결합 양상을 보이면서도 식민지적 무의식에 끊임없이 시달리는 현상은 이로부터 기인한 바 크다.

춘원의 '국민시'는 이런 주체/민족 개조의 균열과 한계, 이를 봉합하기 위한 허구적 상상이 가장 극대화되어 표출된 글쓰기로 이해된다. 이 시기 그의 삶을 지배하고 구성하는 '서사충동'은 여전히 힘센 문명/문화에 기반한 민족과 국민국가를 향한 욕망이었다. 이를 위해 그는 이미 그랬듯이 자기 개조와 수련을 공동성 획득의 제일 조건으로 삼았다. 이 즈음의 실천은 그러나 주체의 장소가 아니라 주체의 개조와 대체를 방법으로 선택했다는 점에서 여러모로 퇴행적인 행위였다.

'일본정신'과 '보살행'에 바탕한 '황민화적 개조'. 이것은 식민지인을 세계사적 주체로, '비국민'을 '국민'으로 끌어올리는 정치적 행위인 동시에, 개인의 유한성을 전체의 무한성에 귀환시키는 자아 초월 행위였다. 그런데 이 전체성과 개인성의 결합은 '지배'와 '죽음'을 삶의 원리로 일상화하는 기묘한 방정식을 낳는다. 조선인은 '일본정신'을 끊임없이 빨아들임으로써 의사(pseudo) 지배자로 거듭나고자 하는데, 이런 주체 대체의 가장 유효한 방법은 내지인과 동등하게 '죽음'의 의무를 실천하는 것이었다. 춘원이 주장한 주체의 '개조'가 존재/세계의 충전보다는 존재/세계의 방전을 정당화하는 기제였다는 논리는 그래서 가능하다.

'개조'의 이런 퇴행성은 춘원의 '과거의 시선'과도 밀접히 연관되어 있는 듯이 보인다. 춘원에게 백성, 그러니까 피지배 계급들은 역사의 주체로 상상된 경우는 거의 없다. 그들은 언제나 '임금'으로 대변되는 절대 주체의 깨우침과 인도 속에서 비로소 삶의 의미에 눈뜨는 하위주체에 불과했다. 말하자면 그들은 오로지 민족과 국가, 그리고 그것의 주인인 '임금'의 절대성 구축에 필요한 기능적 · 소모적 집단에 가까웠던 것이다. 그런 의미에서 이들에게 '개조'는 주체의 형식이 아니라 타자의 형식이었다. 자아를 '개조'할수록 주인이 아니라 노예로 더더욱 빠져드는 이 심연을 춘원은 전체와 절대존재로의 귀환을 상상함으로써, 그리고 자아의 희생을 "새로 천명(天命)을 들어서 그 민족의 역사에 새로운 색채를 가하"는 '천명주의'[57]로 내면화함으로써 건널 수 있다고 보았다.

춘원의 복고주의는 비유컨대 근대인 이형식의 몰락과 고대인 박영채의 재생을 민족과 개인이 걸어야 할 미래의 길로 선언한 장면에 해당한다. 하지만 박영채의 귀환이 자아의 회복 또는 갱신과는 거의 무관한, 또 다른 전체성으로의 복속임은 너무나 자명하다. 그녀는 '너'나 '그'를 위해 죽을 의무는 있어도 '나'로 인해 살아야 할 권리는 여전히 없는 타자에 불과했기 때문이다. 춘원의 '국민시'는 끊임없이 박영채들을 독려하고 기리는 노래였지만, 그럴수록 그녀들은 '나'의 상실과 배제라는 미궁 속으로 빠져들었다. 춘원 '국민시'의 기만성과 허구성은 이 지점에서 선명히 발현되는바, 이 문제는 민족 · 국가의 타자화에 비해 결코 가볍지 않은 무게를 지닌다.

---

57) 이광수, 「전쟁과 문화」, 『매일신보』, 1945.1.26~2.1( I : 463).

# 제2부
## 이광수의 문학론과 사상의 좌표

# 이광수 초기 문학론의 구조와 와세다 미사학(美辭學)

김재영

## 1. 머리말

1)

이광수의 문학에 대한 첫 글이라고 할 수 있는 「문학의 가치」는 다음 문장으로 시작한다.

「文學」은 人類史上에 甚히 重要흔 거시라.[1]

---

[1] 이광수, 「문학의 가치」, 『대한흥학보』 11호, 1910.3, 15면. 표기는 그대로 두고 띄어 쓰기만 인용자가 함. 앞으로 이 글에서의 인용은 글명과 면수만 표시함.

이 문장이 보여주듯 이 글은 문학의 중요성을 주장하기 위해 쓰여진 것이다. 그러기 위해서는 문학을 정의해야 했는데, "大槪 情的分子를 包含혼 文章이라 하면 大誤는 無흐리라"(「문학의 가치」, 16면)라고 하고 있다. 문학이 이렇게 정의된다면, 논리상 문학의 가치는 정의 존재와 가치를 밝혀주는 것에 의해 가능할 것이다. 그러므로 정을 천흘(賤忽)히 여긴 동양과는 달리 "情의 存在와 價値를 覺혼"(「문학의 가치」, 15면) 구주에서 문학이 빨리 발달되었음을 지적하는 것에서 논의를 시작하고 있는 것은 그럼직하다. 하지만 이 글은 정의 가치 자체를 밝혀주는 방향으로 나아가는 것이 아니라, 오히려 그를 부정하는 방향으로 나아가는 듯하다.

> 元來 文學은 다못 情的滿足 卽 遊戱로 싱겨나실디며 쏘 多年間 如此히 알아와시나 漸漸 此가 進步發展흠에 及흐야는 理性이 添加흐야 吾人의 思想과 理想을 支配흐는 主權者가 되며 人生問題 解決의 擔任者가 된지라. (…략(略)…)
>
> 故로 今日 所謂 文學은 昔日 遊戱的 文學과는 全혀 異하느니 昔日 詩歌小說은 다못 銷閑遣悶의 娛樂的 文字에 不過흐며 쏘 其 作者도 如等혼 目的에 不外흐여시나(悉皆 그러하다흠은 안이나 其 大部分은) 今日의 詩歌 小說은 결코 不然흐야 人生과 宇宙의 眞理를 闡發흐며 人生의 行路를 硏究흐며 人生의 情的(則 心理上) 狀態 及 變遷을 攻究흐며 쏘 其 作者도 가장 沈重혼 態度와 精密혼 觀察과 深遠혼 想像으로 心血을 灌注흐느니 昔日의 文學과 今日의 文學을 混同티 못할디로다.
>
> — 「문학의 가치」, 17면

이 인용문에 따르면, 과거문학(석일의 문학)을 특징지우고 있는 '정적만족을 추구한다'는 문학의 특성은 현재문학(금일의 문학)의 의의까지 해명하고 있지는 못하다. 오히려 현재문학은 '정적만족 즉 유희'에 머물고 있는 과거문학과는 전혀 다르다는 점이 강조되고 있다. 논의가 여기에 이르면 '정적분자를 포함한 문장'이라는 애초에 제시된 문학의 정의는 무색해지는 것으로 보인다.

물론 이 인용문에도 문학의 공구 대상으로 '인생의 정적 상태 및 변천'이라는 말이 등장하고 있어, 언뜻 보면 애초의 '정' 중심 논리가 이어지고 있는 것으로 생각될 수도 있다. 하지만 이 때의 '정'은 문학이 '정적 만족'을 추구한다고 할 때의 '정'과는 전혀 다른 문맥에 놓여 있는 것이다. 문학이 '정적 만족' 즉 '유희'를 추구하는 데서 시작되었다 할 때, 정적 만족은 욕구의 충족, 쾌감 등을 의미하는 것으로 생각된다. 이 때의 '정'은 문학의 재현대상이 되는 인간이 아니라, 주로 문학을 소통하는 주체들(작가나 독자)과 연관되어 있다. 반면에 시가나 소설이 '인생의 정적(즉 심리상) 상태 급 변천'을 공구한다고 했을 때, 인생의 정적 상태라는 말은 부가설명이 있듯이 인간의 '심리 상태'를 의미한다고 할 수 있다. 그러므로 인용문에서의 '정'은 주로 재현, 또는 표현되는 대상이라고 할 수 있는 '인간'의 속성과 관련된다. 그런 점에서 이 문맥에서의 '정'은 '인생과 우주의 진리'라는 인용문의 핵심적 주장을 뒷받침하고 있을 뿐이다. 그러므로 '정'이라는 같은 개념을 매개로 하고 있지만, 전혀 다른 맥락에서의 접근법이 이 글에는 혼재되어 있는 것이다.

「문학의 가치」는 이광수가 만20세가 되지 않은 나이에 처음으로 썼던 문학에 대한 글이다. 게다가 그것은 우리나라에서 'literature로서의 문학'의 가치를 해명하고자 쓰여지는 첫 글이라고도 할 수 있다. 이 글에서 논리적 모순이나 허술함을 보게 되는 것은 어찌보면 당연한 것으로 보인다. 그러므로 필자가 이러한 모순된 지점에 주목해보고자 하는 것은 그것을 비판하기 위해서가 아니다. 바로 그러한 지점이 이광수 초기 문학론의 구조에 다가가도록 해주는 실마리가 된다고 생각하기 때문이다. 그리고 그것은 한국 근대문학의 초창기에 문학의 가치나 존재 의의가 설명되는 방식이나 특성과 연관되어 있는 것이기도 하다.

서구 근대문학에 대한 강한 열망을 갖고 있었던 이광수가 이 시기 상당히 적극적으로 다양한 논의와 이론을 접하고 있었을 것임은 쉽게 추측되는 일이다. 유학 시기 이광수에게 영향을 주었던 외국 문학자나 서적에 대한 논의는 적지 않게 이루어졌다. 톨스토이와 기노시타 나오에[木下尙江], 시라카바[白樺]파 등의 영향에 대해 논의했던 이선영[2]의 논문이 초기에 이루어진 포괄적인 업적이라고 할 수 있으며, 비슷한 시기 구니키타 돗보[國木田獨步]와의 연관에 집중한 논의도 이루어졌다.[3] 구인환, 김태준[4] 등의 논의가 뒤를 이었고, 이러한 논의에 있어서는 일본 연구자들의 기여도 적지 않았다.[5] 이광수의 문학이나 사상 일반이 아니라, 문학론에 미치고 있는 외래적 영향에 대해서는 쓰보우치 쇼요[坪內逍遙]의 『소설신수』의 영향이 종종 언급되었고, 톨스토이나 매슈 아놀드 문학론과의 영향관계 등도 논의되었지만,[6] 본격적인 논의는 많지 않았던 것으로 보인다. 나츠메 소세끼[夏目漱石]와 혼마 히사오[本間久雄]의 영향을 점검한 김열규의 논의와 쇼요의 『소설신수(小說神髓)』와 「문학이란 하오」의 유사점을 정리해본 김윤식의 연구가 좀 구체적이다.[7] 비교적 최근에 일본문학 연구자인 정병호에 의해서 이루어진 두 편의 논문은 그동안 미흡했던 당대 일본 쪽의 사정을 비교적 자세히 밝혀주고 있어, 초기 이광수 문학론의 형성을 이해하는 데 상당한 도움이 되는 것으로 생각된다.[8]

---

2) 이선영, 「춘원의 비교문학적 고찰」, 『새교육』 134호, 1965.
3) 김송현, 「초기소설의 원천탐색」, 『현대문학』, 1964.9; 송백헌, 「춘원의 「소년의 비애」 연구」, 『대전공전논문집』 3집, 1968.
4) 구인환, 『이광수 소설연구』, 삼영사, 1983; 김태준, 「이광수의 첫번째 유학시대와 그 저작들」, 『한국문학연구』 15집, 1992.12.
5) 시라카와 유타카[白川豊], 「한국 근대문학 초창기의 일본적 영향-문인들의 일본유학 체험을 중심으로」, 『동악어문논집』 16집, 1982.6; 오오무라 마쓰오[大村益夫], 「日本留學時代の李光洙」, 『朝鮮文學-紹介と研究』, 朝鮮文學の會, 1971.12; 하타노 세츠코[波田野節子], 최주한 역, 『『무정』을 읽는다-『무정』의 빛과 그림자』, 소명출판, 2008.
6) 송명희, 「이광수의 문학비평 연구」, 고려대 박사논문, 1985.
7) 김열규, 「이광수 문학론의 전개」, 『한국 근대문학연구』, 서강대 인문학연구소, 1969; 김윤식, 「초창기의 문학론과 비평의 양상」, 『근대한국문학연구』, 일지사, 1973. 김열규 의 논문은 혼마 히사오의 영향에 대한 논의를 1950년에 나온 수정판으로 하고 있다. 이광수가 보았을 만한 판본과의 차이는 고려조차 하지 않고 있는 것이다.

이 글은 이들 선행 논의의 바탕 위에서 시작하지만, 특히 문학의 가치, 그 존재의의를 이광수가 어떻게 이해하고 있는가에 초점을 맞춰 그 구조의 특성을 논의해보려 한다. 이광수는 이 글에서 세 가지 서로 다른 문학에 대한 접근법을 보여주고 있는 것으로 생각되는데, 이 세가지 접근법은 이 글로부터 6년 후에 쓰여지는 보다 본격적인 문학론인 「문학이란 하오」에서도 모두 다시 등장한다는 점에서 초기 이광수 문학론을 특징짓고 있는 것으로 생각되는 것이다. 그 문학에 대한 세 접근법은 위에서 살펴보았듯, '정'이라는 이 글의 핵심 개념이 등장하는 다양한 맥락을 통하여 접근해볼 수 있다. 위에서 이미 그 맥락의 둘은 지적했는데, 문학관과 연관해서 다시 정리해본다.

2)

「문학의 가치」에서 '정'은 크게 다음 세 가지 서로 다른 문학에 대한 접근법과 연관되어 있다.[9]

첫째는 '정'을 '지·의'와 대비시키는 이른바 '지정의론'의 맥락이다. 이 글 초두에 제시된 이러한 접근법은 앞서 살펴보았듯이 끝까지 일관되

---

8) 정병호, 「한일 근대문예론에 있어서 '정'(情)의 위치―지(知)·정(情)·의(意)의 범주를 중심으로」, 『아시아문화』, 2004; 정병호, 「이광수의 초기 문학론과 일본문학사의 편제―「조선(민족)문학론」을 중심으로」, 『일본학보』 59, 2004.

9) 하타노 세츠코는 「문학의 가치」에서 사용된 '정'이 세 가지 의미를 갖고 있다고 지적했다. 구체적으로는 '감정', '심리', '열정'인데, 그는 이 셋이 불가분리하게 연결되어 있는 것으로 파악하고 있다. 그래서 이들의 관계가 다음과 같이 정리된다. 하타노 세츠코, 앞의 책, 135~136면 참조. "이리하여 '정'을 분자로 삼는 문학은 그러한 '정'을 통해 사람의 "사상과 이상을 지배"하고, 사람을 행동하게 만드는 "인생문제 해결의 담임자"가 될 수 있는 것이다." 하지만 위의 「문학의 가치」 인용문에서, 문학이 사상과 이상을 지배하고, 인생문제 해결의 담임자가 될 수 있는 것은 '정'이 아니라 '이성' 때문이다. 사람을 움직이게 만드는 열정의 의미로서의 '정'은 뒷부분의 국민이나 국가와 관련된 맥락에서 등장한다. 서로 다른 맥락에서 사용되고 있는 '정'을 무리하게 하나로 엮으려 하고 있는 것으로 생각된다.

었다고는 생각되지 않지만, 뒤에서 살펴보듯이 '정적 분자를 포함한 문장'으로 문학을 정의하는 발상의 유래는 이 '지정의론'이라고 할 수 있다. 그런데 이러한 방식의 접근은 진리나 윤리가 아닌 쾌감이나 즐거움, 즉 '정의 만족'에서 문학의 존재가치를 찾는 문학관과 직접적으로 연결된다. 그러므로 '정적 분자를 포함한 문장'으로 문학을 정의하는 것과 '정의 만족'에서 문학의 존재가치를 찾는 것은 동일한 발상에 바탕한 것이라고 할 수 있다.

둘째는 '정'을 문학 표현의 대상이 되는 인간의 속성과 연관시키는 발상이다. 인생의 정적 상태에 대한 제대로 된 재현이 없이는 '인생과 우주의 진리'를 드러내는 문학의 사명이 달성되지 못한다는 것이다. 이러한 접근법에서 문학은 '현실을 여실하게 묘사'하거나 '인생과 우주의 진리'를 드러내기를 요구받는다고 할 수 있는데, 문학을 삶의 재현으로서 의미화한다는 점에서 리얼리즘적 발상에 속한다고 할 수 있을 것이다.

세 번째로 또 하나의 중요한 맥락은, 국민 국가와 문학을 연관시키는 것이다. 이 때의 '정'은 자발적인 행동을 가능케 하는 동감, 열정, 충동 등과 연관된다. 이광수가 같은 시기에 쓴 글인 「금일 아한 청년과 정육」[10]에서 강조해마지 않았던 바로 그 '정'이라고 할 수 있을 터인데, 문학에서는 '국민문학' 또는 '조선문학' 관념과 직접적으로 연관되는 것이다.

이광수의 첫 문학론이라고 할 수 있는 「문학의 가치」는 네 쪽 정도 분량의 짧은 글이다. 그런데 그 글의 핵심 개념이라고 할 수 있는 '정'은 이렇듯 다양한 맥락과 연관되어 있다. 당연히 이러한 접근법들은 충분히 개진되어 있는 것이 아니라, 단지 언급되어 있을 뿐이라고 할 수 있다. 하지만 이 글에서 단초를 보인 이러한 세 문학관, 또는 문학에 대한 접근법은 이후 그의 문학론에서 반복해서 마주치게 되는 반복 모티프와 같은 것이다.

---

10) 이광수, 「금일 아한 청년과 정육」, 『대한흥학보』 10호, 1910.2.

## 2. '지정의론'과 '와세다 미사학'

### 1)

「문학이란 하오」는 문학의 독자적 가치에 대한 논의를 하고 있다는 점에서 기본적으로 「문학의 가치」의 논리를 잇고 있다. 또 그러한 독자적 가치, 또는 자율성에 대한 주장을 지탱하는 논거로서 '지정의론'이 이용되고 있다는 점에서도 그러하다. 앞선 글에서 언뜻 언급되었던 '지정의론'은 이 글에선 상당히 정제된 형태로 제시된다.

> 近世에 至ᄒ야 人의 心은 知情意 三者로 作用되는 줄을 知ᄒ고 此 三者에 何優何劣이 無히 平等ᄒ게 吾人의 精神을 構成홈을 覺ᄒ미 情의 地位가 俄히 昇ᄒ얏나니 일즉 知와 意의 奴隷에 不過ᄒ던 者가 知와 同等ᄒ 權力을 得ᄒ야 知가 諸般科學으로 滿足을 求ᄒ려ᄒ미 情도 文學, 音樂, 美術等으로 自己의 滿足을 求ᄒ려 ᄒ도다.[11]

'문학의 실효'에 대한 논의에 있어서도 핵심적인 부분은 이 지정의론이 담당하고 있다. 지·정·의가 각기 추구하는 이상으로서 진·미·선과 연관되며, 문학은 정의 방면에서 추구하는 바 즉 미를 이상으로 한다고 할 수 있다. 그런데 그 미는 "則 吾人의 快感을 與ᄒ는 者"(『문학이란 하오』, 11.15, 4회)이다. 이러한 논의를 통하여 진리나 윤리로부터 독립하여 미를 추구하는 문학의 독자성은 상당히 탄탄한 논리에 의해 뒷받침되게 되는 것으로 보인다. 그러므로 근대문학의 '자율성'에 대한 인식

---

11) 이광수, 「문학이란 하오」, 『매일신보』, 1916.11.11, 1면. 이 글은 1916년 11월 10일에서 23일까지 8회에 걸쳐 모두 1면에 실렸다. 앞으로 이 글을 인용할 때는 글명과 연재 회수만 표기함. 표기는 그대로 두고 띄어쓰기만 인용자가 함.

이 처음으로 표현되었다는 점이 이 글의 핵심적인 의의의 하나로서 거론되어 온 것은 당연하다. 하지만 또 많은 연구자들이 지적하듯이 이 글 또한 그러한 자율성에 대한 논의를 일관되게 밀고 나가고 있지는 못하다. 앞서 '미'와 '쾌감'을 통해서 해명된 문학의 실효에 대한 논의는 '미'나 '쾌감'에 대한 보다 심도있는 탐구로 이어지는 것이 아니라, '문학의 부산적 실효'에 대한 논의로 이어진다. 이광수는 문학의 부산적 실효를 다음과 같이 정리하고 있다.

① 세태인정의 기미를 엿보아, 인생의 정신적 방면에 관한 지식을 얻음

② 각방면 각계급의 인정세태를 이해하므로, 동정심이 발함

③ 죄악에 타락하는 경로를 목도하여 은감으로 삼고, 향상진보하는 심리상태를 목도하여 모범으로 삼음.

④ 고해같은 인세, 불여의한 실사회를 탈하여 자유로운 상상의 이상경에 소요함

⑤ 고상한 쾌락을 얻으면, 유해한 쾌락에 빠지지 않음

⑥ 도덕을 고취하려는 의사는 없지만, 부지불식간에 품성을 도야하고 지능을 계발하게 됨

물론 이광수는 이를 문학의 주목적이 아니라 자연스럽게 수반되는 '부산적 실효'라고 하고 있다. 하지만 그 장황함은 주객이 전도된 느낌을 준다. '정'이나 '미' 또는 '쾌감'을 통하여 문학의 실효를 해명하려고 했던 앞의 논의를 무색하게 만들어 버리는 것이다. 공리와 도덕을 부정하고 실용성을 부정함으로써 문학의 독자성을 주장할 수는 있었지만, 미가 진과 선과 마찬가지의 가치를 갖고 있다는 정언적 주장이 이광수 자신에게도 그리 설득력을 갖고 있지는 못했던 듯하다. 특히 '정의 요구'에 대한 다음과 같은 논의는 그 설득력을 더욱 반감시킨다.

實로 吾人에게는 知와 意의 要求를 滿足케 ᄒᆞᆳ라는 同時에 그보다 더욱 干切(원문대로)하게 情의 要求를 滿足케 ᄒᆞ려 ᄒᆞ나니 吾人이 酒를 愛ᄒᆞ고, 色을 貪ᄒᆞ며, 風景을 求홈이 實로 此에서 生ᄒᆞᄂᆞᆫ 것이니 文學藝術은 實로 此 要求를 充ᄒᆞ려는 使命을 有ᄒᆞᆫ 것이니라.

—「문학이란 하오」, 1916.11.11, 2회

정의 만족에 대한 요구가 주색이나 풍경을 탐하는 정도의 것이라면, 그것을 진리나 선에 비견하는 것이 설득력이 있을 수는 없다. '지정의 론'은 확연하게 영역을 구분해버림으로써, 독립한 가치에 대한 주장으로는 나아가지만, 그 독립한 가치를 진리나 도덕의 측면과는 분리된 쾌감 또는 쾌락의 측면에서만 설명해야 한다는 문제에 부닥치고 있다. 쾌감이나 쾌락만이라면 아무리 서구 근대세계의 실상이 뒷받침하고 있다고 해도 그 가치가 설득력 있게 받아들여지기는 힘들 것으로 보인다. 그런데 이러한 이른바 '지정의론'이 이광수의 창안이 아님은 이미 많이 논의되었다. '지정의론'이라는 논의구조의 유래와 추이에 대한 이해를 통하여 이광수가 부닥친 문제가 해명될 필요가 있는 것으로 보인다.


2)


이광수의 문학 이해가 일본의 문학 논의, 특히 쓰보우치 쇼요의 문학 논의로부터 영향 받았음은 이미 언급되어 왔다. 이광수 문학론이 쇼요의 『소설신수』의 영향을 받았음은 막연하게 통설로 받아들여지고 있지만, 『소설신수』 자체는 '지정의론'과는 크게 관련이 없다. 이 책 또한 소설(문학)의 독자성을 주장하고 있지만, 그것은 소설이 미술(예술)임을 주장하는 방식으로 이루어진다. 조금 더 구체적으로는 '수용(須用)'과 '장식(裝飾)'의 대비라는 접근에 의해서이다.

수용은 오로지 인생 필수의 기용(器用)을 제공함을 목적으로 하고, 장식은 사람의 심목(心目)을 즐겁게 하고 기품을 고상하게 함을 목적으로 한다. 이 장식을 이름하여 미술이라 칭한다.12)

무릇 미술이라는 것은 원래 실용의 기술이 아니므로 오로지 사람의 심목을 즐겁게 하고 그 신묘(神妙)한 경지에 들어가려는 것을 당연 그 '목적'으로 해야 한다.

―『소설신수』, 23~24면

그러므로 『소설신수』에서 소설의 주안으로 주장된 '인정'과 이광수가 근거하고 있는 '지정의론'의 '정'은 별 연관이 없다는 주장은 타당한 것으로 생각된다.13) 그렇다면 지·정·의라는 마음의 능력과 특정한 글들을 대응시켜 이해하는 이러한 사고방식은 어디에서 유래한 것일까?

그러한 논의의 선편을 잡은 것 또한 쓰보우치 쇼요였다고 한다. 그는 「문장신론」(1886.5)이란 글에서 '문장의 목적'이란 '마음의 작용을 표출하여 타인에게 알리는 데' 있다는 논지로부터 그 '마음의 작용'이라는 규준에 의해 문장을 '지·정·의'라는 세 범주와 연관시켰다. 세 종류의 글 중 제1의 문은 진리를 연구하여 확정하며 또는 강설하는 것으로서, '학술상의 저서, 역사, 전기(傳記)'의 장르를, 제2의 문은 오로지 감정을 토로하는 것으로서, '시가, 전기(傳奇), 희곡, 소설'의 장르를, 제3의 문은 원망, 기도를 발표하여 타인의 찬동을 희망하는 취지에서 나온 것으로

---

12) 쓰보우치 쇼요[坪內逍遙], 『小說神髓』, 松月堂, 1885~1886. 여기서는 정병호 역, 『소설신수』, 고려대 출판부, 2007, 22면에서 인용. 앞으로 이 책을 인용할 때는 책명과 면수만 표시함.

13) 정병호, 「한일 근대문예론에 있어서 「정」(情)의 위치―지(知)·정(情)·의(意)의 범주를 중심으로」, 『아시아문화』, 2004 참조. 하지만 뒤에 살펴 보겠지만 『소설신수』의 '인정'이 이광수의 '정'과 무관하다고 할 수는 없다. 이광수의 '정'은 단지 '지정의론'의 '정'만이 아니기 때문이다.

서, '모든 변론(辯論)'의 장르를 포함하는 것으로 설명하고 있다.14)

이러한 논의는 기본적으로 문장을 분류하는 것이었지만, 이러한 문장 분류는 제2의 문에 '시가, 전기, 희곡, 소설'을 모아 놓게 됨으로써, 문학에 대한 의식으로 나아가는 도정을 보여준다고 할 수 있다. 쇼요는 「미사론고(美辭論考)」라는 글에서는 이 '정의 문'을 '미문학'과 등치시키고 있다.

> 미문학이라는 명목(名目)은 정의 문의 명칭이다. 앞에서도 역설하였듯이 정
> 의 문은 (…중략…) 그 극치(極致)로 하는 것은 우주의 미(美)이다. 즉, 정의 문
> 은 미를 그 이상으로 하는 문장이다.15)

이러한 논의 맥락에서 알 수 있는 것은 애초에 수사학에서 문장을 분류하는 틀로서 기능했던 지정의론은 '정의 문'을 '미문학'과 등치시키는 논의로 나아감으로써, 특정한 장르의 글들의 집합으로서 문학에 대해 사고할 수 있게 해주었다는 점이다. 문학 개념이 여전히 동요하고 있던 시기 이러한 논의는 '문학' 개념의 형성에 일 계기로서 작용했다고 해도 좋을 것이다.16) 그러므로 이광수가 왜 문장론이라고 할 수 있는 '지정의론'에 바탕하여 문학론을 전개하려고 했는지를 이해할 수 있게 해준다.

하지만 이러한 논의는 「문장신론」이나 「미사론고」와 같은 글의 제목이 보여주듯이 궁극적으로는 문장에 대한 것이었다. 그리고 이러한 문장론은 '와세다 미사학[早稻田美辭學]'17)이라고 일컬어지는 수사학 논의

---

14) 쇼요의 '지정의론'에 대해서는 정병호의 『실용주의 문학사조와 일본 근대문예론의 탄생』(보고사, 2003)의 '제2장 문학장르의식의 탄생과 그 주변'에서 이루어진 것을 참조했다. 비슷한 논의가 같은 필자의 전게 논문(2004)에서도 이루어진다.

15) 쓰보우치 쇼요[坪內逍遙], 「미사론고(美辭論考)」, 『早稻田文學』, 1893.4. 여기서는 정병호의 『실용주의 문학사조와 일본 근대문예론의 탄생』(보고사, 2003), 78면에서 재인용.

16) 1890년대 일본에서 '미문학', '순문학' 등 개념의 실상과 의미에 대해서는 스즈키 사다미[鈴木貞美]의 『日本の「文學」概念』, 作品社, 1998, 223~227면 참조.

17) 이 말은 하라 시로위[原子郎]가 쓰고 있는 말이다. 그는 이것이 학술적·역사적으로 반드시 공인된 호칭은 아니지만, 「와세다대학에서의 수사학의 계보」 더 정확하게는 「동경전문학교에서 시작된 와세다대학에서의 『미사학』의 전통」이라는 의미로 이 말을 쓴

로 연결되는 것이었다. 이 수사학이야말로 '지정의론'의 원천이었던 것이다. 이 와세다 미사학은 다카다 사나에[高田早苗]의 『미사학』(1889.5)에서 시작하여, 쇼요의 「미사론고」(1893.1~1893.6) 등의 영향을 받으며 시마무라 호게츠의 『신미사학』(1902)으로 연결되었는데, 이가라시 치카라[五十嵐力]에 이르러서는 '미사학'이라는 말을 버리고 『문장강화』(1905)가 된다. 그러므로 와세다 미사학 자체의 일차적인 총괄은 시마무라 호게츠의 『신미사학』에서 이루어진다고 해도 좋을 것이다. 이들이 사용한 '미사학'이란 말은 '수사학'과 마찬가지로 'rhetoric'의 번역어였다. 호게츠는 수사학과 미사학이 본질적으로는 동의어임을 지적했으면서도, 미사학이라는 말이 'rhetoric'과 미학 사이의 밀접한 연관을 더 잘 보여주기 때문에 그 말에 더 끌렸다고 한다.[18] 하지만 와세다 미사학은 "미론, 문학론에 편중되어 있다는 인상"[19]을 준다는 점에서 당대 여타의 수사학서와는 구분되는 자신만의 특성 또한 갖고 있었던 것으로 보인다.

이를 잘 보여주는 것이 시마무라 호게츠의 『신미사학』이다.[20] 이 책에는 여타의 수사학 논의에는 보이지 않던 부분이 특히 부가되어 있는데, 바로 제3편인 미론이다. 여기서 그는 '미학'과 '미사학'을 연관하여 해명하고 있고, 특히 그 중 2장의 제목은 '정의 활동과 쾌락', 제3장의 제목은 '쾌락과 미'로, '쾌락'과 '미'와 '정의 발무(撥撫)'라는 세 축을 중심으로 미론의 체계를 세우고 있다.

---

다고 하고 있다. 하라 시로우, 『修辭學の史的研究』, 早稻田大學出版部, 1994, 45~46면.
18) Massimilino Tomasi, "Studies of Western Rhetoric in Modern Japan : The Years between Shimamura Hogetsu's Shin bijigaku(1902) and the End of the Taisho Era", *Japan Review*, No.16, 2004, p.166.
19) 하라 시로우, 『修辭學の史的研究』, 早稻田大學 出版部, 1994, 89면.
20) 이광수는 시마무라 호게츠를 아주 잘 알고 있었다. 「부활의 서광」(1918.3), 「문사와 수양」(1921.1) 등에서 그의 글에 대해 이야기하고 있을 뿐만 아니라, 「오도답파여행」(1917)에서는 기차에서 시마무라 호게츠 일행과 만나 나눈 이야기를 옮겨놓고 있기도 하다. 1917년에 만나 이야기를 나눌 정도의 친분이 있었음을 확인할 수 있다.

수사의 결국은 정의 撥撫에 있다. 그러면 정을 움직이는 것은 왜 미인가. 가로되 쾌락이니까 그러하다. 답이 여기에 이르면 우리는 세 개의 제목을 얻는다, 가로되 정의 발무, 가로되 미, 가로되 쾌락이다. 그리고 이 삼자 사이에 필연적으로 생겨나는 2개의 큰 疑案이 있다. 하나는 가로되 정의 발무는 왜 쾌락인가. 다른 하나는 쾌락은 왜 미인가 이다.[21]

이러한 호게츠의 미론의 체계는 지나 의와 분리된 정에 바탕해서 이루어지는 미론이 도달하는 한 결론 같은 것으로 생각된다. 하여튼 진이나 선과 분리된 미의 가치라는 측면을 강조하는 논리는 거의 필연적으로 쾌감이나 쾌락을 강조하지 않을 수 없게 되는 것이다. 이는 칸트류의 서구 미학과 직접적으로 연결되는 것이고, 궁극적으로는 쾌감이나 쾌락과 미의 연과에 관한 추상적인 논의로 이어질 것이다.

이광수의 「문학의 가치」나 「문학이란 하오」는 '문학'이 여전히 '일반학문'의 의미로 통용되는 상황에서 새로운 '문학', 'literature'에 상응하는 '문학'을 논하고자 하는 의도 속에서 쓰여진 글들이다. 그 문학의 독자적 가치를 해명하기 위해 '지정의론'을 빌려왔지만, 쾌감과 미의 연관에 대한 해명을 통하여 문학의 예술성을 본격적으로 논의하는 것은 아마도 저자에게도 독자에게도 시기상조의 논의였을 것으로 생각된다. 하지만 이러한 논의를 통하여 '문학의 예술성'을 해명하기 위해서는 건너지 않을 수 없는 다리 하나가 놓인 것은 분명하다. '심미성(審美性)' 또는 '심미감'에 대한 해명 없이 문학의 예술성에 대한 논의가 진전될 수 없음은 분명하기 때문이다. 이광수는 이에 대한 나름의 본격적인 해명을 1924년 「文學講話」[22]라는 글에서 시도하고 있다. 하지만 그것은 나중

---

21) 시마무라 호게츠[島村抱月], 『新美辭學』, 東京專門學校出版部, 1902, 486면. "修辭の結局は情の撥撫にあり。然らば情を搖かすは何ゆえに美なりや。曰はく快樂なればなり。答へてここに至れば吾人は三箇の題目を得曰はく情の撥撫曰はく美曰はく快樂。而してこの三者の間に必然生じ來たる二箇の大なる疑案あい。一は曰はく情の撥撫は何故に快樂なりや 他は曰はく快樂は何故に美なりや。"

의 일이고, 1916년 「문학이란 하오」에서는, 그는 이 문제에 정면으로 대면하는 것이 아니라 아주 흥미 있는 우회를 시도한다.


## 3. '묘사론'과 『소설신수』


1)

'정의 만족'으로서 문학을 정의하고 그 가치를 논하기 위해서는 '쾌감' 자체에 대한 해명으로 나아가야 함을 이광수는 의식하고 있었던 것으로 보인다. 이에 대한 시도를 '문학의 재료'를 설명하는 부분에서 하고 있는 것이다.

> 前節에 文學은 情의 滿足을 目的 삼는다 ᄒ다. 정의 만족은 즉 興味니 吾人에게 最히 深大ᄒ 興味를 與ᄒ는 者는 卽 吾人 自身에 關ᄒ 事이라. (…略…) 故로 文學藝術은 其 材料를 全혀 人生에 取ᄒ다. 人生의 生活狀態와 思想感情이 즉 其 材料니 此를 描寫ᄒ면 卽 人에게 快感을 與ᄒ는 文學藝術이 되는 것이라. (…略…) 故로 文學의 要義는 人生을 如實ᄒ게 描寫홈이라 ᄒ리로다.
> —「문학이란 하오」, 1916.11.11, 2회

상당 분량을 중략한 인용이지만, 논리 전개의 중추는 드러나 있다. 흥미를 만족시키는 것이 곧 쾌감이 되며, 우리들에게 가장 흥미 있는

---

22) 이광수, 「文學講話」, 『조선문단』, 1924.10~1925.2.

것은 우리들의 삶, 즉 인생이므로, 인생을 여실하게 묘사하는 것이 곧 흥미를 만족시키고, 쾌감을 주는 것이 되는 것이다. 이 시기 이광수가 쾌감에 대한 논의를 어디로 끌고 가고 싶어하는지가 분명하게 드러나고 있다. 이광수는 아주 흥미 있는 논리적 곡예를 통하여 '정의 만족'을 '인생에 대한 여실한 묘사'와 연관시키고 있는 것이다. 이런 논리선상에서 우리는 다음과 같은 그의 소설에 대한 정의를 이해할 수 있다.

> 人生의 一方面을 正ㅎ게, 精ㅎ게 描寫ㅎ야 讀者의 眼前에 作者의 想像內에 在한 世界를 如實ㅎ게, 歷々ㅎ게 開展ㅎ야 讀者로 ㅎ야곰 其 世界內에 在ㅎ야 實見ㅎ는 듯ㅎ는 感을 起케 ㅎ는 者를 謂홈이니
>
> —「문학이란 하오」, 1916.11.11, 5회

소설에 대한 설명에서 가장 강조되고 있는 것은 '인생에 대한 여실한 묘사' 그 이외에 아무 것도 아니다. 소설 현상모집 심사평이라고 할 수 있는 「현상소설고선여언」에서 가장 강조하고 있는 것 또한 바로 그러한 '현실성'이다. 이상춘의 「기로」나 김명순의 「의심의 소녀」가 높이 평가된 이유는, 그것이 교훈을 탈피했다는 점과 이상적 인물을 탈피하여 '현실적'인 인물을 그리고 있다는 점인 것이다.[23] '인생에 대한 여실한 묘사'를 '미적 만족'과 직접 연결시키는 이러한 이광수의 논의를 '묘사론'이라 해 볼 수 있을 터인데,[24] '정의 만족'에서 문학의 가치를 구하는 '지정의론'의 논리와 '인생의 진실한 재현'에 대한 요구라는 서로 다른 문맥에서의 접근법이 결합되고 있다는 특성을 보이고 있다.

그런데 이러한 '인생에 대한 여실한 묘사'는 바로 『소설신수』의 이른

---

23) 이광수, 「懸賞小說考選餘言」, 『청춘』 12호, 1918.3.
24) 이 글에서는 일단 쇼요나 이광수의 문학 논의를 그들이 사용했던 개념들을 사용하여, '묘사론', '인정론', '진리론' 등으로 명명하여 정리해본다. 이 논의들은 문학의 의미를 진실성이나 진리성과의 연관에서 해명하려 하고 있다는 점에서 공통점을 드러내고 있지만, 각각의 독자적인 특징을 이해하는 것이 중요하기 때문이다.

바 '인정론'의 요구이기도 했다. 먼저 『소설신수』의 소설 이해의 핵심적 개념인 '인정'이 등장하는 부분을 보자.

> 필경 소설이 으뜸으로 하는 바는 오로지 인정세태(人情世態)에 있다. 일대 (一大) 기상(奇想)의 실을 감아 인간의 정(情)을 능숙하게 짜 만들어 한없고 끝 없는 은묘(隱妙) 불가사의한 원인으로부터 시작해 더욱이 한없는 다종다양한 결과를 매우 아름답게 짜 내면서 이 인간세상의 인과(因果)의 비밀을 보는 것 과 같이 그려 내고 보이기 어려운 것을 보이도록 하는 것을 그 본분으로 한다.
> 　　　　　　　　　　　　　　　　　　　　　　　　－『소설신수』, 29면

> 소설의 주안은 인정(人情)이다. 세태풍속(世態風俗)은 이 다음이다. 인정이 란 어떠한 것을 말하는가? 말하기를 인정이란 인간의 정욕(情慾)으로서, 이른 바 백팔번뇌 이것이다.
> 　　　　　　　　　　　　　　　　　　　　　　　　－『소설신수』, 61면

> 이 인정의 깊숙한 곳을 천착하여 현인, 군자는 물론 남녀노소, 선악정사(善 惡正邪)의 마음속 내막을 빠뜨리지 않고 그려 내어 주밀정도(周密精到)하게 인정을 분명하게 보이도록 하는 것이 우리 소설가의 본분이다.
> 　　　　　　　　　　　　　　　　　　　　　　　　－『소설신수』, 62면

인용문에서 드러나듯이 여기서 쓰이는 '인정'은 우선적으로는 인간 의 정욕을 가리키며, 그러한 욕구 때문에 드러나는 삶의 세태를 그려내 는 것이 곧 인정을 드러내는 것이라고 할 수 있다. 그런데 이 말은 당대 심리학의 영향을 보여주는 것이기도 하지만,[25] 막부말기 '인정본'이라 불렸던 책들과 직접적으로 연관되어 있는 말이기도 하며, 멀리는 중국

---

25) 정병호, 「한일 근대문예론에 있어서 「정(情)」의 위치」, 『아세아문화연구』 8집, 2004, 274~275면.

의 「수호지」, 「금병매」 등의 평에 동원되었던 '세정'이나 '정리', '인정'
과 같은 말과도 가까이 있는 것으로 생각된다.[26] 이광수 또한 "文學은
人生을 描寫ᄒ 者임으로 文學을 讀ᄒ는 者는 所謂 世態人情의 機微
를 窺홀지라"(「문학이란 하오」, 1916.11.15, 4회)와 같이 비슷한 맥락에서 이
말을 사용하고 있다.

이 쯤에서 『소설신수』의 '인정'을 앞에서 논의했던 이광수의 '정'의
맥락과 연관해본다면, 여기서 이야기되는 '인정'은 주로 소설의 대상인
인간이 갖고 있는 정욕을 가리키고 있고, 그 정욕이 세상에 드러나는
것을 제대로 그려내야 한다고 주장한다는 점에서, 정을 심리상태와 연
관시킨 두 번째 논의와 가장 깊게 연관되는 것이다.

그런데 흥미로운 것은 쇼요 또한 '인정세태를 있는 그대로 그려낸다'
는 소설의 본분을 '인간의 심목을 즐겁게 한다'는 예술의 요구와 직접
적으로 연관시키고 있다는 점이다.

> 소설이 목적으로 하는 바는 사람의 문심(文心)을 즐겁게 하는 데 있다.
>
> (…중략…)
>
> 만약에 소설이 말하는 바가 인정의 핵심을 잘 천착하고 세태의 이면을 잘
> 탐구하여 부려한 것도 굉장한 것도 재미있는 것도 이상한 것도 모두 서술해
> 베낀다면 어찌 문심을 느끼게 하지 않겠는가?
>
> ─「소설신수」, 82~83면

결국 '묘사론'과 '인정론'은 모두, 미의 성취를 여전히 '문심을 즐겁
게 한다'든가 '사람의 심목을 즐겁게 한다'든가 '흥미나 쾌감을 준다'든
가 라는 식의, 직접적인 쾌감이나 욕구의 충족과 연관시킴으로써, 앞서
'지정의론'이 부닥쳤던 동일한 문제에 맞닥뜨린다. 문학의 '부산적인 실

---

26) 방정요, 『중국소설비평사략』, 을유문화사, 1994, 334~370면 참조.

효(이광수)'나 '간접적인' 소설의 비익(쇼요)에 대한 장황한 논의가 불가피했던 이유라고 할 수 있을 것이다.


2)

쇼요가 『소설신수』에 드러난 논리의 당착, "즉 소설은 정치, 종교, 도덕 등의 권위로부터 독립한 것이라며 소설의 합목적성을 배제하면서도 소설에는 자연의 효용이 있다고 하며 그 유용성을 주장하는"[27] 이율배반을 극복하는 것은, 자신의 문학에 대한 논의를 '진리론'이라고 하는 새로운 차원으로 이끌고 감으로써였다. 이는 '진리' '묘상'의 개념어를 도입해 '미술(예술)' 개념을 새롭게 정립하고자 하는 시도였는데, 이러한 논리는 '진리' 개념을 통하여 학문과 도덕 정치 등과 예술을 등가의 차원에 놓는 것이라고 할 수 있다.[28] '미'가 직접 '쾌감'과 연결되는 것이 아니라 진리와 연관됨으로써, 이제 예술은 진리나 윤리에 배타적으로 대립되지 않게 된다. 오히려 '예술' 또한 '철학', '과학' 등과 마찬가지로 진리라는 공통의 가치를 추구하는 행위가 되는 것이다.

시마무라 호게츠 또한 1909년 강의록인 『문학개론』에서 문학의 내용을 설명하기 위해, 知와 情 양자를 모두 동원하고 있다. 그는 이 글에서 '대개 서책에서 온 지식은 문학이다'는 매슈 아놀드의 문학 정의에서 시작함으로써, "먼저 문학에는 지식의 분자가 있는 것만은 명확하다"[29]는 것을 전제로 하고, "문학은 단지 사실을 사실로서, 진리를 진리로서

---

27) 이시다 다다히코[石田忠彦], 『쓰보우치 쇼요 연구[坪內逍遙硏究]』, 九州大學出版會, 1989, 4~6면. 여기서는 정병호의 전게서(2003) 181면에서 재인용.
28) 쇼요의 '진리론'에 대해서는 정병호의 전게서(2003) 6장과 7장 참조. '진리론'이라는 개념 또한 이 책에서 가져왔다.
29) 島村龍太郎 講述, 『文學槪論』, 早稻田大學 出版部, 1909, 9면. "先づ文學には知識の分子があることだけは明である"

만 표현하지 않고, 사실 혹은 진리 프라스 감정, 혹은 지 프라스 정이라는 형식을 취한다"[30]고 하고 있다. 진실, 또는 진리라는 것이 문학에 있어 중심적 구성요소가 되고 있다는 점에서, '미'를 '정'이라는 요소와 배타적으로 관련시켰던 『신미사학』에서와는 아주 다른 논의가 이루어지는 것이다.[31]

이와 관련하여 주목할 것은 「문학이란 하오」에도 이와 비슷한 논의가 등장하고 있다는 점이다. 「문학이란 하오」란 글에 대한 그간의 논의에서 '지정의론'이 부각되었던 이유는, 이러한 논리가 '문학의 독자성' 또는 '자율성'이라는 근대적 인식을 드러낸다고 생각되었기 때문이다. 하지만 실제로 '문학의 정의'라는 항목에 따르면, "文學이란 特定ᄒᆞᆫ 形式下에 人의 思想과 感情을 發表ᄒᆞᆫ 者를 謂ᄒᆞᆷ이니라"(「문학이란 하오」, 1916.11.10, 1회)라는 것이었다. 문학은 사람의 감정만이 아니라 사상을 표현하는 것으로 인식되고 있는 것이다. 이른바 '지정의론'이 등장하는 곳은 '문학과 감정'이라는 항목으로 이 글의 체계 내에서는 문학에 표현되는 사상과 감정 중에서 특히 '감정'을 떼어서 문학과의 관련을 논하는 부분이라고도 할 수 있다.[32]

하지만 이 글에서 사상과 감정을 아우르는 것으로 문학을 정의하는 논리가, 정의 배타적 가치를 통하여 문학을 독립시키고자 하는 '지정의론'이나, '인생의 여실한 묘사'를 미적쾌감과 직접 연결시키고자 하는

---

30) 위의 책, 10면. "文學は單に事實を事實として、眞理を眞理としてのみ表現せずして、事實或は眞理プラス感情、或は知プラス情という態を取る。"

31) 예술에 있어 지보다 정이 더 일차적임을 주장하고 있지 않은 것은 아니다. 그렇다 하더라도 중요한 것은 이러한 논리는 미사학에서 이루어졌던 '지정의론'과는 전혀 다른 의미를 갖는 것이라는 점이다.

32) 물론 '문학의 정의' 항목에서도 '사상감정'이라는 문학의 내용을 과학적 지식과 비교하게 되고, "科學이 人의 知를 滿足케ᄒᆞᆫᄂᆞᆫ 學問이라 ᄒᆞ면 文學은 人의 情을 滿足케 ᄒᆞᄂᆞᆫ 書籍"(「문학이란 하오」, 1916.11.10, 1회)이라는 논의로 나아가는 것은 분명하다. 하지만 과학과 문학을 대비시키는 논의 또는 지와 정을 대비시키는 논의는 그것만으로는 '지정의론'과 연관되어 있다고 하기는 힘들다. '지정의론'의 핵심은 지·정·의를 진·미·선이라는 이상과 배타적으로 연관시키는 사고방식이다.

'묘사론'과 어떻게 조화될 수 있는지에 대한 해명이 이루어지고 있지는 못한 것으로 보인다. 이광수는 이러한 문제에 대한 해명을 1924년 쓰여지는 「문학강화」라는 글에서 시도하고 있다. 그는 이글에서 선천적인 세 종류의 가치감정, 즉 진리감, 도덕감, 심미감을 해명하고, "文學에 있어서는 이 세 가지가 合一한 듯하다", "대개 觀念藝術인 文學은 결코 官能藝術인 音樂 모양으로 다만 審美感만으로 價値를 判斷할 것이 못되고, 다른 두 가지 價値感, 즉 眞理感과 道德感의 만족을 要求"[33] 한다고 함으로써, 문학은 관념예술이기에 세 가치감정의 합일이 요구된다는 논리로 나아가고 있는 것이다. 이 글에서 이루어지는 이러한 논의가 갖는 의미에 대해서는, 1920년 이후 이루어지는 이광수의 문학론 전반에 대한 검토를 통하여서 점검되어야 할 것으로 보인다. 이광수 초기 문학론을 다루는 이 글에서는, 초기 문학론의 또 하나의 중요한 접근법이라고 할 수 있는 '국민문학론'에 대한 정리가 우선되어야 할 것이다.

## 4. 국민문학론

### 1)

「문학이란 하오」란 글의 마지막 항목의 제목은 "조선문학"이다.[34] 여

---

33) 이광수, 「文學講話」, 『조선문단』, 1924.10~1925.2. 여기서는 『이광수전집』 16, 삼중당, 1964, 83면에서 인용.
34) 『이광수전집』 1, 삼중당, 1962. 삼중당에 실린 「문학이란 하오」에서 '조선문학' 항목은 좀 애매하게 자리매김되어 있다. 이 글에서는 항목의 제목은 모두 본문과는 분리되어 편집되어 있는데, '조선문학'은 그렇지 않고, '문학의 종류' 항목에서 소항목으로

기서 이루어지는 조선문학에 대한 논의는 두 가지 지향과 연관되어 있는데, 하나는 조선문학사에 대한 인식이며, 또 다른 하나는 건설되어야 할 '조선문학'이라는 문학이념의 제시라고 할 수 있다. 우선 문학사 인식에서 주목되는 점 중 하나는 이광수가 조선문과 한문을 배타적으로 대립시키며, 한문으로 이루어진 모든 것을 조선문학에서 배제하고 있다는 점이며, 또 하나는 "朝鮮文學은 오즉 將來가 有홀 뿐이오 過去는 無ᄒ다 홈이 合當"(「문학이란 하오」, 1916.11.23, 8회)하다는 유명한 선언에서 나타나는 이른바 '전통부정론'이다.

이 글에서 이루어지는 '조선문학'에 대한 정의, 즉 "朝鮮人이 朝鮮文으로 作호 文學"(「문학이란 하오」, 1916.11.23, 8회)이라는 정의에는 다음과 같은 일본문학사에서의 국민문학에 대한 정의가 참조되었던 것으로 보인다.

그러면, 일국의 문학이란 것은, 일국민이, 그 국어에 의해, 그 특유의 사상, 감정, 상상(想像)을 써내는 것이라 할 만하고, 한데 문학이라면 여러나라를 통틀어 말하고, 국문학이라면 일국에 한한 문학을 말하게 된다.[35]

일본 최초의 문학사라고 하는 미카미 산지[三上參次]와 다카츠 쿠와사부로[高津鍬三郎]의 『일본문학사』에 등장하는 구절이다. 이들은 이러한 정

---

분류되어 있는 '소설' '극' 등과 마찬가지로 본문 속에 굵은 글자로 표기되어 있다. 그래서 '조선문학'은 '문학과 문학자' 항목 밑에 소항목으로 들어가 있는 형국이다. 이러한 편집의 빌미는 『매일신보』 연재본이 제공하고 있다. 마지막 두 항목인 '대문학'과 '조선문학'에만 앞에 검은 삼각형이 붙어 있지 않기 때문이다. 하지만 글의 체제상 이 두 항목은 앞의 항목들과 마찬가지로 취급됨이 마땅하다. 전집본은 517면에서 항목 제목인 '大文學'과 본문의 첫 글자인 '人'을 붙여버림으로써, '대문학'이라는 항목을 없애버렸고, '조선문학' 항목을 소항목처럼 보이게 했는데, 이는 편집상의 잘못이다. '조선문학'은 이 글의 마지막 항목이다.

35) 미카미 산지[三上參次], 다카츠 쿠와사부로[高津鍬三郎], 『日本文學史』, 金港堂, 1890, 29면. "されば、一國の文學といふものは、一國民が、其國語によりて、その特有の思想、感情、想像を書きあらはーたる者なりと云ふべきなり、さては、文學と云へば、各國を通して云ひ、國文學といへば、一國に限りたる文學を云ふたり。"

의에 바탕하여 "한문은 모두 이를 채택하지 않는다"36)고 하고도 있어, 이광수 사유와의 유사함을 더욱 분명히 보여주고 있다. 하지만 「문학이란 하오」에서 이루어진 이광수의 조선문학사에 대한 언급은 자신의 정의에 입각하여 시대별로 몇 되지 않는 사례를 거론해보는 정도의 것이기에 문학사론과 같은 것이 끼어들 여지는 별로 없고, 그런 의미에서의 이론적 영향 같은 것을 논의하는 것도 큰 의미는 없다고 할 수 있다.

다만 이광수의 문학사 이해와 관련해서 하나를 지적해 둔다면, 그가 「문학에 뜻을 두는 이에게」37)라는 글에서 유일하게 소개한 문학사 책이, 와세다미사학의 계보를 잇는 또 하나의 주요 인물인 이가라시 치카라의 「일본문학사」였다는 점이다. 그런 제목의 저작은 보이지 않는다는 점에서 여기서 들고 있는 책은 1912년 발간된 『신국문학사』로 생각되는데, 이 책의 제1장의 제목은 '메이지의 문학과 메이지 이전의 문학'이다. 이러한 제목이 보여주듯 이 책은 메이지문학, 즉 근대문학의 특권화를 표나게 내세우며 시작하고 있다.

> 그러나 특색의 현저함이라는 점에서 보면, 차라리 메이지 시대의 문학 특히 일로전쟁 후의 최근문학을 한 편으로 두고, 나라조 이래 도꾸가와 시대까지의 문학을 일괄하여, 이에 대응시키는 편이 지당하다.38)

메이지 문학이 우리들에게 친밀한 것은, 왕조문학이 나라조, 헤이안시대의 국민에 대해, 무로마치 문학이 아시카가 막부 시대의 국민에 대하여, 도꾸가와 문학이 에도 막부 시대의 국민에 대해 친밀한 것에 비할 수 있는 것이 아니다.

---

36) 위의 책, 서언 11면. "漢文は凡て之を採らず"
37) 이광수, 「文學에 뜻을 두는 이에게」, 『개벽』, 1922, 3면.
38) 이가라시 치카라[五十嵐力], 『新國文學史』, 早稻田大學出版部, 1912, 1면. "けれども、特色の著しさから云へば、寧ろ明治時代の文學、殊に日露戰爭後の最近文學を一方に置き、奈良朝以來德川時代までの文學を一括して、之れに對せしめる方が至當である。"

아니 왕조, 아시카가, 에도 시대의 국민이, 만약 다시 살아나 금일의 문학을 본다면, 그들도 역시, 메이지 금일의 문학이 그들 시대의 문학보다도 일층통절하게 그들의 생활의 진실을 그렸다는 것을, 일층 깊이 그들의 몸에 스며들고, 마음에 호소함을 느낄 것이다.[39]

이 책이 실제로 다루고 있는 일본문학은 메이지 직전인 '분카분세이기[文化文政期]'까지이다. 그럼에도 메이지 이전의 문학의 역사를 서술하기 위해서는 메이지 문학이 전제되어야 했을 뿐만 아니라, 메이지 문학은 그 이전과는 비교되지 않는 질적 비약으로 파악되고 있는 것이다. 이 도저한 근대주의는 이광수뿐만 아니라 김동인, 염상섭 등 거의 대부분의 초기 문인들의 인식이라고 할 수 있을 터인데, 앞서 언급한 이광수의 저 유명한 선언 또한 조선의 전통 부정 이전에 그러한 근대주의의 또 다른 표현일 뿐이라고 할 수 있다. 이광수가 많은 문학사 중 특히 이 책을 들고 있는 것은 근대문학을 특권화하는 이러한 인식에 깊이 공감했음을 드러내는 것으로 생각된다.


2)


「문학이란 하오」에서 '조선문학'에 대한 관심은 '문학과 민족성'에 대한 다음과 같은 사고와 깊이 연관되어 있는 것이다.

---

39) 위의 책, 3~4면. "明治の文學が吾等に對する親しきは王朝文學が奈良朝平安朝時代の國民に對し, 室町文學が足利幕府時代の國民に對し, 德川文學が江戶幕府時代の國民に對する親しさの比ではない。否, 王朝, 足利, 江戶時代の國民のして, 若し蘇生して今日の文學を見るならば, 彼等も亦, 明治今日の文學が彼等の時代の文學よりも一層痛切に彼等の生活の眞實を寫したと, 一層深く彼等の身に沁み心に應へるとを感するであらう。"

此 貴重혼 精神的文明을 傳ᄒ녿디 最히 有力혼 者ᄂ 卽 其 民族의 文學이
니, 文學이 無혼 民族은 或은 習慣으로 或은 口碑로 其 若干을 傳홈에 不過
홈으로 아모리 累代를 經ᄒ야도 其 內容이 贍富ᄒ야지 아니ᄒ야 野蠻未開
를 不免ᄒ나니라.

ー「문학이란 하오」, 1916.11.15, 4회

한 민족의 사상감정을 전하는 가장 유력한 매체로서 문학은 존재하
게 되는데, 이는 곧 조선인의 사상감정을 전하는 '조선문학'에 대한 요
구와 논의로 이어지게 되는 것이다. 이렇듯 민족 또는 국민, 국가와의
연관에서 문학을 사고하는 것이 「문학의 가치」에 등장하는 '정'의 또
하나의 맥락임은 이미 지적했다.

大抵 累億의 財가 倉廩에 溢ᄒ며 百萬의 兵이 國內에 羅列ᄒ며 軍艦 銃砲
劍戟이 銳利無雙ᄒ단덜 其國民의 理想이 不確ᄒ며 思想이 卓劣ᄒ며(면ー인
용자) 何用이 有ᄒ리요 然則 一國의 興亡盛衰와 富强貧弱은 全히 其國民의
理想과 思想 如何에 在ᄒᄂ니 其理想과 思想을 支配ᄒᄂ 者ー學校教育에 有
ᄒ다 ᄒᆯ다나 學校에셔ᄂ 다못 智나 學홀디요 其外ᄂ 不得ᄒ리라 ᄒ노라 然則
何오 曰 文學이니라

ー「문학의 가치」, 18면

이 문장의 앞에서는 이렇듯 국민의 이상과 사상에 영향을 미쳤던 예
로, 불란서혁명 때의 루소, 미국 남북전쟁 당시의 스토부인과, 포스터를
언급하고 있다. 이 때 '정'이 아주 중요한 역할을 하는데, "쏘 北米南北
戰爭時北部人民의 奴隸愛憐ᄒᄂ 情을 動케ᄒ야 激戰數年에 多數奴
隸로 하여곰 自由에 歡樂케혼 者 스토ー, 뽀스터 氏等 文學者의 力이
안인가"(「문학의 가치」, 18면)와 같이 정서적 동감, 열정, 충동을 통해 행동
을 가능케하는 것이 '정'인 것이다. 그런 의미에서 문학은 한 국가의 흥

망성쇠를 결정하는 국민의 이상과 사상을 지배하는 자이다. 이러한 논의는 앞서 거론된 '지정의론'이나 '묘사론'과는 전혀 다른 또 하나의 문학론이 이 글에 작용하고 있음을 보여준다. 국가 또는 국민과의 연관에서 문학의 가치를 해명하고자 하는 '국민문학론'적 접근법이다. 이러한 접근 방식은 당연하게도 국민의 사상과 이상 또는 정서에 미치는 문학의 영향을 강조한다. 또 과거의 문학 또한 국민이나 국민성의 형성 또는 민족의 유산 등의 관점에서 조명되게 되는데, 그것이 문학사에 대한 관심으로 나타나게 된다고 할 수 있다.

그러므로 '조선문학'에 대한 관심이 높아질수록, 문학은 쓰임, 효용의 관점에서 파악되게 된다. 이광수의 경우 1920년이 지나며 이러한 관심이 본격화된다고 할 수 있는데, 이에 따라 국민문학으로서의 역할이라는 관점에서 이루어지는 문학에 대한 논의가 급증한다 다음과 같은 논의가 대표적인 예가 될 것이다.

生에 對하여 貢獻이 없는 것, 더구나 害를 주는 것은 그것이 무엇이든지 다 惡이니, 文藝도 만일 個人의, 特히 우리 民族의 生에 害를 주는 자면 마땅히 두드려 부술 것이외다. Arts for life's sake야말로 우리의 取할 바라 합니다.[40]

이러한 식의 논의에 '자율성'이나 '쾌감' 중심의 문학관이 끼어들 여지는 별로 없어 보인다. 하지만 이를 이광수의 문학론이 '자율성론'에서 '효용론'으로 전환한 것으로 단순하게 정리하는 것은 곤란해 보인다. 여기서 이광수가 묻는 것은 '문학이란 어떠한 것인가'가 아니라 '조선문학이란 어떠해야 하는가'라는 문제인 것으로 보이기 때문이다. 물론 그렇다고 하여 원론적인 차원에서 일어나는 충돌이 해결되는 것은 아니다. 그러므로 여기서 필자가 논의한, 이광수 초기 문학에 나타난 문학에

---

40) 이광수, 「문사와 수양」, 『창조』 8호, 1921.1. 여기서는 『이광수전집』 16, 삼중당, 1964 (중판) 19면에서 인용함.

의 세 접근법이 이광수의 전 문학생애 속에서 어떠한 변천을 겪는가라
는 문제는 이제부터 해명되어야 할 문제로서 남아 있다.

　이 글에서는 우선 이광수의 초기 문학론의 틀이 형성되는 데 작용하고
있는 서로 다른 문학에 대한 접근법을 추출해보았고, 그러한 추출을 통하
여, 그 각각의 접근법에 미치고 있는 것으로 보이는 일본에서의 문학논의
와 이광수의 논리를 비교해볼 수 있었다. 특히 '지정의론'이나 '묘사론'은
쓰보우치 쇼요와 시마무라 호게츠로 이어지는 와세다 미사학을 주도했던
사람들의 문학론과 깊이 연관되어 있음을 보일 수 있었다.


## 5. 맺는 말


　이광수 초기 문학론을 대표하는 두 글인 「문학의 가치」와 「문학이란
하오」는 모두 서구 근대 문학을 염두에 두고 문학의 가치와 존재의의를
해명하고 있다. 6년의 시차가 있지만, 이 두 글은 기본적으로는 비슷한
접근법을 드러내고 있다고 할 수 있는데, 구체적으로 말하면 다음의 세
방향에서의 접근을 보여주고 있다.

　첫 번째 '지정의론'은 인간의 정신적 능력을 지·정·의로 분간한 심
리학에서의 논의를 문장분류와 연관시킨 것이다. 일본에서 이는 쓰보우
치 쇼요에서 시마무라 호게츠로 이어지는 '와세다 미사학'을 중심으로
이루어졌다. 이 논의를 받아들임으로써 이광수는 문학의 독자성, 자율
성을 주장할 수 있었지만, 문학의 가치가 '정의 만족'이라는 목적과 배
타적으로 연관됨으로써, 필연적으로 '쾌감'이나 '쾌락'에 의해서 문학의
가치가 해명되어야 한다는 난점에 부닥치게 된다.

이광수는 '정의 만족'을 '인생에 대한 여실한 묘사'와 연관시키는 독특한 시도를 통하여 이 문제를 해결하려 했던 것으로 보이는데, 이러한 시도가 두 번째 접근법인 '묘사론'을 낳는다. 이는 '인생에 대한 여실한 묘사'를 주장하고, 현실적인 삶의 진실을 추구한다는 점에서 '지정의론'과는 방향을 달리 하는 것으로, 쇼요의 『소설신수』에 나타난 '인정론'과 흡사한 논리를 보여주고 있다. 쇼요나 호게츠는 이후 문학이나 예술이 과학이나 철학과 마찬가지로 '진리'를 추구하고 있음을 주장한다. 이에 따르면 '정'은 이제 '진리'에 배타적인 것이 아니라, 학문과는 다른 예술의 방법을 설명하는 요소가 된다. 이를 '진리론'이라고 할 수 있는데, 이러한 논리 또한 이광수의 문학론에는 나타나고 있다.

세 번째 '국민문학'적 접근법은 '조선문학'의 과거와 미래에 대한 관심으로 이어진다. 조선문학사에 대한 논의에서 드러난, '국문유일주의'나 '근대특권주의'의 경향은 이가라시 치카라 등의 문학사 인식과 깊게 연관되어 있었던 것으로 보인다. 1920년대 이후의 문학논의에 있어서는 '조선문학'이라는 이념이 문학의 가치를 선도하게 됨으로써, 효용론적 인식을 강하게 드러내는데, 이는 문학론 자체의 전환이라기보다는 '조선문학'이라는 이념에 논의가 집중된 결과이다.

초기 문학론에서 드러났던 이러한 세 방향에서의 접근법을 이광수는 이후의 문학논의에서도 반복하거나 진전시키고 있다. 이는 이러한 접근법이 이광수 문학론의 원초적 틀로서 존재하고 있음을 의미한다. 필자는 '정(情)'이라는 동일한 개념에 의해 매개되어 있어 그 차이가 별로 의식되고 있지 않은 서로 다른 문학에의 접근법을 추출해봄으로써, 이를 그 각각의 접근법에 미치고 있는 일본에서의 문학논의와 비교해볼 수 있었다. 그를 통하여 특히 '지정의론'이나 '묘사론'이 쓰보우치 쇼요와 시마무라 호게츠 등의 와세다 미사학을 주도했던 사람들의 문학론과 깊이 연관되어 있다는 점과 더불어 그들의 논의와는 다른 이광수적 특성도 볼 수 있었다.

# 자율적 개인과 부르주아 결사로서의 민족

### 1910년대 이광수의 문학론과 사회사상을 중심으로

하정일

## 1. 1910년대와 이광수

1910년대는 문학의 근대성에 대한 사유가 본격화되기 시작한 시대였다. 이는 달리 말하면 문학의 독자적 가치에 대한 인식이 이때부터 싹트기 시작했다는 의미이다.[1] 이전까지만 해도 문학은 계몽운동의 일환(一環)으로서만 존재 가치를 지니고 있었다. 이러한 문학의 위상은 박은식이나 신채호 같은 애국계몽 운동가들뿐 아니라 이인직과 이해조처럼

---

[1] 1910년대에 지·정·의 삼분론이 등장하고 정의 독자성에 대한 인식이 형성되는 과정에 대한 자세한 설명으로는 권보드래, 「'문학' 범주의 형성 과정」, 『민족문학사연구』 14호, 1999.6, 79~85면 참조. 하지만 권보드래의 설명은 1910년대의 문학사를 '이광수적인 길'로만 단선화하고 있다는 점에서 한계를 갖는다. 이러한 단선화로는 부르주아 민족주의의 분화과정을 입체적으로 이해하기 어려워진다.

보다 전문적인 작가들에게도 마찬가지였다. 이들 모두에게 문학이란 계몽운동을 위한 매체였던 것이다. 정치적 이념과 운동의 방법론에서는 서로 많은 차이를 보여주지만, 문학을 계몽운동이라는 전체에 복무(服務)하는 한 부분으로 생각한 점에서는 대동소이했다.

하지만 1910년대에 접어들면서 상황은 일변한다. 이러한 변화는 한일합방이라는 역사적 사건과 밀접히 연관되어 있다. 계몽운동의 궁극적 목표였던 근대국가의 건설이 좌절되면서 문학의 독자성에 주목하기 시작했다는 것은 여러모로 의미심장하다. 거기에는 문학과 정치, 문학과 민족, 문학과 근대성의 관계에 대한 복합적이고도 착잡한 시선들이 얽혀 있기 때문이다. 특히 식민화라는 정치적 좌절에 대해 문학의 독자성을 내세운 것이 어떤 의미를 갖는가 하는 데 유념할 필요가 있다. 이 문제와 관련해 이광수와 신채호는 극명하게 대비된다. 흔히 1910년대의 문학을 이광수와 최남선의 '2인 문단 시대'로 생각하는 관습이 지금까지도 통용되고 있지만, 이러한 문학사 인식은 지극히 일면적이고 단선적인 것이다. 1910년대의 문학을 이렇게 규정해서는 한국 근대문학의 역동성과 다면성을 설명할 수 없다는 점에서 그러하다. 이광수와 신채호를 함께 논해야 하는 것은 그래서이다. 그럴 때 1910년대가 문학적 근대성의 두 계보가 갈라지는 분기점임을 온전히 이해할 수 있다. 말하자면 1910년대는 부르주아 민족주의가 문화적 민족주의와 저항적 민족주의로 분화되기 시작하는 출발점인 셈이다.

필자는 다른 글에서 신채호의 사상과 문학론을 '예술의 정치화'라는 문학적 근대기획을 중심으로 검토한 바 있다.[2] 본고는 1910년대를 대표하는 또 한 명의 '문학이론가'인 이광수의 사회사상과 문학론을 다루고자 한다. 이 글에서도 이광수의 문학적 근대기획이 무엇이었나 하는 문제가 주된 관심사인데, 이와 관련하여 계급 간의 소통에 관한 이광수의

---

2) 하정일, 「급진적 근대기획과 예술의 정치화」, 『탈식민의 미학』, 소명출판, 2008. 본고에서 신채호와 관련된 내용들은 이 글을 바탕으로 한 것임을 밝혀둔다.

생각은 중요한 의미를 갖는다. 왜냐하면 계급에 대한 계서적(階序的)이고 엘리트주의적인 시각이 문학의 근대성에 대한 이광수의 구상에서 중핵을 이루기 때문이다. 이 점에서도 이광수와 신채호는 뚜렷하게 상반되거니와 신채호와의 비교를 통해 이광수의 사회사상과 문학론을 살펴보려는 것도 그런 연유에서이다.

## 2. 자율적 개인과 '정'

문학의 독자성에 대한 이광수의 사유는 지와 정과 의를 정신을 구성하는 독립적 세 영역으로 나누고, 그 가운데 정을 문학의 정신적 바탕으로 설정하면서 시작된다. 이광수가 지·정·의에 대한 분화의식을 처음으로 보여주는 글은 「금일 아한(我韓) 청년과 정육(情育)」이다. 이 글에서 이광수는 인간을 '정적 동물'로 규정하면서, 정의 자유로운 활동을 가로막는 사회·국가·법률·도덕의 억압성을 강력하게 비판한다. 이광수에 따르면, 정은 "제 의무의 원동력이며 각 활동의 근거지"이다. 요컨대 정이야말로 충이나 효 또는 애를 '자동적으로' 행하게 해주는 진정한 기반이라는 것이다.[3] 「문학의 가치」에 오면 이광수는 정을 문학의 독자적 원리로 설명한다. 이광수는 문학을 "정적 분자를 포함한 문장"이라고 정의하면서, 문학은 "본래 '일반 학문'이러니, 인지(人智)가 점진하여 학문이 점점 복잡히 되매, '문학'도 차차 독립이 되어 기 의의가 명료히 되"었다고 말한다. 말하자면 문학의 독립은 인지의 진보의 결과인데, 이때 문학의 독립에서 핵심적인 것이 바로 정의 독립이라는 것이

---

3) 이광수, 「금일 아한 청년과 정육」, 『대한흥학보』, 1910.2, 18~19면.

다. 이 글에서 특징적인 것은 문학을 '정적 만족', 즉 유희에만 국한시키지 않았다는 점이다. 이광수는 "원래 문학은 다만 정적 만족, 즉 유희로 생겨났으며 또 다년간 그렇게 알아왔으나, 점점 차가 진보 발전함에 따라 이성이 첨가하여 오인의 사상과 이상을 지배하는 주권자가 되며, 인생문제 해결의 담임자가" 되었다고 주장하는데, 그 연장선상에서 구문학을 '유희적 문학'으로 혹독하게 비판하기도 한다.[4] 그런 점에서 근대문학의 과제는 '인생문제 해결', 곧 계몽성에 있다고 이광수는 보았다.

이러한 생각은 「금일 아한 청년과 정육」의 논지와도 부합한다. 이 글에서도 이광수는 애국이나 충효 같은 것들을 부정한 것이 아니라 의무감에 의하지 않은 자발성을 강조한 것이기 때문이다. 다만 자발성의 원천이 정이므로 정육이 중요하다고 말했던 것이다. 그렇게 보면 「문학의 가치」에서 제시한 '인생문제 해결' 또한 정의 자연스러운 발로로서의 국가에 대한 충성이나 인류에 대한 사랑 등과 비슷한 의미라 할 수 있을 것이다. 그런데 근대문학에 관한 이광수의 구상은 「문학이란 하오」로 오면 완전히 뒤바뀐다. 이러한 변화는 문학을 자율적 개인의 자기표현으로 보는 인식이 명료해진 것과 깊이 관련되어 있다. 이와 같은 인식은 「문학의 가치」까지만 해도 없었거나 불분명했던 것이 사실이다. 그러나 「문학이란 하오」에서는 이에 대한 분명한 자의식을 보여준다.

① 고석(古昔)에서는 하국(何國)에서나 정을 천히 여기고 이지만 중히 여겼나니, 차는 아직 인류에게 개성의 인식이 명료치 아니 하였음이다.[5](강조는 인용자)

② 문학은 정의 만족을 목적 삼는다 하였다. 정의 만족은, 즉 흥미니, 오인(吾人)에게 최(最)히 심대한 흥미를 여(與)하는 자는, 즉 오인 자신에 관한 사(事)이라.[6](강조는 인용자)

---

4) 이광수, 「문학의 가치」, 『대한흥학보』, 1910.3, 17면.
5) 이광수, 「문학이란 하오」, 『매일신보』, 1916.11.11.

①은 개성에 대한 인식이 생기면서 정이 독립적 지위를 갖게 되었다고 말하고 있고, ②는 문학의 목적인 '정의 만족'이 '자기 자신'과 밀접히 관련되어 있다는 의미를 담고 있다. 요컨대 정이라든가 자기 자신 그리고 개성에 대한 새로운 인식이 근대문학을 탄생시키는 데 결정적인 역할을 했다는 것이다. 이는 결국 정의 만족을 목적으로 하는 문학이 자율적 개인과 본질적 연관관계를 이루고 있음을 지적한 것이라 할 수 있다. 이광수는 "일찌기 지와 의의 노예에 불과하던 자(정─인용자)가 지와 대등한 권력을 득하여" "독립한 지위"를 갖게 되었다고 강조한다. 이광수가 정의 독립성을 누차 강조하는 것은 그것이 문학의 자율성을 가능케 해주는 이론적 근거이기 때문이다. 다시 말해 지·정·의를 삼분하고 그로부터 과학, 예술, 도덕을 삼분하는 정신의 근대적 분화를 바탕으로 문학의 자율성이 정립되는 것이다.

그에 따른 가장 중요한 변화는 계몽성이 '부산적 실효'로 격하된 점이다. 「문학의 가치」에서는 근대문학의 본질적 과제로 평가되었던 계몽성이 「문학이란 하오」에서는 '정의 만족'에서 파생된 '부산적 실효'로 부차화된다. 이광수에 따르면, "문학은 비록 도덕을 고취하려는 의사는 무(無)하되, 자연히 일종 심대한 교훈을 주는 자라, 문학을 독하여 쾌락을 향(享)하는 중 부지불식간에 품성을 도야하고 지능을 계발하게 되는 것"[7]이다. 요컨대 문학이 의도했던 바는 아니지만, 결과적으로 그렇게 된다는 것이다. 칸트가 미와 선의 유비적 관계를 논한 대목을 연상시키는 이 발언은 1910년대 이광수의 문학론을 이해하는 데 있어 핵심적이다. 문학과 비문학, 문학과 사회, 문학과 계몽의 관계를 이광수가 어떻게 생각하고 있는지를 극명하게 드러내 보여주기 때문이다. 먼저 이광수는 양자를 철저히 구분한다. 이러한 구분은 문학의 자율성을 확보하기 위해서인데, 문제는 그 경계가 만리장성처럼 확고부동하다는 것이

---

6) 위의 글, 1916.11.11.
7) 위의 글, 1916.11.15.

다. 따라서 양자의 넘나듦은 이광수의 사유체계 속에서는 불가능한 일이다. 양자가 넘나드는 순간 문학의 자율성은 훼손되기 때문이다. 그래서 문학에는 "도덕을 고취할 의사는 무하"다고 강조하는 것이고, 계몽성을 '부산적 실효'로 분명하게 제한하는 것이다. 이처럼 계몽성이 문학과 분리되면 남는 것은 '정의 만족'이라는 목적뿐이다. 그렇다면 이제 문학과 계몽성의 관계는 파생적이고 우연적인, 곧 외적인 것이 된다. 계몽성의 위치가 문학의 바깥이라는 것은 문학이 자족적이고 자기 목적적인 존재라는 말에 다름 아니다.[8] 달리 말하면, 계몽이 문학에 개입하는 순간 문학의 자율성은 무너진다는 것이다. 이는 문학의 자율성에 대한 지극히 자유주의적인 관점이라 할 수 있다. 문학과 비(非)문학 사이에 삼엄한 경계선을 긋고 있다는 점에서 그러하다.

문학의 자율성에 대한 이광수의 강조는 천재론에서 정점에 이른다. 이광수는 문학자는 천재여야 한다고 단언한다. 왜냐하면 "하사(何事)에나 재질이 필요하되, 노력으로 차를 보할 수 있거니와, 문학예술에 지(至)하여는 특수한 천재를 요하는 것이요, 수련으로 도달하기 불가능하"[9]기 때문이다. 다른 분야에서는 재질이 부족해도 노력으로 재질의 부족을 보완할 수 있지만, 문학에서는 그것이 불가능하므로 '특수한 천재'를 지닌 사람만이 문학자가 될 수 있다는 이 발언은 문학예술에 특권을 부여하는 논리이다. 그것이 특권인 것은 천재론이 문학과 비문학의 차이에 근거한 것이 아니라 문학이 비문학보다 우월하다는 '차별'에 근거한 사고방식이기 때문이다. 그래서 유독 문학에'만' 천재가 필요한 것이다. 천재론 역시 전형적인 자유주의적 발상이라 할 수 있다. 20세기의 대표적인 자유주의 철학자인 카시러가 '미의 진정한 자율성과 상상

---

8) 이와 관련하여 이광수가 『무정』을 "조선문학에서 교훈적이라는 구투(舊套)를 완전히 탈각한 소설"이라고 자평(自評)한 대목은 흥미롭다. 『무정』이 실제로 그러하냐와는 별개로 이 구절에서 우리는 문학의 탈계몽적 자족성과 자기 목적성에 대한 이광수의 완강한 자의식을 재확인할 수 있다. 이광수, 「현상소설고선여언」, 『청춘』, 1918.3, 99면.
9) 이광수, 「문학이란 하오」, 『매일신보』, 1916.11.19.

력의 자족성'을 최초로 규명한 미학자로 꼽은 새프츠베리에 따르면, 천재란 진리를 "자신 속에 지니고 있으며, 따라서 천재는 자기 자신에 충실하면 언제나 이것들을 다시 만나게 된다." 개인의 자기표현이 진리와 만날 수 있는 것도 바로 자기 자신 속에 진리를 담지하고 있는 예술적 천재의 존재 때문이다.10)

이광수가 천재론을 근거로 문학에 특권적 지위를 부여한 까닭은 문학이 자율적 개인을 키우는 데 가장 적합한 매체라고 여겼기 때문이다. 이광수는 「부활의 서광」에서 "'나는 내다'하는 생각과 '내가 이렇게 생각하니까 이렇게 행한다'하는 자각이 없으면 그 사회에는 번민이나 갈등도 없는 대신에 진보도 향상도 없을 것"11)이라고 주장한다. 이 발언은 자율적 개인에 대한 이광수의 신념을 그야말로 명징하게 보여준다. '나는 내다', '나는 이렇게 생각하니까 이렇게 행한다'란 말은 개인의 자기준거성을 뜻하며, 이처럼 '나'가 자신의 모든 판단과 행동의 준거가 되는 개인이 바로 자율적 개인이다.12) 따라서 이광수는 자기 자신을 판단과 행동의 준거로 삼는 자율적 개인들만이 사회의 진보를 가능하게 해준다고 말하고 있는 셈이다. 이광수가 정의 독자성과 정육의 중요성을 강조한 것도 그 연장선상에 놓여 있다. 이광수는 자율적 개인의 핵심 자질인 개성, 자기, 나, 자발성 같은 것들이 모두 정과 직결되어 있다고 생각했다. 그러므로 자율적 개인을 키우려면 정을 가르치는 일, 곧 정육이 가장 효과적인 방법이 되며, 당연히 '정의 만족'을 목적으로 하는 문학이야말로 자율적 개인을 키우는 최상의 매체가 되는 것이다.

---

10) 이에 대한 좀더 자세한 설명으로는 하정일, 「복수의 근대와 민족문학」, 『탈식민의 미학』, 소명출판, 2002, 106~108면 참조.

11) 이광수, 「부활의 서광」, 『청춘』, 1918.3, 29면.

12) 이글턴에 따르면, "내가 '무엇'을 선택했는가보다는 '내가' 그것을 선택했다는 사실이 더 중요하다"고 생각하는 사상이 자유주의이며, 이때의 '스스로 선택하는 자로서의 나'가 바로 자율적 개인이다. 그런 점에서 '나는 내다'라는 이광수의 발언은 자유주의와 자율적 개인의 정수를 짚은 것이라 할 수 있다. T. 이글턴, 김준환 역, 『포스트모더니즘의 환상』, 실천문학사, 2000, 161면.

이러한 이광수의 문학적 근대기획은 신채호의 그것과 선명하게 대비된다. 신채호 역시 이광수와 마찬가지로 지·정·의의 세 영역을 나누어 정의 독자성과 정육의 중요성을 강조했다. 그런 점에서 이광수와 신채호는 문학이 정이라는 독자적 영역에 속한다는 생각을 공유하고 있다. 그러나 문학과 계몽성의 관계라든가 정육의 목적, 그리고 문학의 자율성에 대한 이해 등에서 이광수와 신채호는 뚜렷한 견해차를 보여준다. 이광수가 계몽성을 문학 외적인 것 혹은 '부산적 실효'로 규정한 데 반해 신채호는 계몽성을 문학의 내적 본질로 이해한다. 신채호에게 문학이란 사회적 실천의 능동적 주체 가운데 하나를 의미하기 때문이다. 당연히 사회적 실천으로서의 계몽은 문학의 내적 본질의 자연스러운 발현이 된다. 따라서 문학의 자율성은 문학과 계몽 혹은 문학과 정치 사이에 경계선을 긋는 것에 의해서가 아니라 계몽이나 정치에 대한 문학의 '능동적 개입'을 통해 실현된다. 요컨대 신채호는 문학의 자율성의 요체를 자족성이나 자기 목적성이 아닌, 능동성 혹은 주체성으로 이해한 것이다. 같은 맥락에서 정육의 목적 또한 이광수와는 달리 '정신적 국가', 곧 민족 만들기가 된다. 신채호가 민족 만들기를 정육의 목적으로 삼은 것은 피식민이라는 당시의 역사적 상황에서 민족이 개인보다 전략적으로 선차적인 가치를 갖는다고 생각했기 때문이다.[13)]

이광수와 신채호의 이러한 차이는 1910년대부터 본격화되는 부르주아 민족주의의 분화—문화적 민족주의와 저항적 민족주의로의 분화—를 반영한다. 그렇다면 이광수의 문학론은 문화적 민족주의와 어떻게 연결되어 있는 것일까. 이 문제를 규명하기 위해서는 먼저 이광수의 정신적 문명론을 살펴볼 필요가 있다.

---

13) 신채호의 문학적 근대기획에 대한 자세한 설명으로는 하정일, 「급진적 근대기획과 예술의 정치화」, 『탈식민의 미학』, 소명출판, 2008, 170~175면 참조.

## 3. 정신적 문명론과 근대주의

이광수의 지／과학, 정／예술, 의／도덕 삼분론은 준비론 사상과 밀접히 연결되어 있다. 준비론이란 한마디로 조선의 독립은 현재로서는 어려운 일이므로 민족의 역량을 쌓으면서 장래를 준비하자는 사상이다.[14] 준비론에 대한 시시비비는 다음으로 미루고, 여기서 주목할 것은 준비론의 이론적 근거이다. 다시 말해 준비론을 정당화해주는 이론적 바탕이 무엇이냐는 문제이다.

이와 관련하여 이광수의 문명론에 주목할 필요가 있다. 이광수는 「교육가 제씨(諸氏)에게」에서 "대개 동물 중에는 각개 생활을 하는 자와 사회생활을 하는 자의 이종이 유하니, (…중략…) 인류의 사회적 생활은 최히 발달되어 거의 일 사회가 일개 유기조직체를 성하여 제이차적 생활의 단위를 작하게 되니"[15]라고 하여 사회 유기체론을 적극 수용한다. 사회를 하나의 유기적 생명체로 보는 것은 계몽기 지식인들의 일반적 경향이었지만, 이광수에게 특징적인 것은 그 사회의 바탕으로 문명, 그 가운데서도 정신적 문명을 강조한 점이다.[16] 이광수에게 문명이란 '박물학·물리·화학·수학·천문·지리·철학·문학'이라든가 '의·공·농·상'과 같은 모든 물질적·정신적 활동의 총화를 의미한다.

여기서 흥미로운 것은 두 가지이다. 첫 번째는 이광수가 문명을 '분과의 집적'[17]으로 인식하고 있다는 사실이다. 말하자면 이광수는 인간의 정신적·물질적 활동을 다양한 분과들로 나누고 그것들의 합이 문

---

14) 1910년대 이광수의 준비론 사상에 대한 전반적 설명으로는 김윤식, 『이광수와 그의 시대 2』, 한길사, 1986, 504~526면 참조.

15) 이광수, 「교육가 제씨에게」, 『이광수전집』 10, 우신사, 1979, 53면.

16) 정신적 문명에 대한 이광수의 생각과 관련한 자세한 설명으로는 김현주, 「이광수의 문화 이념 연구」, 연세대 박사논문, 2002, 64~92면 참조.

17) 이광수, 「교육가 제씨에게」, 『이광수전집』 10, 우신사, 1979, 50면.

명이라고 본 것이다. 이러한 분과주의적 문명의식은 지극히 자유주의적인 것이다. 그것은 분화의식에 기대고 있다는 점에서 근대적이지만, 문명을 분과들의 단순한 총합으로 본다는 점에서는 자유주의적이다. 자유주의 고전경제학의 분업론이 그러하듯, 이러한 분과주의적 문명론은 각각의 분과가 독립적으로 발전하면 그것의 총합으로서의 문명이나 사회도 자연적으로 발전한다고 가정한다. 분과체제의 정당성은 이러한 가정에 바탕한 것이다. 문학의 자율성에 대한 구상 또한 같은 가정에 의거하고 있다. 따라서 문학의 자율성은 사회발전의 기반이 된다. 문학도 문명의 한 분과로서 전체의 발전에 동참하도록 '예정'되어 있기 때문이다. 문학이 문학'만'의 목적에 충실하기만 하면 되는 것은 그래서이다.

　두 번째는 이광수 특유의 문학의 특권화가 정신적 문명, 곧 문화에 대한 중시에서 비롯된 것이라는 점이다. 이광수는 정치와 문화를 "불가득겸(不可得兼)할 경우에는 나는 차라리 문화를 취하려합니다"[18]라고 말한 바 있을 정도로 문화에 특권적 지위를 부여했다. 문화의 중시는 한편으로는 정치나 경제에서는 두각을 나타내기 힘들다는 판단 때문이고, 다른 한편으로는 "병합 이래로 만반 문물제도가 대개 신문명에 의거"[19]하고 있다는 인식 때문이다. 전자의 판단은 한일합방과 직결되어 있다. 이광수는 「우리의 이상」에서 "비록 단기간이나마, 또 극히 불확실하게 추상적으로나마 독립이라든지 부국강병이라든지를 이상으로 한 때는 있으되 경술 8월에 일한합병이 실행된 뒤로는 거의 몰이상의 지경에 빠졌다"[20]고 진단한다. 요컨대 한일합방으로 말미암아 정치적·경제적 이상을 잃어버리게 되었다는 것이다. 따라서 이를 대신할 '민족적 이상'이 필요한데, 그것이 바로 '신문화의 산출'이라고 이광수는 주장한다. 이광수에게 한일합방은 정치적·경제적 가능성의 상실로 받아들여진다. 그

---

18) 이광수, 「우리의 이상」, 『학지광』 1917.12, 1면.
19) 이광수, 「문학이란 하오」, 『매일신보』, 1916.11.15.
20) 이광수, 앞의 책, 8면.

런 점에서 문화는 이제 '민족적 이상'을 펼칠 수 있는 마지막 가능성이 된다. 그렇다면 문화의 특권화는 부르주아 민족주의가 느낀 좌절감을 무의식적 기저로 삼고 있는 셈이다. 후자는 한일합방을 바라보는 부르주아 민족주의의 이중적 시각을 보여준다. 말하자면 부르주아 민족주의에게 한일합방은 좌절이자 새로운 가능성이다. 후자는 그 중 새로운 가능성에 주목한 발언이라고 할 수 있다. 새로운 가능성이란 무엇인가. 그것은 바로 신문명에 의거한 문물제도의 근대화이다. 한일합방이 전(前) 근대적 제도와 문명을 일소하고 근대적 제도와 문명을 가져다주었다는 말이다. 그러므로 문화만 근대화시키면 조선사회의 근대화는 완성되는 셈이다. 문화의 개척에 전념해야 하는 것은 그래서이다. 그런 점에서 문화의 특권화는 한일합방에 대한 부르주아 민족주의의 이중적 시각이 중첩 혹은 착종되면서 나온 구상이라 할 수 있다.

문화의 특권화가 문화적 민족주의와 관련되는 것은 그것이 정신을 특권적 영역으로 설정함으로써 민족적 정체성을 지키려는 의도를 담고 있기 때문이다. 피식민국의 민족주의는 종종 정신 또는 문화의 특권화를 통해 민족의 독자성을 보존하려 하는데, 그것은 '정신적 주권 영역'의 건설을 통해 정치와 경제의 식민화에 맞서려는 저항적 반작용이라 할 수 있다. 이광수의 문학론에도 그러한 의도가 없지 않다. 문학에서 새로운 '민족적 이상'을 찾으려 한다는 점에서 그러하다. 다만 이광수의 경우는 "병합 이래로 만반 문물제도가 대개 신문명에 의거"하고 있다고 생각한다는 점에서 문제적이다. 이는 이광수가 정치적·경제적·제도적 식민화를 근대화라는 측면에서 '긍정적으로' 보고 있음을 뜻하기 때문이다. 따라서 이광수의 경우에는 문화의 특권화가 탈식민적 저항성을 함유하고 있다고 보기 어려운 것이 사실이다. 민족적 정체성을 지키려함에도 불구하고 탈식민적 저항성은 결여되어 있는 모순은 이광수가 민족주의자라기보다는 근대주의자라는 점과 밀접히 연동되어 있다. 이광수는 조선 문제의 핵심을 제도는 근대적인데 문화는 전근대적이라는 데서 찾았다. 따라서 문화를 근대화시키는 것이 시급하며, 문학의 사명 또한 거기에 있다고 이광수는 판단한 것이다.

물론 1910년대의 이광수를 '친일파'로 규정하는 것은 적절하지 않다. 그런 식으로는 2·8독립선언문의 작성이라든가 임정활동을 설명할 수 없다. 그보다는 민족주의자이자 근대주의자로서의 양면성이란 측면에서 바라보는 것이 좀더 설득력이 있다. 문화의 특권화는 근대주의자로서의 이광수의 반영이라 할 수 있다. 그가 "조선문학은 오직 장래가 유(有)할 뿐이요, 과거는 무(無)하다"고 하면서 서구문학에서 근대문학의 모범을 구한 것도 그 연장선상에 놓여 있다. 이광수에 따르면, 근대문학이란 "문예부흥이라는 인류정신의 대변동이 유(有)한 이래로, 정에게 독립한 지위를 여(與)"한 문학을 가리킨다. 따라서 근대문학은 당연히 서구문학을 모범으로 할 수밖에 없는 것이다. 이처럼 근대성에 우선권을 부여하고 있다는 점에서 이광수는 민족주의자이기 이전에 근대주의자이다.

중요한 것은, 적어도 문학에 관한 한, 근대주의자로서의 이광수가 민족주의자로서의 이광수를 제압하고 있다는 사실이다. 이광수는 "정신적 문명을 전하는 데 최(最)히 유력한 자는, 즉 기 민족의 문학이니, 문학이 무(無)한 민족은 (…중략…) 야만 미개를 불면하나니라"고 말하면서 "타 민족에 구치 못할 조선민족 특유의 정신문명"[21]을 요구한다. 그러나 일견 민족주의 기획으로 들리는 이 발언은 "신문명 중 전신을 목욕하고 자유롭게 된 정신으로 신정신적 문명의 창작에 착수"하자는 요구 앞에서 무력화된다. 이 발언의 요지는 '조선민족 특유의 정신문명'이 서구 근대를 내용으로 삼아야 한다는 것이기 때문이다. 말하자면 서구 근대가 조선 민족이 추구해야 할 정신적 문명의 실제 내용인 것이다. 이렇게 되면, '조선민족 특유의 정신문명'은 조선문과 조선인 밖에는 남지 않게 된다. 실제로 이광수는 조선문학을 "조선인이 조선문으로 작한 문학"이라고

---

21) 이광수, 「문학이란 하오」, 『매일신보』, 1916.11.17.

정의한다. 여기서 우리는 민족과 관련된 어떠한 '내용'도 발견할 수 없거니와 그렇다면 민족은 사실상 '공허한 형식'에 불과한 것이 된다. 이를 통해 우리는 자율적 개인—정—문학이라는 자유주의적 구상이 갖는 근대주의적 한계를 어렵지 않게 확인할 수 있다.

결국 '정적 분자를 포함한 문자'로서의 문학이라는 명제는 이광수의 근대주의의 소산이라 할 수 있다. 그것은 무엇보다 자율적 개인과 문학의 본질적 연관을 강조하는 데서 극명하게 드러난다. 신채호가 주체로 내세운 '민족'이 저항적 민족주의와 관련되어 있다면, 이광수의 '자율적 개인'은 근대적 자유주의에 직결되어 있다. 1910년대에 국한해서 말하건대, 이광수는 한 번도 민족을 주체로 본 적이 없다. 그에게 민족이란 조선인이라는 이름의 개인들의 총합일 뿐이다. 그런 점에서 이광수의 민족은 종족적 기원만을 갖고 있을 뿐 '근대적 민족'과는 별 관계가 없다. 종족적 기원만을 공통점으로 하고 있기에 민족은 아무런 매개 없이도 개인으로 단자화되며, 단자화된 개인의 다른 이름이 바로 '자율적 개인'인 셈이다. 그렇게 보면, 이광수의 문학기획은 '자율적 개인 만들기'로 집약된다고 할 수 있다. 지·정·의 삼분법은 바로 그러한 맥락에서 제출된 것이다.

이광수의 정신적 문명론 역시 신채호와 여러모로 대비된다. 신채호도 이광수와 비슷하게 '정신적 국가'를 강조했지만, 그 구체적 함의는 전혀 달랐다. 신채호는 정신적 국가, 즉 독립과 자유의 정신만 살아 있으면 영토와 주권으로 상징되는 형식적 국가는 언제든지 되살릴 수 있다고 보았다. 이때 신채호가 주목한 것이 바로 국수(國粹)이다. 풍속이나 법률이나 제도의 정신 가운데 '선하고 미한 것'을 뜻하는 국수를 보전하면, 민족의 정신과 애국심, 곧 정신적 국가를 세울 수 있다고 신채호는 주장했다. 물론 이때의 국수란 외국의 것을 무조건 거부하자는 의미가 아니다. 신채호는 외국 문명의 수입은 불가피하다고 진단한다. 문제가 되는 것은 우리의 전통 가운데서 '선하고 미한 것'마저 부정하는 사대주의이다. 사대주의는 선악과 미추를 불문한 '일체 파괴'로 귀결되고, 그것은 민족정신과 애국심을 말살하기 때문이다. 요컨대 사대주의는 정신적 국가, 곧 민족을 무너뜨린다는 것이다. 따라서 국수 보전론이란 민족적 전통이나 제도라면 무조건 지키자는 수구적 논리가 아니라 '선하고 미한' 것을 선별해 그것을 보존하고 발전시키자는 주장이라 할 수 있다. 이러한 의미에서의 국수를 지킬 때 아(我)에 대한 존중과 애정이 생긴다는 점에서 신채호는 국수를 민족 만들기의 정신적 · 문화적 원리로 설정한다.[22)]

이처럼 신채호에게 민족은 다른 가치들에 앞서는 선차적 가치이다. 이광수가 민족을 일종의 형식으로 부차화시키고 있는 것과 비교하면 극명한 차이라 할 수 있다. 이는 근본적으로 근대적 주체에 대한 견해 차가 낳은 결과라 할 수 있다. 이광수는 자율적 개인을 근대적 주체의 요체로 생각했다. 민족이 일종의 형식으로 규정된 것은 그래서이다. 그에 비해 신채호는 민족에게 선차적 가치를 부여한다. 신채호의 이러한 판단은 피식민 주민에게는 민족이 개인보다 좀더 중요한 전략적 가치를 갖는다는 정세인식에서 비롯된 것이다. 「꿈하늘」에서 꽃송이의 입을 빌려 말하고 있듯이, "내란 범위는 시대에 따라 줄고 느나니, 가족주의 시대에는 가족이 '내'요, 국가주의 시대에는 국가가 '내'"[23)]이기 때문이다. 이광수에게 자율적 개인은 시대와 지역을 초월한 절대적 가치였다. 당연히 자율적 개인-정-문학의 체계에서 민족은 부차화될 수밖에 없었다. 반면에 신채호는 민족을 근대적 주체의 중심에 놓았다. 가치론적으로는 개인과 민족이 동등하지만, 제국주의 시대의 피식민 지역이라는 역사적 · 지정학적 특수성 때문에 전략적으로 민족이라는 근대적 주체가 선차적 중요성을 갖는다고 본 것이다. 신채호가 근대주의의 늪

---

22) 하정일, 「급진적 근대기획과 예술의 정치화」, 『탈식민의 미학』, 소명출판, 2008, 170~172면.
23) 신채호, 「꿈하늘」, 『신채호문학 유고 선집』(김병민 편), 한국문화사, 1995, 27면.

에 빠지지 않으면서 저항적 민족주의를 견지할 수 있었던 것도 이러한 역사의식 덕분이었다고 할 수 있다.

그렇다면 이광수의 정신적 문명론은 문화적 민족주의와는 아무런 상관도 없는 것인가. 그렇지 않다. 이광수는 자율적 개인의 형성을 통해 정신적 문명을 만들어내면 자동적으로 민족 혹은 민족문화가 창출될 것이라고 여겼다. 어떻게 그것이 가능한가. 이 문제가 다음 절에서 다룰 주제이다.

## 4. 천재론과 민중 동원의 수단으로서의 소통

이광수의 문화적 민족주의는 문화에서 새로운 '민족적 이상'을 찾자는 주장으로 압축된다. 그러나 앞에서 살펴보았듯이 이광수는 문화 혹은 문학의 목적을 '자율적 개인 만들기'로 잡고 있기 때문에 민족은 부차화되거나 형식화된다. 그런 점에서 이광수의 민족은 종족적 기원만을 공유하는 개인들의 총합에 불과할 뿐이다. 말하자면 민족 없는 민족주의라는 곤혹스러운 딜레마에 처해 있는 셈이다. 이광수는 이러한 딜레마를 천재론을 통해 해소한다. 이광수가 문학을 천재들만이 할 수 있는 것이라고 말했음은 앞에서 언급한 바 있다. 문학의 특권화 역시 이 천재론에 기반하고 있다. 천재들만이 할 수 있는 문학이 범재들도 할 수 있는 비(非)문학에 비해 우월한 정신활동이 되는 것은 당연한 일이다. 그러나 문학에만 천재가 필요한 것은 아니다. 이광수는 모든 방면에서 천재가 나와야 조선의 문명이 발전할 수 있다고 말한다. 「천재야! 천재야!」에서 이광수는 다음과 같이 주장한다.

적어도 당장 천재가 열 명은 나야 되겠소. 시급히 열 명은 나야 되겠소. 경제적 천재, 종교적 천재, 과학적 천재, 교육적 천재, 문학적 천재, 예술적 천재, 철학적 천재, 공업적 천재, 상업적 천재, 정치적 천재 …… 이 열 명은 시급히 나야 되겠소. 묻노니, 누구누구가 그 후보자인가요?

이 열 명이 나면 조선 신문명의 어리가리는 되겠고, 그 뒤에는 그네들이 또 새끼를 칠 터이니 아무 염려가 없을 것이요. 마는 십년 안으로 이 열 명이 나오지 아니하면 우리는 아주 말이 아닐 것이외다. 다시 나는 소리를 높여, '천재야! 천재야!' 하고 부릅니다.[24]

여기서 이광수는 열 명의 천재만 있으면 조선에 신문명의 기초를 닦을 수 있다고 말한다. 요컨대 '탁월한 소수'가 문명과 사회를 이끌 수 있다는 말인데, 이러한 이광수의 생각은 1910년대의 여러 글들에서 산견(散見)된다. 가령 「우리의 이상」에서는 "1인도 좋고 3, 4인도 좋고 10여 인이 넘어가면 더욱 좋으나 소수의 총명한 사람이 자각하기만 하면 되는 것"이라거나 "천재를 가진 개인을 극력 보호하고 찬양하는" '민족적 노력'이 시급하다고 제안하는데, 이 '탁월한 소수'가 바로 '민족적 이상'을 실현시켜 줄 주체이기 때문이다.[25] 말하자면 이광수는 천재로 표상되는 '탁월한 소수'만 있으면 민족문화의 창달이 가능하다고 자신하고 있는 셈이다. 이와 관련하여 같은 글의 말미에서 이광수가 자신의 글을 읽을 대상을 "현금 조선의 지식계급의 여러분과 특별히 학문이나 교육에 뜻을 두는 여러분"[26]으로 한정한 것은 의미심장하다. 이는 이광수가 상정하고 있는 잠재 독자가 지식 엘리트라는 사실을 암시한다. 굳

---

24) 이광수, 「천재야! 천재야!」, 『학지광』, 1917.4, 11~12면.

25) 이광수의 엘리트주의는 문학적 걸작을 설명할 때에도 여지없이 표출된다. 「문학이란 하오」에서 이광수는 연애를 그릴 때에도 "상류사회, 상류사회 중에도 유교육자, 유교육자 중에도 재모 유한자", 즉 '상류사회의 재모를 겸비한 엘리트들'의 연애를 다루어야 문학적 걸작이 될 수 있다고 말한다. 이쯤되면 '탁월한 소수'에 대한 이광수의 애정은 거의 집착 수준이라 할 만하다.

26) 이광수, 「우리의 이상」, 『학지광』, 1917.12, 8면.

이 이러한 토를 달지 않더라도 이광수의 글을 읽을 실제 독자는 사회 엘리트들이다. 따라서 토를 달면서까지 독자의 범위를 명시한 것은 사회 엘리트만을 역사와 문명의 주체로 여기는 이광수의 무의식의 반영이라 할 수 있다.

소통의 대상을 사회 엘리트로 한정하고 있다는 것은 달리 얘기하면 일반 민중들은 소통의 대상에서 배제되어 있다는 의미이다. 이는 이광수와 민중 사이에 계급적 단절이 가로놓여 있음을 말해준다. 이광수에게 민중은 소통의 대상이 아닌 것이다. 문학적 전(全)생애에 걸쳐 이광수에게 민중은 언제나 계몽의 대상일 뿐이었다. 1910년대에도 마찬가지다. 소통은 쌍방간의 대등한 관계를 전제한다. 그러나 계몽의 대상에 불과한 민중이 이광수와 대등한 관계를 맺는 것은 불가능하다. 그러니 참다운 소통이 이루어질 수 없는 것이다. 소통의 대상이 사회 엘리트로만 한정되고 민중은 배제되어 있다는 것은 이광수가 생각하는 민족의 주체가 사회 엘리트들임을 뜻한다. 그러므로 이광수의 민족은 사회 엘리트들의 결사, 곧 부르주아 결사가 된다.[27] 자율적 개인들의 총합이 민족일 수 있는 비밀이 여기에 있다. 엄밀히 말하면, 개인들의 결사가 민족이 되는 것은 불가능한 일이다. 그 개인들이 무엇보다 계급적으로 분할되어 있기 때문이다. 요컨대 사회적 개인들의 계급적 이질성 때문에 민족으로의 동일화가 진행되기 힘들다는 것이다. 하지만 이광수가 말하는 자율적 개인이 사회 엘리트를 뜻하는 것이라면 민족으로의 동일화는 가능해진다. 이들은 계급적으로 동질적 집단이기 때문이다. 그런 점에서 이광수가 사회 엘리트들을 소통의 대상으로 호명하는 것은 결국 부르주아 결사로서의 민족을 도모하는 일이 된다. 반면에 소통의 대상에

---

27) 시에예스는 프랑스 대혁명기에 '제3신분은 완벽한 하나의 민족'이라는 명제를 제시함으로써 부르주아 결사로서의 민족을 선언한 바 있다(E. J. 시에예스, 박인수 역, 『제3신분이란 무엇인가』, 책세상, 2003, 22~24면). 이와 관련하여 푸코는 부르주아계급이 스스로를 보편계급으로 정립하기 위해 민족을 창출했다고 설명한다. M. 푸코, 박정자 역, 『사회를 보호해야 한다』, 동문선, 1998, 252~258면.

서 배제된 민중은 이광수에게 동원의 대상으로서만 의미를 가질 뿐이다. 민족은 '형식적으로는' 사회 구성원 전체의 참여로 구성된다. 따라서 '형식적으로는' 민중 역시 민족의 한 부분인 것이다. '형식적으로는' 참여시키고 '내용적으로는' 배제하는 것, 이것이 곧 동원이다. 그렇게 보면, 이광수의 문화적 민족주의는 사회 엘리트들의 참여와 민중의 동원이라는 이중 전략에 기반하고 있는 셈이다.

「농촌계발」은 엘리트와 민중의 관계에 대한 이광수의 이러한 시각을 극명하게 보여준다. 「농촌계발」은 논설과 서사가 중첩되어 있는 독특한 형식의 글이다.28) 그 가운데 서사 부분의 주인공을 맡고 있는 인물이 김일인데, 그는 동경 유학생으로 지방재판소의 판사로 일하다 "분연히 조선 문명의 근본이 농촌계발에 있음을 깨닫고 단연히 직을 사(辭)하고 고향에 돌아"온 지식 엘리트이다. 김일은 마을 청년들을 규합해 동회(洞會)를 조직하고 월례회에서 농촌의 발전을 위한 다양한 강연과 계몽 활동을 벌이며 신문회(新聞會)를 만들어 세계정세와 문명국들의 선진적 삶을 소개한다. 결말부에서 이광수는 "김촌(金村)에는 선지자가 났소. 회장이 그요. 또 농촌은 그 선지자를 받았소. 선지자의 가르침을 좇았소. 김촌인(金村人)의 뇌수에는 선지자의 고취하는 신사상이 침윤되었고 생장하오"라고 말하며 그의 노력 덕분에 마을에 '왕운(旺運)'이 돌아오고 중흥하게 되어 앞으로 "김촌은 과연 부(富)하고 귀하게 될 것"29)이라고 단언한다. 여기서 주목할 것이 김일과 고향사람들의 관계이다. 이들의 관계는 소통적 상호작용이 결여된 그야말로 수직적이고 일방적인 관계로 시종한다. 지식 엘리트인 김일은 '선지자'이고, 농민들은 그의 말과 행동을 일방적으로 추종하는 교도이다. 이광수가 엘리트와 민중의 관계를 선지자와 교도의 관계에 비유하고 있다는 것은 그가 이들을 명령과 복

---

28) 「농촌계발」에 관한 전반적인 설명으로는 김영민, 『한국근대소설사』, 솔출판사, 1997, 419~433면 참조.
29) 이광수, 「농촌계발」, 『이광수전집』 10, 우신사, 1979, 96~97면.

종의 관계로 생각하고 있음을 시사한다. 실제로 「농촌계발」에서 김일은 항상 가르치고 지휘하며, 농민들은 배우고 따를 뿐이다. 말하자면 엘리트는 계몽의 주체이고 민중은 계몽의 대상인 것이다. 반대의 경우는 없으니, 그런 점에서 김일과 마을 주민의 관계는 철저하게 수직적이고 일방적인 관계이다.

사회 엘리트와 민중의 수직적이고 일방적인 관계는 「중추계급과 사회」에서 보다 노골적으로 표명된다.[30] 이 글은 1921년에 발표된 글이지만, 사회 엘리트와 민중의 관계에 대한 이광수의 시각이 가장 직설적이고도 체계적으로 정리되어 있다. 따라서 1910년대 이광수의 사회사상을 일목요연하게 이해할 수 있게 해준다는 점에서 간략하게나마 언급할 필요가 있다. 여기서 이광수는 현대사회의 중추계급이 '식자계급'과 '유산계급', 곧 지식인과 부르주아라고 규정하면서, 이들에게 사회와 국가의 운명이 걸려 있다고 강조한다. 이로써 이광수가 생각한 민족이 부르주아 결사라는 사실이 명확해지며, 그 연장선에서 민중은 그들 가운데 적절한 지도자를 택해 따르기만 하면 되는 것이다. 이광수는 엘리트와 민중의 관계를 이렇게 설명하는 것이 '시대착오의 진부한 설(說)'이라는 비판도 있지만, 그러한 생각이야말로 "명령하는 자와 복종하는 자의 구별조차 무시"한 유치한 논리라고 일축한다. 한마디로 "레닌이 있기에 소비에트지, 레닌이 없으면 소비에트도 없다"는 것이다.[31] 계급에 대한 계서적(階序的)이고 엘리트주의적인 시각을 명징하게 보여주는 문장이

---

30) 「중추계급과 사회」는 자율적 개인-천재-탁월한 소수로 표상되는 1910년대 이광수의 엘리트관을 계승해 그것을 체계화하는 동시에 후일의 「민족적 경륜」이 사회개혁의 핵심 목표로 설정하고 있는 자본주의의 주체가 구체적으로 누구인지를 제시하고 있다. 그런 점에서 이 글은 1910년대의 이광수와 1920년대의 이광수를 연결해주는 일종의 징검다리라 할 수 있다. 이 글을 통해 자율적 개인-천재-탁월한 소수-중추계급-지식인과 부르주아-자본주의로 이어지는 일관되고도 자기 발전적인 선을 확인할 수 있기 때문이다. 1920년대 이광수의 문화적 민족주의에 대한 전반적 설명으로는 M. 로빈슨, 김민환 역, 『일제하 문화적 민족주의』, 나남출판, 1990, 103~125면 및 212~222면 참조.
31) 이광수, 「중추계급과 사회」, 『이광수전집』 10, 우신사, 1979, 108~109면.

아닐 수 없거니와 이를 통해 우리는 민중을 동원의 대상으로만 바라보는 이광수의 입장이 자기 확신에 가득 차 있음을 발견하게 된다.

그에 비해 신채호는 민중을 계몽의 대상인 동시에 계몽의 주체로 상정했다. 신채호는 '부유주졸(婦孺走卒)'과 '우부우부(愚夫愚婦)', 즉 민중이 역사를 만들어가는 주체라고 말한 바 있다. 따라서 신채호에게 민중은 민족을 구성하는 한 주체가 된다. 물론 민중은 민족의 주체가 되기에는 아직 여러모로 부족하다고 신채호는 생각했다. 문학을 통한 정육을 중시한 것은 그래서이다. 말하자면 신채호는 정육, 곧 감수성 교육을 통해 민중을 민족의 주체로 세우려 한 것이다. 신채호가 문학을 '국민의 나침반' 혹은 '국민의 혼'이라고 부른 것도 같은 맥락에서이다. 민중을 민족의 주체로 보는 신채호의 입장은 '루소의 자유평등정신'에 기초한 인민주권론에 바탕하고 있다. "강자도 인, 약자도 인, 빈자도 인, 왕후 장상 영웅 성인도 인, 초부 목동 우부우부도 인이라, 여하히 인류는 인격이 평등이요 인권이 평등이니"[32]라는 발언에서 그 점이 잘 드러난다. 그런 맥락에서 신채호는 인민의 권리는 국가에 의해 주어진 것이 아니라 천부적인 권리, 곧 자연권이라고 보았다. 물론 1910년대까지만 해도 신채호가 말하는 '인민'이 민중보다는 국민에 좀더 가까운 개념인 것은 사실이다. 확고한 민중 인식은 사회주의 사상을 받아들이는 1920년대에 이루어진다 하지만 민중, 곧 우부우부와 부유주졸을 민족을 구성하고 역사를 만드는 한 주체로 인정했다는 것은 적어도 초기부터 신채호가 민중을 계몽의 대상으로서만 아니라 계몽의 주체로 이해했음을 말해준다. 신채호의 저항적 민족주의에도 한계가 있음은 부인할 수 없다. 신채호에게 민족은 민중이 주체적으로 만들어가는 것이라기보다는 민중에게 선험적으로 부여된 어떤 것이라는 점에서 그러하다. 하지만 민중을 민족의 본질적 구성 부분으로 보았기 때문에 신채호의 문학적 근대기

---

32) 신채호, 「20세기 신국민」, 『단재신채호전집』 별집, 형성출판사, 1977, 215면.

획은 이광수와는 전혀 다른 방향으로 나아갈 수 있었다.[33]

　신채호가 민중을 민족의 한 주체로 여겼다는 것은 민중을 소통의 상대방으로 받아들였다는 의미이다. 민중을 자신과 대등한 존재로 인정하고 있기 때문이다. 이 지점에서 신채호와 이광수는 결정적으로 갈라진다. 이광수가 민중을 소통의 대상에서 배제함으로써 부르주아 결사로서의 민족의 동원 대상으로 격하한 데 비해 신채호는 민중을 소통의 한 주체로 존중함으로써 참다운 민족 통합의 가능성을 열었다. 물론 신채호의 저항적 민족주의에서도 계급적 이질성의 문제는 민족적 동질성이라는 명분에 의해 봉합되거나 은폐되어 있다. 민족주의 일반의 한계인 계급적 이질성의 문제에 있어서 신채호 역시 예외일 수는 없었던 셈이다. 하지만 적어도 신채호는 이광수와는 달리 계급적 단절에 따른 소통의 부재 상태를 당연시하지 않았다. 그것은 신채호가 민족을 제국주의와 식민주의에 맞선 저항의 공동체로 생각했기 때문이다. 따라서 신채호는 공동체의 전제 조건인 엘리트와 민중의 연대를 적극 모색했고, 그 과정에서 민중을 민족의 주체로 인정하는 데까지 나아갈 수 있었던 것이다. 반면에 이광수는 민족을 사회 엘리트들을 중심으로 한 부르주아 결사로 생각했기 때문에 민중을 소통의 상대방으로 염두에 둘 필요가 없었다. 그래서 사회 엘리트―구체적으로는 지식인과 부르주아계급―인 자율적 개인들의 총합이 곧 민족이라고 치부할 수 있었던 것이다. 다만 '형식적으로는' 민족의 구성이 사회 구성원 전체의 참여로 이루어지는 것이기 때문에 이광수는 민중을 포섭하면서 배제하는 동원의 이중 전략을 구사한다. 이광수의 문화적 민족주의가 민족 없는 민족주의가 된 것은 그래서거니와 그 저변에는 계급간의 소통 단절이 가로놓여 있다.

---

33) 하정일, 「급진적 근대기획과 예술의 정치화」, 『탈식민의 미학』, 소명출판, 2008, 168~170면.

## 5. 소결–소통의 부재와 민족 없는 민족주의

지금까지 이광수의 문학적 근대기획을 신채호와의 대비 속에서 살펴보았다. 그를 통해 이광수의 문화적 민족주의와 신채호의 저항적 민족주의가 극명하게 상반되는 구상과 체계를 갖고 있음을 확인할 수 있었다. 지·정·의 삼분론과 정의 독자성을 이론적 기반으로 삼고 있다는 공통점에도 불구하고 문학의 본질과 목적에 대한 견해에서부터 문학과 계몽의 관계, 근대적 주체에 대한 입장, 엘리트와 민중의 관계에 이르기까지 모든 면에서 이광수와 신채호는 대척적인 길을 걸었다.

이광수가 문학의 목적을 자율적 개인 만들기에 두었다면, 신채호는 민족 만들기를 문학의 가장 중요한 목적으로 삼았다. 이광수가 계몽성을 문학의 '부산적 실효'로 부차화시킨 데 비해 신채호는 계몽성을 문학의 내적 본질로 생각했다. 이는 이광수가 문학의 자율성을 자족성 혹은 자기 목적성으로 이해한 반면에 신채호는 그것을 능동성 혹은 주체성으로 이해한 것과 깊이 연관되어 있다. 이광수는 민족을 사회 엘리트인 자율적 개인들의 총합으로 생각했지만, 신채호는 민족을 엘리트와 민중이 연대한 저항의 공동체로 보았다. 따라서 이광수에게 민중은 포섭하면서 배제하는 동원의 대상이었던 데 비해 신채호에게 민중은 민족을 구성하는 한 주체였다. 이러한 대척적인 문학적 근대기획은 한마디로 부르주아 민족주의의 분화, 다시 말해 문화적 민족주의와 저항적 민족주의로의 분화를 반영한다고 할 수 있다.

그런데 이러한 분화가 한일합방을 바라보는 시각의 차이에서 비롯된다는 사실에 주목해야 한다. 이광수가 한일합방에 대해 좌절과 가능성이라는 이중적 시각을 보여주는 데 반해 신채호는 그것을 노예화라고 전면 비판하는 급진적 입장을 취한다. 그래서 이광수는 가능성에 주목해 지식인과 부르주아계급을 중심으로 한 소수의 엘리트들을 기반으로 새로운 '민족적 이상'을 꿈꾸었던 것이고, 신채호는 식민적 노예상태로부터의 해방을 위해 엘리트와 민중이 연대한 저항의 공동체를 모색한 것이다. 계급간의 소통에 대한 상반된 태도는 이로부터 비롯된다. 소수 엘리트 중심의 부르주아 결사를 민족이라고 여긴 이광수는 민중을 소통의 대상에서 배제한다. 엘리트와 민중의 관계를 계서적이고 수직적인 관계로 이해하고 있던 이광수로서는 당연히 민중과의 소통에 무관심할 수밖에 없었다. 반면에 민중을 계몽의 대상이자 주체로 본 신채호는 민중을 소통의 상대방으로 존중했다. 이광수가 1920년대로 가면서 더욱 보수화되는 데 비해 신채호는 사회주의를 수용하는 데까지 급진화된 것은 민중과의 소통에 대한 상반된 태도와 관련이 깊다고 할 수 있다. 1910년대의 한국문학을 이광수와 신채호의 길항관계 속에서 입체적으로 바라보아야 하는 까닭도 거기에 있다.

# 이광수 소설에서의 자유주의와 개인 주체

자유주의의 내면화 과정 연구를 위한 하나의 시론(試論)

한수영

## 1. 자유주의에 관한 역사적 검토의 필요성

이 글은 이광수의 초기 소설들을 중심으로 하여, 그의 문학사상을 '자유주의'와 연관지어 검토하기 위해 쓴다. 자유주의는 계몽주의자로서의 이광수에게는 거의 절대적인 내용요소임에도 불구하고 그 연관관계나 역사적 맥락이 엄밀하게 검토된 일은 의외로 매우 드물다. 이광수와 자유주의란 언제나 일종의 신화로서, 특히 '자유연애'와 관련하여 그의 계몽주의와 거의 동격으로 취급받아온 것과 함께, 일찍이 임화의 다음과 같은 규정에 의해 하나의 문학사적 평가가 마무리된 것으로 인식되어 왔다.

『무정』 속에는 주로 자유 연애, 개인의 도덕상·윤리상의 권리 요구, 부권(父權)에 대한 부정 등이 형태로 표현되었다. 그러나 이것은 이것으로부터 벌써 명확한 것과 같이 거의 토착 부르주아의 소극적 반면(反面)의 표현과 더많이 소시민들의 정신적으로 왜곡된 자유의 표현이다.

이곳에는 자유의 전체 자태가 아니라 그 한정된 반분, 즉 기본적인 사회적 정치적 현실성을 사상한 불구의 정신이 일면적으로 과장되어 표시되었다.

즉 당시 조선사람이(토착 부르주아까지도) 생활적 현실 가운데서 한 개 통일적 목표로서 요구하던 자유로부터 윤리상·도덕상의 개인적 자유를 분리하야 마치 그것이 전부와 같이 과장한 그 '사상적 과장'이 춘원의 낭만적인 이상주의의 기초이다.

동시에 춘원의 문학에 있어 '전허위(全虛僞)'의 핵심으로서 이것은 그의 예술적 묘사의 사실성을 날카롭게 제한하였다.[1]

임화의 이러한 비판은 당연히 이광수가 함몰되어 있는 부르주아적 자유주의의 제한성의 빗장을 풀고 전면적으로 자유의 문제를 논의할 프롤레타리아 문학의 역사적 정당성을 확보하기 위한 것이다. 그러나 한국 근대문학사에 대한 임화 자신의 이해와 성찰이 깊어질수록, 이러한 비판이 지닌 일면성을 스스로도 조정하게 되거니와, 엄밀한 의미에서 말하자면, 『무정』을 중심으로 한 이광수식 자유주의에 대한 임화의 비판은 구체성을 띠고 있지 못한 것이었다. 그것은 이광수(와 그 텍스트)를 한국 근대사상사의 맥락과 계보 안에서 해명한 것이 아니라, 부르주아 자유주의에 대해 일반적으로 가해지는 계급적 제한성에 관한 테제를 이광수에게 덧씌운 형국이라고 할 수 있는 것이다. 다시 말하면, 임화에게는 이광수의 자유주의가 문제였던 것이 아니라, 부르주아 자유주의의 계급적 제한성이 문제였던 것이며, 이광수라는 특정한 작가는 거

---

1) 임화, 「조선신문학사론서설―이인직으로부터 최서해까지」, 『조선중앙일보』, 1935. 10.9.

기에 대입할 하나의 대표단수에 지나지 않는 것이었다. 나중에 자세히 살펴보겠지만, '자유연애'나 '개인의 윤리적·도덕적 자유'라는 특정한 자유주의의 현상형식은, 부르주아적 자유주의의 제한성을 증명하는 하나의 지표로서보다는, 한국 근대사상사의 발전 과정에서 나타나는 특수한 현상형식으로서의 의미가 훨씬 각별한 것이었다.

잘 알려진 바와 같이, 임화의 이러한 비판에 훨씬 앞서, 이광수식 자유주의와 그에 기반한 작품들은 단재 신채호의 신랄한 비판의 대상이 되었다. 단재는 이광수를 꼭 집어서 비판한 것은 아니지만, 3·1운동 이후 전개되는 조선의 신문예운동 전반을 비판하면서, "민중 생활과 접촉이 없는 상류 사회, 부귀가 남녀의 연애 사정을 그림으로 위주하는 장음문자(奬淫文字)는 문단의 수치"2)라고 했다. 이러한 흐름의 중심에 이광수가 놓여 있었던 것은 말할 것도 없다. 비타협적 민족주의자의 처지에서는, 3·1운동 이후의 조선문단이 제국주의 세력과의 투쟁을 포기하고 '자유주의적 문약(文弱)'에 빠진 것으로 판단되었던 것이다.

결국 1910년대 이후 한국의 자유주의는 비타협적 민족주의자와 사회주의자들로부터 협공을 당하는 처지에 놓이게 됨과 동시에, 두 세력이 자유주의를 부정 또는 비판함으로써 자유주의는 흔히 '준비론자'라고 불리는 민족주의 우파 노선의 사상적 전유물인 것처럼 이해되어 온 것이 사상사 해석에 관한 전반적인 지형도라고 할 수 있다. 자유나 자유주의를 둘러싼 이러한 삼각 구도는 다소 도식적인 느낌을 주기는 하지만, 당시의 정황과 그리 어긋난다고 보기는 어렵다. 흥미로운 점은, 사회주의와 비타협적 민족주의, 그리고 민족주의 우파 어느 쪽도 '자유' 자체를 부정하거나 도외시한 적은 없었다는 점이다. 문제는 그들이 때로 부정하거나 비판하고 때로는 전유하는 그 '자유'가 어떤 '자유'인가, 혹은 누구의 '자유'인가 하는 데 있다.

---

2) 신채호, 「낭객의 신년만필」, 『단재전집』 하, 형설출판사, 1982, 33면.

단재와 임화의 비판은 언뜻 보면 자유주의의 제한성에 방점을 찍고 있다는 점에서 일맥상통하는 것처럼 보이지만, 논리의 안을 들여다보면 서로 다른 지점에 기반 해 있음을 알 수 있다. 단재의 이광수 비판이 '민족 대 개인'의 구도에서 비롯된 것이라면, 임화의 비판은 '부르주아 대 프롤레타리아'의 구도에 입각해 있다. 앞의 것은 민족의 자유(혹은 '독립')가 개인의 자유에 우선한다는 논리여서, 이 경우에 '개인의 자유'는 유보되거나 '민족의 자유'로 환원된다. '민족의 자유'가 확보되면 '개인의 자유'는 저절로 보장되는 것인가 하는 질문이 당연히 제기될 수밖에 없다. 임화의 경우는 '부르주아적 자유'의 제한성을 풀고, 그 자유를 '프롤레타리아'를 포함한 전 인민의 자유로 확대해야 한다는 논리이다. 이 경우에도 역시 계급의 자유와 개인의 자유의 관계는 어떻게 되는 것인지 더 깊은 논의가 필요해진다.

엄밀한 의미에서 자유주의는 실체를 가진 이데올로기가 아니다. 그래서 자유주의는 사전적 정의나 개념보다도, '자유'를 둘러싼 투쟁과 논의가 역사의 발전과정에서 나타나는 여러 국면과 조건에서 어떤 내용과 형식으로 발현되었는가를 검토하는 것이 곧 자유주의의 이해를 가름한다. 국면과 조건이 다르다면, 당연히 '자유'를 둘러싼 투쟁과 논의의 내용 및 형식도 달라질 수밖에 없다. 그러므로 자유주의의 발원지인 유럽과, 그것을 수입한 아시아가 다른 것이 당연하며, 같은 유럽이라고 하더라도, 영국과 프랑스가 그리고 네덜란드와 독일이 꼭 같을 수는 없으며, 수입하는 처지는 같더라도 일본과 중국과 한국이 '자유주의'를 받아들이고 이해한 것이 다르다.

본질론의 차원에서 자유주의의 내용을 규정하는 것이 전혀 의미 없는 것은 아니다. 영국의 한 자유주의 사상가는 20세기 초반에 자유주의의 구성요소를 다음과 같이 세부적으로 규정했다. ①시민의 자유 ②재정(財政)의 자유 ③개인의 자유 ④사회적 자유 ⑤경제적 자유 ⑥국가의 자유 ⑦지역, 인종, 민족의 자유 ⑧국제적 자유 ⑨정치적 자유와 인민주권.3) 홉하우스가 세분한 자유주의의 원리는 다시 더 크게 묶으면 서너 개의 상위항목으로 포괄할 수 있다. 논자에 따라 다소 차이는 있지만, 자유주의의 구성원리는 크게 ① 개인의 자유 ② 관용과 이성 ③ 평등 ④ 자본주의 ⑤ 법치로 묶을 수 있다. 이 가운데 한두 가지가 자유주의 운동의 발현 과정에서 두드러질 때, 역사적으로 제한되는 특수한 자유주의가 생겨난다. 이를테면, 개인의 자유를 말하더라도, '경제적 자유'가 강조되고, 그 때의 '개인'이 그야말로 '소유자로서의 개인(possesive individual)'에 한정될 경우에는, 사유재산이 강조되고 경제행위에 정부와 국가의 개입을 극단적으로 기피하거나 최소화하려고 하며 시장의 논리에 일임하는 '자유방임주의'라는 자유주의의 한 분파가 형성되는 것이다. 다른 자유주의자들이 자유주의 구성원리의 중요한 요소로 설정한 '평등'이 이들에게는 어불성설의 무리한 요구가 된다. 자유주의를 둘러싼 투쟁과 논의의 역사가 우리보다 오래된 유럽도 그러했지만, 최근의 우리 사회를 보더라도 '자유'와 '평등'은 한데 어울릴 수 없는 빙탄불상용(氷炭不相容)의 관계인 것처럼 보일 때가 있고, 실제로 자유주의가 고전적 자유주의로부터 시작해 오랜 세월을 거치면서 여러 형태의 도전과 내부의 모순들에 직면해 나가는 동안, 아마도 이 문제가 가장 어렵고도 중요한 과제였음이 틀림없을 것이다.

그러나 역시 중요한 것은, 자유주의의 본질에 관한 개념적 이해보다는 그것이 운동 과정에서 나타나는 발현의 양태일 것이다. 자유주의는 그 자체로서는 '진보'나 '반동', 혹은 '급진'과 '보수'를 규정할 수 없으며, 그것이 활동하는 맥락 안에서 역사적 규정을 얻을 뿐이기 때문이다. 그러한 관점에서, 이 글을 통해 주목하고자 하는 것 또한, 이광수의 자유주의가 지닌 계급적 제한성 여부, 혹은 그것의 진보성과 반동성 여부가 아니라, 그러한 현상형식의 출현을 둘러싼 사상사의 맥락과 문학텍

---

3) Hobhouse. L. T., 김성균 역, 『자유주의의 본질(Liberalism)』, 현대미학사, 2006, 37~60면.

스트의 상호관련성이다. 그러므로 나는 이 글에서, 이광수의 문학 텍스트를, 그가 견지하고 설파한 자유주의의 진보성이나 반동성을 평결할 증거자료로서 채택하는 것이 아니라, 자유주의의 내면화 정도를 파악하는 자료로서 채택하고자 한다. 19세기 말에 서구의 자유주의가 이 땅에 도입된 이래, 자유주의와 관련해서 우리가 진정으로 검토해야 할 것은, 누가 얼마나 선진적이고 진보적인 자유주의를 내세우고 주장했는가가 아니라, 자신이 설정한 자유주의를 얼마나 치열하게 내면화하고자 했는가의 문제라고 생각한다. 그런 점에서 자유주의에 관한 우리 사회의 맹목을 지적한 한 서양사학자의 다음과 같은 지적은 경청할 필요가 있다.

우리나라에서 자유민주주의를 말하는 사람들이 자유와 민주주의라는 말은 꽤 자주 말하고 있지만 자유주의를 말하는 일은 별로 없다. 이는 참으로 괴이한 일이다. 자유민주주의란 자유주의를 바탕으로 하는 민주주의인데 자유주의를 말하지 않고 어찌 자유민주주의를 말할 수 있을까.

그리고 우리는 일제시대에는 일본 식민통치의 군사적 파시즘을 경험했고, 해방 후에는 내건 간판에 불과하기는 했지만 자유민주주의의 깃발 아래 북한 공산주의와 대결해 왔다. 그런데 20세기는 정치 이데올로기를 기준으로 해볼 때 파시즘과 공산주의 및 자유민주주의의 삼자의 각축전이 전개된 시대이다. 우리는 불행인지 다행인지 알 수 없으나 이 삼자를 다 경험하였고 또 경험하고 있다. 그런데 우리의 그 경험은 우리 역사의 내적 필연의 요청에 따른 것이라기보다는 바깥으로부터 밀려오는 세계사의 거센 파도에 의해 피동적으로 겪은 경험이었다. 그러기에 그 경험은 우리가 주체적으로 내 것으로 만드는 내면화의 과정을 거치지 않으면 역사적 경험이 될 수가 없다. 아무리 엄청난 경험이라도 역사적 경험이 되지 못하면 그 경험은 아무것도 얻지 못하고 그저 고통과 치욕의 상처만 남기는 의미 없는 것이 되고 만다.[4]

---

4) 노명식, 『자유주의의 원리와 역사—그 비판적 연구』, 민음사, 1991, 24면.

이러한 내면화의 문제는 자유주의의 과잉이나 결핍과는 다른 차원의 논의를 필요로 한다. 과잉이나 결핍은 양(量)의 문제이지만, 내면화는 질 (質)의 문제다. 다시 말하면, 한 사회가 자유를 어느 정도로 구가하고 있 느냐 하는 것은, 그 사회가 확보하고 있는 자유의 양(量)으로도 측정할 수 있겠지만, 그 사회가 '자유'의 문제에 대해 얼마나 성숙하고 합리적 인 대응을 하는가, 그리고 사회 구성원 전체의 의사와 주장을 매개하여 조정할 수 있는가 하는 것으로도 측정할 수 있다. 물론 양과 질은 엄밀 한 의미에서 분리할 수 없다. 노예사회의 노예에게 자유의 내면화를 문 제 삼을 수는 없기 때문이다.

내면화의 정도와 관련해서 한국 사회가 지닌 자유주의의 탄력성과 조정능력을 시험할 몇 가지 놀랄 만한 사건이 있었다. 예를 들자면, 양 심에 따른 병역거부와 대체복무제 도입, 기독교재단 설립 학교에서의 종교수업 거부 파동 등이다. 생활에 밀착된 더 미시적인 사례를 꼽자면 중·고등학교 학생들의 두발자유화 운동이나 국기에 대한 경례를 비판 한 교사 사건도 빼놓을 수 없다. 이 주장의 옳고 그름을 떠나, 이러한 일련의 사건들은 한국 사회의 자유의 내면화에 관한 일종의 시금석으 로 작용했다는 점에서 커다란 의미가 있다. 그것은 민족의 독립이나 독 재권력의 붕괴와 민주정부의 등장만으로 해결되거나, 또는 그것으로 환 원시킬 수 없는 또 다른 자유주의의 난제들이기 때문이다. 국가나 민족 의 독립, 혹은 독재 권력의 타도와 같은 것에 견주자면, 앞서 예를 든 이러한 사례들은 한결 미시적인 문제들이다. 그러나 나는 이러한 미시 적인 과제들이 거시적이고 추상적인 과제들보다 역설적으로 더 중요하 다는 이야기를 하고자 하는 것이 아니다. 또한, 국가와 개인, 혹은 민족 과 개인이 자유주의를 매개로 해서 반드시 배타적인 관계항을 구성한 다고 주장하는 것도 아니다.5) 자유주의를 둘러싼 여러 가지 사안의 내

---

5) 『독립신문』의 논설을 분석하여 국가주의와 개인주의는 하나가 크면 하나가 줄어드는 배타적 관계가 아니라 오히려 둘이 서로 강력하게 요구하는 동전의 양면과 같은 것이

부적 위계, 선행(先行)과 유보, 혹은 부정과 비판의 모든 현상들이 사실은 자유주의의 내면화 과정의 현상 형식이다.

자유주의에 대한 역사적 고찰이 필요한 또 한 가지 이유는, 최근 한국 사회에서 거론되는 자유주의가 경제적 자유주의 일색으로만 치닫고 있다는 사실이다. 제2차 세계대전이 끝난 직후부터 하이에크, 프리드만 등의 경제학자에 의해 탄력을 받기 시작한 이른바 현대판 '신자유주의'가 한국 사회를 점령하면서, 자유경쟁의 논리 아래 비정규직과 실업의 양산, 빈부격차의 심화, 환경파괴 등과 같은 근본적인 문제점들이 심각하게 제기되고 있다. 신자유주의자들이 독점한 자유주의가 자유주의의 전부가 아니라는 점에서 이러한 현상에 대한 근원적인 사회적 성찰이 필요하지만, 무엇보다도 우려스러운 것은 신자유주의에 저항하는 움직임에 대해 사회 저변에 깔려 있는 냉소적 시각이며, 이러한 사회경제적 혼란의 극복에 대한 대안으로 과거 개발독재시대를 향한 정치적 향수(鄕愁)가 확산되고 있다는 점이다.

자유주의를 둘러싼 한국 사회의 최근 동향은 다시 한번 자유주의에 대한 역사적 고찰의 필요성을 환기시킴과 동시에, 자유주의의 내면화에 대한 비판적 성찰의 중요성을 각인시켜 준다. 1910년대 조선의 자유주의는 19세기 말에 형성된 자유주의 사상을 이월·계승하는 동시에 그것이 변형·굴절되는 과정이기도 했다. 그리고 그 중심에 이광수가 놓여 있다.

---

었다고 지적하는 논자도 있다. 박주원, 「독립신문과 근대적 '개인' '사회' 개념의 탄생」, 『근대계몽기 지식개념의 수용과 그 변용』(이화여대 한국문화연구원), 소명출판, 2004 참조 엄밀한 의미에서 이러한 역설적인 정식화는 일반론으로 전화하기는 힘들다. 국가와 개인의 이해가 만나는 특정 국면과 특수한 논리 아래에서 그럴 수 있을 뿐이다. 그러나 한국의 자유주의가 지닌 기원적 특수성을 이해하기 위해서는 이러한 입론의 유효성이 존재한다고 생각한다.

## 2. 개화파 자유주의의 실패가 남긴 것

한국에 자유주의 사상이 전파되기 시작한 것은 19세기 말, 유길준·서재필·윤치호 등 일본과 서구(또는 미국) 경험이 있는 개화파들에 의해서이고, 이것이 하나의 정치운동으로서 확고한 자리를 차지하게 된 것은 『독립신문』과 '만민공동회'를 중심으로 한 독립협회를 통해서였다.[6] 그리고 이들의 사상은 서구의 자유주의로부터 직접 영향을 받았다기보다는 서구의 자유주의 사상을 수입한 일본의 자유주의로부터 많은 자양분을 얻고 있었다. 물론 이러한 영향 관계는 단선적인 것이 아니며, 자유주의의 운동 과정과 그를 둘러싼 정치사회적 국면에서 조선과 일본이 크게 달랐으므로 단순비교로 그 이입경로와 영향 관계를 추적하는 일은 신중을 기해야 한다.

서양에 대한 소개 및 자유주의와 관련된 다양한 정치학 저술에 힘쓰는 한편, 정부 안에서 그리고 재야에서 자유주의의 전파에 가장 적극적이었던 개화 지식인의 대표격이 유길준이라고 할 수 있다. 유길준이 1889년에 탈고하고 1895년에 출판한 『서유견문』에 나타난 자유주의 사상을 국가와 개인을 중심으로 재구성해 보자.

유길준은 인간의 권리를 구체적으로 셋으로 나눠 보았다. 첫째가 일신을 안온히 보호하는 권리, 곧 생명권이고, 둘째가 일신을 자유롭게 하는 권리, 곧 자유권이며, 셋째가 사유(私有)의 권리, 곧 재산권이다. 생명권과 관해서 그는 신체의 자유를 함께 논하면서 '신명(身命)의 권리'라는 표현을 쓴 뒤, 신명의 권리는 천부의 권리로서 법으로써만 이 권리를

---

6) 대한제국기를 전후해서 서구 자유주의 사상의 수용과 전파에 관한 개괄적인 이해를 위해 이 글이 참고한 자료는 김학준, 『한말의 서양정치학 수용 연구—유길준·안국선·이승만을 중심으로』, 서울대 출판부, 2000, 김효전, 『서양 헌법이론의 초기 수용』, 철학과현실사, 1996, 이나미, 『한국 자유주의의 기원』, 책세상, 2001, 그리고 박주원의 앞의 글 등이다.

제약할 수 있을 뿐 군주라고 해서 이 권리를 제약할 수 없다고 주장해 죄형법정주의의 개념을 도입하고 있다. 재산권에 관해서도 그는 절대불가침의 천부의 권리임을 역설했다. 이어 금전과 전토(田土) 및 재화의 소유자는 자유롭게 대차(貸借)해 이자와 지대를 수익할 수 있다는 계약자유의 원칙을 이해하고 국가가 공공복지를 위해 사적 소유권을 침해할 경우에는 정당한 가격으로 보상해야 한다는 손실보상의 근대적 제도도 아울러 설명했다. 그는 앞에서 말한 세 가지 천부인권 이외에 영업의 권리, 집회의 권리, 종교의 권리, 언론의 권리, 명예의 권리 등 다섯 가지의 천부인권을 소개했다.[7]

이어서 세계 각국의 정부의 형태를 '군주천제(君主擅制)', '군주명령하는 정체 또는 압제정체', '귀족이 주장하는 정체', '군민공치(君民共治)하는 정체 또는 입헌정체', '국인(國人)이 공화하는 정체 또는 합중체제(合衆體制)'의 다섯 가지로 분류하고, 이 중에 '가장 아름다운 체제'가 입헌정체라고 찬양했다. 『서유견문』에 드러난 그의 핵심사상은 입헌군주제를 통해 군주 권력의 법적 제한을 꾀하고, 천부인권을 바탕으로 한 개인의 자유와 권리(그리고 인민의 권리)의 신장을 통해 조선을 근대적 국가로 일신시키는 것이었다. 유길준의 이러한 사상, 즉 입헌군주제를 통한 군주 권력의 통제와 민권의 신장을 통한 국권의 강화는 "독립협회"의 정치강령이기도 했다. 그러나 유길준 개인으로서나, 그가 몸담고 활동했던 "독립협회"의 성쇠를 보더라도 이러한 정치적 구상은 제대로 실현되지 못하고 좌절되고 말았다. 우선 유길준 자신은 유학과 망명, 그리고 귀국과 유폐, 정부요직에의 발탁과 재망명 등 파란만장한 정치파동의 희생물이 되면서 제대로 자신의 정치적 구상을 실현하기가 어려웠다. "독립협회"는 『독립신문』이라는 매체와 "만민공동회"라는 실천적 공간을 통해 기세를 올렸지만, 정부에 의해 와해당하는 처지에 놓이고 만다.

---

7) 김학준, 앞의 책, 48면.

입헌군주제와 개인주의적 민권론에 입각한 개화파들의 좌절은 19세기 말 명치기 일본의 자유민권 운동의 좌절과 비견될 만하다. 구체적인 정치적 정황, 그리고 자유민권운동의 흥망을 둘러싼 원인은 다르지만, 한국과 일본에서의 자유(민권)주의 운동의 경과를 비교해 볼 필요가 있는 것은, 두 나라 근대문학의 발달 과정에 자유주의 운동의 성패가 일정한 영향을 미치고 있기 때문이다. 그 점에서, 이 글은 이광수의 1910년대 저작들이 좌절된 19세기 말 자유주의 운동의 한 현상형식이라는 전제에서 출발한다. 좀더 구체적으로 언급하자면, 그가 논설과 소설을 통해 보여주는 자유주의 사상은, 여러 원인이 작용하고 있을 터이지만, 궁극적으로 입헌군주제와 민권의 신장을 바탕으로 한 근대국민국가의 창출이 실패하게 되면서, 그것의 새로운 출구이자 또다른 방식의 내면화의 현상으로 나타났다는 것이다.

이러한 입론의 정당성을 피력하기 위해서 간략하게나마 일본 자유민권운동의 흥기와 쇠락의 과정을 정리하고, 그에 연동되는 일본 근대문학의 추이, 특히 이광수의 자유주의의 현상형식인 '자유연애'와 '도덕적 개인'의 문제와 대비되는 일본 사소설의 문제를 검토해 보기로 하겠다.

## 3. 내면화 형식으로서의 '연애'의 기원─일본의 경우

논자에 따라 다소의 차이는 있지만, 일본의 자유민권운동은 1874년에 시작되어 청일전쟁이 끝나는 1894년에 완전히 국권론에 흡수되어 소멸되는 과정을 밟게 된다고 알려져 있다. 그리고, 실질적으로 흥기(興起)의 분위기가 패퇴로 꺾이게 되는 결정적인 전환점은 1882년부터

1884년 사이였다. 공교롭게도 이 두 해에는 조선에서 각각 임오군란과 갑신정변이 일어난 해이기도 하며, 조선에서 일어난 일련의 정치적 격변이 일본 국내의 자유민권운동가와 정부의 정치동력에 커다란 영향을 미치게 되었다.[8] 토야마 시게키의 설명에 따르면, 조선에서 일어난 임오군란은 조선에 대해 전통적인 지배권을 행사해 왔던 청나라에 대한 일본의 대립의식을 한층 강화시키는 계기가 되었고, 메이지 정부는 이 사건을 십분 이용하여 군비 대확충 계획과 그것을 실행하기 위한 증세 계획을 세웠다. 임오군란을 전후한 시기만 하더라도 일본의 자유민권 운동 진영은 국권보다 민권을 더 중시하는 종래의 태도를 바꾸지 않았다. 그러나 2년 후에 일어난 갑신정변에서 일본이 지원했던 개화파의 쿠데타가 실패하고 일본의 세력이 전면적으로 후퇴하는 것이 불가피해지자, 일본 언론들은 중국에 대해 강경책을 취해야 한다고 애국심을 선동하고, 결국에는 이러한 분위기에 자유민권 지도자들도 편승하게 되었다. 1870~1880년대에 걸쳐 있는 메이지 10년대는 번벌(藩閥)들을 중심으로 한 정부 주도의 국권론과 서구 자유주의 사상에 기반한 자유주의자들의 민권론이 팽팽한 줄다리기를 했었는데, 1880년대 중반에 이르러서는 더 이상 그러한 상호긴장 관계는 유지되기 어렵게 되고, 국권론이 민권론을 압도하는 형국으로 전환하게 되었던 것이다.

유길준을 비롯한 개화파들의 사상 형성에 많은 영향을 주었던 후쿠자와 유키치[福澤諭吉]나 도쿠토미 소호[德富蘇峰], 가토오 히로유키[加藤弘之] 등은 하나같이 자유주의 사상가로서 일본 근대화의 무대에 등장한 사람들이었지만, 그들 역시 이 시기를 전후하여 대부분 국권론자로 전향하면서 서구적 근대국가의 모델 대신 천황제국가 일본을 형성하는

---

8) 토야마 시게키[遠山茂樹], 「삼취인경륜문답의 역사적 배경」, 원래의 게재처는 『中江兆民の世界 '三醉人經綸問答'む讀む』(木下順二・江藤文夫 編, 筑摩書房, 1977). 여기서는 연구공간 '수유+너머' 일본근대사상팀이 번역한 『삼취인경륜문답』의 부록 논문, 158~159면.

데 기여하게 된다.

19세기 말 이후에 전개된 이러한 일본 사상계 및 사회운동의 국가주의화를, 베네딕트 앤더스는 '관주도 민족주의(official nationalism)'라는 개념을 동원해 설명한다. 원래 이 개념은 시튼-왓슨의 개념으로, 민족과 왕조제국(dynantic empire)의 의도적인 결합 과정을 설명하기 위해 고안된 것이다. 시튼-왓슨은 다중언어를 사용하고 균질적인 구성원으로서의 '민족'을 지니지 못한 동유럽 왕조제국의 정치적 필요(구체적으로는 1820년대 이후에 유럽에서 급격히 확산된 대중민족주의 운동에 대한 반동으로)에 의해 '관주도 민족주의'가 등장한 것이라고 보았는데, 앤더슨은 이러한 민족주의화 모델이 동유럽 이외의 지역, 특히 일본의 국가주의화에도 적용될 수 있다고 보았다. 그는 막말(幕末) 쵸슈와 사츠마의 번벌들이 메이지 정부의 과두정치가로서 권력을 장악한 뒤 군사적 용맹성만으로 정치적 정통성이 자동적으로 보장되지 않는다는 것을 알게 되었고, 미국·영국 등 일본의 지정학적 안전을 위협하는 제국주의 세력은 1868년 이전과 마찬가지로 여전히 일본의 위협이 되고 있는 상황에서, 국내 정치를 강화하기 위한 목적으로 '관주도 민족주의' 모델을 선택하게 되었다고 설명한다. 폐번치현(廢藩置縣), 사무라이 계급의 폐지, 징집제도 도입, 문자 보급, 보통선거권의 부여 등, 메이지 정부가 취한 일련의 근대화정책을 그는 '관주도 민족주의' 프로그램으로 파악한다.

이렇게 순서대로 정연하게 정책을 추진함에 있어서 메이지유신을 일으킨 사람들은 반은 우연적인 세 가지 요인들에 의해 도움을 받았다. 첫째, 2세기 반에 걸친 고립과 막부에 의한 국내 평정으로 일본인들의 종족문화적(ethnocultural) 동질성이 높았다. 큐슈에서 하는 일본어를 혼슈에서 대부분 알아들을 수 없었고 에도 및 도쿄 그리고 쿄토와 오사카 사이의 말이 서로 통하는 데도 애로가 있었으나, 반은 한자화된 표의문자 체계가 일본열도에서 오래동안 쓰여왔다. 그 결과 학교와 인쇄물을 통한 대중문자 보급은 쉽게 확산되고 별 문제가 없는 것이었다. 둘째, 황실가가 유일하게 고대로부터 있었다는 것이다. (…중략…)
셋째, 야만인들(제국주의 세력을 가리킴―강조는 인용자)의 침투가 급격하고
대량적이며 위협적이어서, 정치적으로 의식 있는 대부분의 사람들이 민족이라
는 새 용어로 포장된 자기방어의 계획을 지지하게 만들었다.[9]

스즈키 토미는 앤더슨이 일본 근대사의 전개과정에 적극적으로 도입
한 '관주도 민족주의' 개념을 일본 근대문학사의 해석에 연결한다. 스즈
키는 특히 일본 근대문학의 독특한 개념인 '사소설(私小說)'의 발생과 기
원을 독자적인 방식으로 설명하는데, 그는 '사소설'이 일본 안팎에서 알
려진 것처럼 '쓰기'와 관련된 어떤 실체를 가진 형식이 아니라, '읽기'
와 관련된 실체없는 형식이라고 주장한다.

사소설은 대상 지시적, 주제적, 형식적 특성 등과 같은 그 어떤 객관적인 특
성에 의해 정의될 수 있는 장르가 아니다. 그 대신 독자가 해당 텍스트의 작
중 인물과 화자 그리고 작자의 동일성을 기대하고 믿는 것이 궁극적으로 그
텍스트를 사소설로 만든다. 사소설은 일종의 읽기 모드로 정의하는 것이 가장
타당하다.[10]

사소설의 형식적 실체를 부정하고, 콘텍스트에 의한 구성물로 이해
하는 것은 매우 독특한 관점이다. 이 관점의 연장선에서 그는 '사소설'
의 핵심을 이루는 '자기' 또는 '나'에 대한 관심이 일본 근대문학사에
본격적으로 등장하는 것은 바로 자유민권운동의 좌절 때문이라고 본다.

9) Anderson, Benedict, 윤형숙 역, 『상상의 공동체―민족주의의 기원과 전파에 대한 성
   찰(Imagined Communities : Reflections on the Oregin and Spread of Nationalism)』, 나남출판, 2002,
   131~132면.
10) 스즈키 토미[鈴木登美], 한일문학연구회 역, 『이야기된 자기―일본 근대성의 형성
   과 사소설 담론(語られた自己―近代日本の私小說言說』, 생각의나무, 2004, 31면.

1880년대 초반, 메이지 정부는 자유민권운동이 펼친 일종의 '민중적 내셔널리즘'을 국가 주도형의 '공정 내셔널리즘(베네딕트 앤더슨의 용어)'으로 수렴, 회수하기 시작했으며, 헌법을 제정하여(1889년 공포) 모든 국민을 천황 아래에서 평등한 '신민(臣民 subjectus)'으로 법적 규정함으로써 천황의 '신성한' 통치를 근대 국민 국가의 통합을 위해 합법화했다.

이렇게 새로이 규정되고 제한된 '정치적 주체'에 대한 반동으로서, 자립·독립한 윤리적·정신적 주체(subjectum)로서의 '자기'라는 이념이 1880년대 말부터 1890년대 초에 걸쳐 급속히 부상한다. 이러한 움직임을 조장한 것이 기독교, 특히 프로테스탄티즘의 확산이었다.[11]

스즈키는 자유민권 운동이 좌절되면서(동시에 정치적 자유를 실현할 주체가 국가에 귀속되어버림으로써) 그 대신 정신적 자유를 구현할 주체를 '기독교'에서 찾게 되었다고 설명한다. 기타무라 도코쿠, 시마자키 도손 등 자유민권운동에 고무되었다가 그 좌절을 경험한 후 기독교에 입문한 이들은 다시 기독교와 등지게 되는데, 그것은 이들이 정신의 자유와 독립을 '신성한 연애'를 통해 구현할 수 있다고 생각했는데, 이 '신성한 연애'는 '연애의 정신성'에 대한 희구와 끊임없는 육욕(肉慾)의식 사이의 갈등을 낳았고, 기독교에 의해 환기된 이 양극성은 그들에게 기독교 자체의 속박을 느끼게 만들었기 때문이다. 그래서 그들은 1890년대 중반 이후, 기독교에 등을 돌리고, 이교도의 전통, 특히 유럽의 르네상스, 고대 그리스, 고대 로마를 상찬하면서, 진정한 자기를 실현하는 궁극적 수단으로 연애와 예술에 기대의 시선을 던지게 되었다.[12]

나는 스즈키의 이러한 일련의 정식화를 '사소설'의 기원과 발생에 관

---

11) 위의 책, 71~72면. '공정(公定) 내셔널리즘'은 'official nationalism'의 또다른 번역어이다. 앤더슨의 『상상의 공동체』의 번역자인 윤형숙 교수는 이것을 '관주도 민족주의'로 옮겼다.
12) 위의 책, 77~78면.

한 설명의 패러다임으로서보다는, 일본 근대문학사에서 '자유'의 내면화의 한 과정을 짚어낸 것으로서 더욱 중요한 의미를 부여하고 싶다. 역설적으로 표현하자면, 자유민권운동이 좌절되면서 비로소 '자유'의 내면화가 시작되었던 것이다. 그리고 그들이 자유의 내면화를 위해 최초로 '자기(신분이나 계급, 혹은 민족이나 국가에 귀속되거나 환원되지 않는 순수한 개인주체로서의)'를 실험하는 계기를 '연애'로 설정했던 것이다. 물론 이 구분의식은 명료한 경계가 있는 것은 아니었다. 스즈키는 니체의 '개인주의'에 경도되었던 타카야마 초규[高山樗牛]의 예를 들면서, "초규의 '개인주의'와 '본능'의 찬미에서 보이는 것처럼, 이 시기에 대두한 '개인' '자아' '자기'라는 중심 개념은 '국민nation' 또는 민족주의적인 '국민notion정신' 등의 개념과 불가분하게 연결되어 있었으며 그것들과 확실하게 구별되어 있는 것은 아니었다"[13]고 부언했다. 그러한 애매모호함에도 불구하고, 아니 오히려 바로 그러한 경계의 불분명함이 자유주의의 내면화를 겪는 19세기 말~20세기 초반의 일본 근대문학의 진솔한 풍경이며, 이것은 한편으로는 우리 근대문학사에서 자유주의가 걸어갔던 경로와도 부분적으로 겹치는 것이기도 하다.

이런 일련의 과정을 염두에 둔다면, '연애'를 매개로 한 자유주의적 발언의 재개(再開)(나는 이러한 문학적 형식이 자유주의의 내면화 과정인 동시에 또다른 '발언'이라고 본다)는, 자유주의의 퇴보나 위축이 아니라, 자유주의를 둘러싼 콘텍스트의 영향 때문이라고 해석할 수 있다.

---

13) 위의 책, 80면.

## 4. '자유'의 위계—민족과 개인

독립협회의 와해, 그리고 유길준 등의 2차 망명을 전후로 해서 한국에서의 자유주의 첫 세대의 운동은 실패했다. 그러나 이것은 일본의 경우처럼 정부가 주도하는 '공적 내셔널리즘'에 민권운동이 흡수되는 방식으로서는 아니었다. 이것은 '국권 대 민권'의 대결의 형태를 띠고는 있지만, 일본의 경우처럼 '근대적 국민국가의 국가주의'와 '근대적 자유주의'의 충돌이라기보다는 다분히 '봉건적 왕권 대 근대적 자유주의'의 충돌이라고 할 수 있다. 대한제국이 이러저러한 근대적 개혁정책을 폈던 것은 사실이지만, 메이지 정부의 역할과 같은 경우는 아니었다. 근대적 개인주의에 기반한 자유주의 운동이 이념적으로 새로운 지평에 봉착한 것은, 일본의 경우처럼 '정부'나 '국가'가 아니라, 제국주의 세력 특히 이웃 일본의 대외팽창 욕구에 위협을 느낀 '애국계몽운동'세력이었다. 이러한 민중 주도의 민족주의는 그동안 민족주의 운동의 가장 중요한 위상을 차지해 왔는데, 최근에 이루어진 일련의 연구들[14]에 의하면, 이 시기 애국계몽운동, 특히 그 중심에 서 있던 매체인 『대한매일신보』의 '국민' '인민' '민족' 담론의 내용과 성격은 근대적 개인주의에 기반을 두고 있던 '독립협회'의 그것과는 사뭇 다른 양상을 띠고 전개된 것이었다.

정선태는 『대한매일신보』의 논설을 분석하면서, 제국주의에 저항하는 정신적 기점을 확보하기 위해 신문은 '신성하고 위대한 민족'이라는

---

14) 개화기 텍스트의 국민국가 담론의 전반적인 검토는 이화여대 한국문화연구원, 『근대계몽기 지식 개념의 수용과 그 변용』을 참조. 『대한매일신보』와 관련해서는 특히 정선태, 「근대계몽기 민족·국민 서사의 정치적 시학—『대한매일신보』 논설을 중심으로」(『인문연구』 제50호, 영남대 인문과학연구소, 2006)과 이혜진, 「근대계몽기 '민족'의 탄생과 '국민'의 거처—『대한매일신보』 논설을 중심으로」(『인문연구』 제50호, 영남대 인문과학연구소, 2006)를 참조.

근대적 신화를 만들어내는 동시에, 국가가 있고서야 개인이 존재할 수 있는 까닭에 새로운 국민이 된(또는 되고자 하는 자) 개인은 국가라는 신성한 제단에 모든 것을 바쳐야 한다고 역설함으로써, 제국주의의 적자생존론과 식민지주의로 나아갈 수밖에 없는 논리적 근거에 기반해 있다고 비판했다.15)

이처럼 국가라는 숭고한 대상 앞에 선 국민은 자신이 가진 모든 것을 헌납해야 한다. "세계의 각 민족이 눈을 부릅뜨고 국가주의를 주장하며 경쟁을 벌이고 국가 세력을 자랑하고 있는 시대"에 자기만 알고 나라를 모르는 자들은 나라를 멸망하는 주의를 주장하는 자들이다. "그대의 몸은 곧 국가의 몸이요, 그대의 집은 곧 국가의 집"이다. "나라를 버리고(해외로)가는 자는 국가의 마적"이며, "나라를 버리고 가는 자는 곧 나라를 멸망케 하는 죄인"이다. 살 길은 하나밖에 없다. 사사이익을 버리고 "국가의 정신으로 통일 연합하여 동심협력"하는 것이 그것이다. 국권을 위해서라면 민권도 기꺼이 버려야하며, 개인주의를 가진 자는 큰 칼과 넓은 도끼로 그 용렬한 성품을 급급히 끊어버리고 민족주의를 분발해야 한다. 개인주의는 사람을 죽이는 주의이기 때문이다. 이것이 '이십세기 신국민'의 참모습이다.16)

이혜진 역시 같은 논지로 『대한매일신보』의 담론을 비판하면서 "이것은 국가가 부재한 상황에서 개인의 권익을 대변해 줄 국가의 탄생을 과잉적으로 열망하는 과정에서 생겨난 모순과 갈등의 양상이 포착되는 계몽의 한계이다. 즉 이 문제는 호명된 개인의 주체와 호명하는 사회, 국가 세계 간의 이질적인 힘들이 갈등 없는 봉합에서 발생한 것이라 할 수 있다"17)고 분석했다. 이런 분석의 시각은 1990년대 중반 이후부터

---

15) 정선태, 앞의 글.
16) 위의 글, 166면. 인용문 안의 인용 부분은 『대한매일신보』 논설의 구절들이다.
17) 이혜진, 앞의 글, 75면.

한 주류적 경향으로 나타난 민족주의 해체 전략에 기반하고 있다. 우리(민족과 국민)가 굳건한 이데올로기적 근간으로 삼아왔던 '민족주의'가 결국은 제국주의 이데올로기의 '베껴쓰기'에 불과했다는 것. 그러나 내가 여기서 강조하고 싶은 것은, '베껴쓰기' 자체보다도, 1900년대 초반에서 1910년대에 이르는 이 시기에도 역시 '자유'의 내면화 과정은 확인하기 힘들다는 것, 그것은 담론의 차원에서만 존재하고, 더구나 계몽의 서사 내부에서는 오히려 '개인의 자유'가 '집단(국가, 민족)의 자유'에 의해 유보되는 방식으로 전개된다는 사실이다. 더 좁혀 말하면, '유보' 자체도 중요한 것이 아니다. 국가와 개인의 관계, 혹은 민족과 개인의 관계는 어떤 것인가에 관한 근원적인 물음이 『대한매일신보』의 담론 안에 자리를 얻지 못했다는 것, 만약 그 관계에 대한 발본적인 질문이 있고 난 다음에 도달한 '유보'의 결론이라면, 그것은 또 다른 차원의 문제라는 것이다. 왜냐하면, 이후에 등장할 자유주의적 질문은 그 기반 위에서 또 다른 모습으로 전개되었을 것이기 때문이다. 결국에 '자유'의 역사적 경험, 그리고 자유주의의 가장 기초가 되는 '개인의 자유'의 경험과 그 과정에서 필연적으로 산출될 '내면화'의 과정은 유보되거나 그 다음으로 이월되는 과정을 밟을 수밖에 없게 됨과 동시에, 근원적인 질문의 기회를 여전히 이후로 떠넘기게 되었다는 점이다.

## 5. 미해결된 질문의 재귀(再歸) 논리

이광수의 자유주의는 이렇게 긴 역사적·문학사적 우회(그것은 좌절과 실패, 혹은 유보와 이월의 과정이었다)를 거쳐 등장하게 되었다. 지금까지 검토해 온 이광수 자유주의의 전사(前史)는 전부 이광수 자유주의의 형성에 직·간접으로 영향을 끼친 요소들이다. 이광수를 "독립협회"를 중심으로 한 개화파의 적자(嫡子)라고 규정할 수는 없으나, 사상적으로 그 그늘로부터 완전히 벗어나 있지 못하다. 그 가운데에는 물론 도산 안창호가 매개되어 있지만, 도산을 매개로 한 것일지라도 춘원에게는 자유주의 첫 세대의 문제제기와 그 좌절의 경험들이 녹아 있었다. 또한 두 차례의 일본 유학을 통해, 이광수는 명치기와 대정기 일본 문학의 동향을 이해하고 있었다. 비록 그에게 자유민권 운동의 좌절이 일본 문예의 발달 과정에 어떤 영향을 끼쳤는가, 그리고 조선 근대문학은 그러한 과정과 어느 지점에서 겹치거나 달라지는가에 대한 분명한 자의식이 없었다고는 해도, 유학을 전후한 시기의 일본 근대문학을 통해 비로소 근대문학의 현상을 목도했던 것은 틀림없다. 이 외에도, 그가 착목한 '도덕적 개인'은, 자유주의적 개인주의뿐 아니라, 기독교의 영향, 그리고 좀더 직접적으로는 도산의 영향 같은 것이 다양한 경로로 작용했음을 짐작할 수 있다.18)

이광수와 그의 사상에 관해 가장 광범위한 해석을 시도한 바 있는 김윤식은, 이광수 문학을 관류하는 '연애'를 가장 이광수다운 문학형식으로 이해한다는 점에서 주목할 만한 견해를 내놓았다.19) 그러나 그는 이광수 소설의 연애(더 넓히자면 '혼인'의 문제까지 포함해서)를 자유주의의 내면화와 관련짓기보다는, 그가 이광수를 해석하는 가장 핵심적인 그물코인 '고아 콤플렉스'로 결부시켜 해석해버림으로써, 자유주의가 이광수에게 과연

---

18) 이런 점에서 자유주의를 중심으로 한 이광수 사상의 형성과정은 새롭게 조명될 필요가 있다. 이 글은 이것을 다 감당하지는 못한다.
19) 김윤식은 이광수의 '사랑' 또는 '연애'의 형식이, 논설에서의 준비론 사상에 대응하는 기제이며, 실제로 그를 소설가로 만드는 중요한 발생론적 원인으로 보았다. "논설에서의 이러한 현상(준비론을 가리킴—인용자)과 대응 관계에 놓이는 것이 창작에서의 누이 콤플렉스와 '사랑인가'에서 '윤광호' '방황' '어린벗에게'로 일관하는 주제인 사랑 기갈 콤플렉스이다." 김윤식, 『이광수와 그의 시대』 1, 한길사, 1999, 623면.

무엇이었는가를 질문할 기회를 스스로 닫아버리고 만다. 그는 "춘원에게 그 사상은 시류에 맞게 당시 상황에 기민하게 대처한 것이 아니라 그의 성격에서 기인되고 있다는 사실이야말로 간과할 수 없다는 점"[20]라고 주장한다. 이런 연장선상에서 이광수의 '연애'를 이해하는 까닭에 그는 "작자 개인이 고아 의식에서 빚어진 사랑 기갈증(콤플렉스)이 민족적인 고아의식으로 승화될 때 『무정』은 탄생하였고, 따라서 『무정』의 깃발 아래 많은 고아들이 환호하였다"라고 분석할 수밖에 없었다.[21]

서두에서도 밝혔듯이, 이 글은 '연애자유론'이나 '혼인자유론'으로 귀착한 이광수의 자유주의를 기존의 방식과는 다른 관점에서 검토하고자 하는 의도를 지니고 있다. 그 점에서, '혼인의 자유'나 '연애의 자유'와 관련된 이광수 문학의 특유의 형식은 다음 두 가지 면에서 주목해 볼 필요가 있다.

첫째로, 이러한 주제화는 자유주의 첫 세대의 시도가 실패한 후 다시 제기된 자유주의적 질문방식이라는 점이다. 발전 경로의 외형적 성격으로만 한정할 때, 이러한 귀결 방식은 자유민권운동의 흥기와 실패를 전후한 일본근대소설의 진행 과정과 매후 흡사한 양상을 보여주고 있다. 자유의지를 지닌 근대적 개인은 도대체 어떤 것이며, 어떻게 가능한가에 대해 일체의 역사적 경험을 지니지 못한 상태에서, 서적과 풍문, 그리고 담론으로서만 그것을 경험한 세대들은 한번은 이 질문에 정면으로 봉착하지 않을 수 없다. 그러한 과정이 없다면, 결국 '자유'나 '근대'를 포함해 모든 사상과 이데올로기는 한낱 관념에 불과한 것으로 그치기 때문이다. 그리고, 관념의 힘으로 그 관념을 체화한 것으로 위장할 경우에는, 언젠가는 반드시 원래의 자리, 즉 관념의 방식이 아니라 역사적 시공간 안에서의 경험과 내면화의 과정의 출입구로 되돌아오게 되어 있는 것이다. 이광수가 첫 세대의 자유주의 운동의 실패 이후 다시

---

20) 위의 책, 228면.
21) 위의 책, 244면.

이 문제를 제기했다면(얼마나 성공적으로 그것을 제기했는가, 그 내면화의 과정은 치열했는가의 문제는 별도로 하더라도), 프롤레타리아 문학운동은 1930년대 중반 이후, 그들이 관념 안에서 극복했다고 생각한 원래의 질문의 자리로 되돌아오는 경험을 같은 형식으로 반복하게 된다. 그들은 다시 질문할 수밖에 없었다. "조선에서 시민계급은 무엇이며, 프롤레타리아 계급은 무엇인가? 그것은 과연 있기나 한 것이었는가? 조선의 프로문학 운동은 어떤 근거 위에서 형성되고 진행되었던가?" 이광수의 소설과 논설은 자유주의를 둘러싼 이런 종류의 질문의 입구에 되돌아 와 있었다. 아니, 어쩌면 자유주의 첫 세대들이 생략하고 넘어간 질문을 그가 가장 최초로 제기하고 있는 것인지도 모른다.[22]

그러면 그 경험은 어떻게 가능한가? 혹은 질문의 범위를 좁히자면 '근대적 개인 주체'는 어떻게 가능한가? 문학은 이 질문을 해결하기 위해 준비된다. 일상 공간 안에서 개인의 자유의 질량(質量)이란 계량적으로 드러나지 않는다. 허구적 주체를 내세워 자유의 억압과 그 저항의 과정을 경험하게 만들 수밖에 없다. 이광수의 자유주의를 검토하면서 새겨 두어야 할 두 번째의 문제가 이것과 관련된다. '내면화'란 분열의 자각에서 비롯된다. 즉 이념과 현실, 혹은 주체와 타자, 그리고 마침내는 주체 내부에 도사리고 있는 균열의 흔적들. 진정한 내면화란 이 분열을 자각하지 않고서는 불가능하며, 그러한 자각의 과정을 거치지 않은 '내면화'란 필시 '가짜 내면화'이거나 불철저한 내면화로 그치게 된다. 그리고, 앞서 말했듯이, 통과한 듯 보였던 원래의 질문 자리로 회귀하게 된다.

---

22) 현재의 우리도 이 질문으로부터 자유로울 수 없다. 자유주의의 역사적 경험, 혹은 그 내면화의 과정을 거꾸로 되밟아 재구성하고자 하는 이 글의 논리적 근거 자체도 그것에서 말미암는 것이다.

## 6. '도덕적 주체'로의 도피 – 균열의 봉합과 재기(再起)되는 질문들

『무정』이 기념비적인 것은, '연애의 자유'와 관련된 개인 주체를 내세우면서, 육욕을 지닌 구체적 개인의 소망과 그 리비도를 통어하는 현실의 질서 사이에 존재하는 균열을 솔직하게 드러내 보여주었다는 점에 있다.

경성학교 영어교사 리형식은 오후 두 시 사년급 영어 시간을 마치고 내려 쪼이는 유월 볕에 땀을 흘리면서 안동 김장로의 집으로 간다. 김장로의 딸 선형이가 명년 미국 유학을 가기 위하여 영어를 준비할 차로 리형식을 매일 한 시간씩 가정교사로 고빙하여 오늘 오후 세 시부터 수업을 시작하게 되었음이라. 리형식은 아직 독신이라 남의 여자와 가까이 교제하여 본 적이 없고 이렇게 순결한 청년이 흔히 그러한 모양으로 젊은 여자를 대하면 자연 수줍은 생각이 나서 얼굴이 확확 달며 고개가 저절로 숙여진다. 남자로 생겨나서 이러함이 못생겼다면 못생겼다고도 하려니와 저 여자를 보면 아무러한 핑계를 얻어서라도 가까이 가려하고 말 한 마디라도 하여보려하는 잘 난 사람들 보다는 나으니라. 형식은 여러 가지 생각을 한다. (…중략…) 그러면 입김과 입김이 서로 마주치렸다. 혹 저 편 히사시가미가 내 이마에 스칠 때도 있으렸다. 책상 아래에서 무릎과 무릎이 가만히 마주 닿기도 하렸다. 이렇게 생각하고 형식은 얼굴이 붉어지며 혼자 빙긋 웃었다. 아니아니? 그러다가 만일 마음으로라도 죄를 범하게 되면 어찌하게. 옳다? 될 수 있는 대로 책상에서 멀리 떠나 앉았다 만일 저 편 무릎이 내게 닿거든 깜짝 놀라며 내 무릎을 치우리라. 그러나 내 입에서 무슨 냄새가 나면 여자에게 대하여 실례라 점심 후에는 아직 담배는 아니 먹었건만 하고 손으로 입을 가리우고 입김을 후 내어 불어 본다. 그 입김이 손바닥에 반사되어 코로 들어가면 냄새의 유무를 시험할 수 있음이라. 형식은 아뿔사 내가 어찌하여 이러한 생각을 하는가. 내 마음이 이렇게 약하던가 하면서 두 주먹을 불끈 쥐고

전신에 힘을 주어 이러한 약한 생각을 떼어버리려 하나 가슴 속에는 이상하게 불길이 확확 일어난다.23)

『무정』의 제일 앞 부분에는 '도덕적 주체'와 '육욕을 가진 주체'가 리형식이라는 한 개인 주체 안에서 서로 분열하며 충돌하는 모습을 흥미롭게 제시하고 있다. 정확하게 말하자면, 이러한 두 개의 주체는 춘원 자신에 내재한 분열의 모습이기도 하다. 또한 근대적 개인은 하늘에서 땅으로 갑자기 떨어지는 것이 아니라, '개인이란 무엇으로 구성되는가?' '개인의 자유는 어디까지 허용되는가?'라는 질문의 끊임없는 공세를 견뎌내는 동안 가능해질 수 있다. 익숙한 오해지만, 리형식은 작가 이광수와 겹치지 않는다. 작가는 리형식 안에 존재하는 분열의 이중성 중에서 하나를 선택하고 나머지 하나를 끊임없이 지워나가는 방식으로 '근대적 개인'을 형성한다. 그리고 그것은 마침내 '도덕적 주체'로 귀결된다. 이 점이 이광수의 한계다. 다시 말하면, 그가 주제로 내세운 '연애의 자유'가, '민족의 자유'나 '인민의 자유'에 비해 위축되거나 '작은 이야기'여서 문제적이라기보다는, 스스로 제기한 '자유주의적 질문'을 끝까지 밀고 나가지 않고, 서둘러 '도덕적 주체'에 위임하는 방식으로 물러 나앉게 되는 것. 그러므로 가까스로 마련한 한국 근대문학에서의 문제적 주인공 '리형식'에 대해 그는 멀찍이 물러나 앉으며 대상화하는 방식으로 그를 처리한다. 그러므로 126장은 사족(蛇足)처럼 불필요하게 덧붙여진 것인 동시에, 작가인 이광수 자신으로서는 작가가 곧 '리형식'이 아님을 증명하기 위해 동원할 수밖에 없는 '고육지책'으로서의 증거자료인 셈이다. 125장에서도 이러한 '거리두기'가 등장한다.

---

23) 이광수, 『무정』, 35~37면. 이 글이 저본으로 선택한 것은 김철 교주, 『바로 잡은 무정』(문학동네, 2003)이며, 맞춤법과 띄어쓰기, 마침표는 인용자가 현대어법에 맞게 고쳤음을 밝힌다.

"나는 교육가가 될랍니다. 그리고 전문적으로는 생물학을 연구할랍니다" 그러나 듣는 사람 중에는 생물학의 뜻을 아는 자가 없었다. 이렇게 말하는 형식도 물론 생물학이란 참뜻은 알지 못하였다. 다만 자연과학을 중히 여기는 사상과 생물학이 가장 자기의 성미에 맞을 듯하여 그렇게 작정한 것이라. 생물학이 무엇인지도 모르면서 새 문명을 건설하겠다고 자담하는 그네의 신세도 불쌍하고 그네를 믿는 시대도 불쌍하다. (…중략…) "저는 수학을 배울랍니다" 하고 있는 힘을 다하여서 말하였다. 학교에서 수학을 잘 한다고 선생에게 칭찬받던 생각이 난 것이다. 다른 사람들도 수학이 좋은 것인 줄을 알았으나, 수학과 인생에 어떠한 관계가 있는지를 모른다.(강조는 인용자)[24]

이렇게 말하는 서술자는 물론 작가의 목소리를 대변한다. 그는 분열을 자기 것으로 받아들이지 않는다. 작가는 완결된 계몽주체로 서사의 바깥에 위치한 채, 자신에 내세운 허구적 주체들로 하여금 '사이비 자유의 내면화'를 지시하고 있는 셈이다. 이러한 내면화 과정의 불철저성이 더욱 두드러지게 드러난 것이 뒤이어 발표된 『개척자』라고 할 수 있다. 이 소설에서 가장 문제적인 인물은 '전경(全敬)'과 '성순'이다. 전경의 내력은 1900년대 초반 애국계몽운동가를 짐작하게 만들기도 하고, 다른 한 편으로는 19세기 말 개화파를 연상하게도 한다. 그러나 중요한 것은, 그 모델이 어느 노선이었던가 하는 것보다도, 우선 그는 미치광이로 묘사되고 있다는 점이며, 무엇보다도 그는 스스로가 하는 일의 목적을 '모른다'는 점에 있다.

"본래 어느 학교 출신인가요?"
"이전에 일진회에서 세운 광무학교라는 학교가 있었습니다. 어떻게 되어서 들어갔던지 일진회원이 되어 가지고는 그 학교에 다녔지요. 전군이야 말로 참 낡은 개화군이지요."

---

24) 이광수, 앞의 책, 712면.

"그러면 나이 많게?"

"지금은 서른 하나인가 그렇지요."

"그런데 아직 혼인도 아니하고?"

"혼인할 새가 있나요. 불사가인생업(不事家人生業)하고 지사(志士)랍시고 돌아다니면서……"

"아, 교사 된 뒤에도 혼인을 아니 해요?"

"한달에 십 오원 받아 가지고 혼인을 어떻게 하오? 그뿐더러 선생은 자기의 목적한 일을 성공하기까지는 집도 아니 이루고 혼인도 아니한다고 그러지요."

"그 목적이란 무엇이야요?"

"무엇인지도 모르지. 그래도 무슨 목적이 있노라고 그러지요. 무엇이 목적이냐고 물으면 이렇게 대답하지요―내 목적을 이루는 날까지 말하지 못할 것이라고. 그러면 언제나 성공할 듯 하오? 하고 물으면 성공할 날은 모르지요. 성공할 날이 없겠지요, 하고 대답하지요. 성공할 날은 없겠지마는 그 목적을 버릴 수는 없다고 그러지요."

"아따 그게 무슨 목적이야요."하고 민은 이상한 듯이 웃는다.[25]

이 때의 '모른다'는 것은 이중적인 의미를 지닌다. 그것은 문맥상 '알지 못한다'의 의미라기보다는, 성재의 시각(이자 작가의 시각)에서 볼 때 전경은 시대착오자(anachronist)여서 결코 '자신의 시대'가 다시 도래하지 못한다는 것을 뜻하기도 하면서, 전경의 꿈이 너무 원대하고 요원한 것이어서 결코 '이루어질 수 없다'는 뜻을 내포하기도 한다. 그러나 그 어느 쪽으로 해석하더라도, 춘원은 1900년대 초반의 자유주의 운동이나 국권론(애국계몽운동)을 대상화하고 있음은 분명하다. 그렇다면, 이 시대착오의 다음 세대, 즉 성순은 어떠한가?

---

25) 이광수, 「개척자」, 『이광수전집』 1, 삼중당, 1971, 232~233면.

그 때까지 성순은 어떤 전제 왕국의 일신민에 불과하였으나, 그때부터 성순은 이미 지존의 여왕이다. 만사를 자기의 지혜대로 정의대로 처결하여야 할 군주다. 그러니까 그는 분명히 자기의 사상과 목적을 검사하여 볼 필요가 있다. 성순의 상상의 눈앞에 민을 세워야 한다. (…중략…)

자기를 위한다 함은 자기로서 대표하는 신시대를 위함이니, 장래에 무한히 길 신시대와 무한히 번창할 자손은 부모보다도 중하다. 아니 모든 과거를 온통 모아 놓는 것보다도 중하다. 자녀를 부모의 소유로 아는 도덕은 결코 신시대에 깨칠 것이 못된다. 민의 말과 같이 우리는 부모 중심, 과거 중심이던 구시대의 대신에 자녀 중심, 장래 중심의 신시대를 세워야 한다. 그리하려면 우리는 우선 구시대를 깨뜨려야 하고, 깨뜨리려면 깨뜨리는 사람들이 있어야 하고, 깨뜨리는 사람들이 있으려면 맨 처음 깨뜨리는 사람이 있어야 한다. 민의 첫희생이 되어야 할 것이다.[26]

그러므로, 성순은 춘원이 설정한 '자유연애'의 당위를 자각한 여성전사이자, 일종의 리트머스 시험지와 같은 역할을 한다. '개척자'라는 소설의 제목도 이러한 성순의 의지와 결단으로부터 비롯된 것일 터이다. 그러나 『무정』에서 형식 등의 청년들을 대상화하는 '완결된 계몽 주체'가 배후에 숨어 있듯이, 「개척자」에서도 역시 '성순'은 '전경'이 그러한 것과 마찬가지로, 자신이 스스로 선택한 '연애의 자유'가 무엇에 의한 것인지 '모르는 채' 자살에 이르고 만다.

"성순씨―" 하고 불렀다. "네." "확실히 성순씨가 여기 계시지요 이것이(하고 한번 몸을 흔들며) 확실히 성순씨지요?" "네." "네, 성순씨지요?" "네." "어찌해서?" "몰라요!" "모르셔요?" "몰라요!" 양인은 웃었다.

"성순씨―" "네." "왜 저를 사랑하세요 무엇을 보고, 무엇을 취해서 사랑하세요?"

---

26) 위의 책, 260~261면.

"……" "네, 제게서 무엇을 취하십니까. 저는 재산도 없고, 명예도 없고, 재주도 없고, 게다가 용기도 없고, 아무 경륜도 없고 한데 …… 암만해도 성순씨가 저를 잘못 보셨지요. 네? 왜 저를 사랑하세요?" "몰라요!" "몰라?" "몰라요!" "그러면 왜 사랑하는지 이유도 모르고 사랑을 하세요? 이유도 모르고 일생을 허하셨어요?" "제가 바가(馬鹿)인가 보지요?" "왜?" "그 이유도 모르니까."27)

이러한 불철저한 내면화 과정은, '연애의 자유'와 '도덕적 주체'라는 두 개의 양립하기 어려운 테제가 이광수의 자유주의를 동시에 떠받치고 있기 때문에 나타났다. 더구나, 이광수는 아직도 이 두 테제가 '국가'나 '민족'이라는 다른 주체와 분명하게 나누어진다는 자각에도 이르지 못했다. 그러므로 결국에 자유주의 첫 세대가 실패했던 '근대적 개인의 형성'이나 그 내면화가 이광수에 이르러서도 다시 한번 실패하게 되고 만 셈이다. '연애의 자유'는 '도덕적 주체'와 '육욕을 가진 주체'가 충돌하는 과정을 끈질기게 추적함으로써, 비로소 내면화의 한 계기를 확보하는 것인데, 그는 서둘러 '도덕적 주체'로 선회하면서 '육욕을 가진 주체'를 부정했던 것이다. 그러면서도 '연애의 자유'가 지니는 '자유주의적 가치'나 '신성성'은 포기하려고 하지 않았다. 나아가서는 이러한 '도덕적 주체'들이 모여서 이룬 세계가 곧 '아름다운 근대 세계이자 근대 조선'을 이룩할 수 있을 것이라고 생각했다. 이 불철저한 과정은, 곧 문학사적 반동을 낳거니와, 그 반동의 한 축을 담당했던 것이 바로 김동인이었다. 그러므로, 정리하건대, 김동인은 자유주의 첫 세대로부터 치자면, 세 번째로 다시 이 물음을 문학사에 제출하는 역할을 떠맡게 되었던 것이다. 그리고, 그 다음에 프로문학의 질문이 놓인다. 자유주의를 둘러싼 이 내면화의 과정은, 사상사와 문학사에서 다시 진지하게 질문되어야 할 문제가 아닐 수 없다.

---

27) 위의 책, 273면.

# 국민주의자로서의 이광수

김재용

## 1. 식민지 근대의 내셔널리즘—민족주의와 국민주의

유럽중심주의의 지적 폐해는 근대의 논의에서도 예외가 아니다. 흔히 근대를 논의할 때는 유럽에서 형성된 근대를 보편적 기준으로 삼는데 실상 근대의 역사적 현실을 천착하여 보면 이러한 접근은 비서구 식민지의 경험을 설명하는데 그렇게 유효하지 않다는 것을 알 수 있다. 근대 유럽은 하나같이 제국주의의 길을 걸었던 반면, 일본을 제외한 비서구의 경우 하나같이 식민지의 길을 걸었기 때문이다. 제국의 근대와 식민지의 근대는 결코 중첩되지 않는 차이를 지닐 수밖에 없다. 제국과 식민지의 공통되는 것을 무시하는 것 못지않게 그 차이를 무화시키는 것 역시 현실을 제대로 설명하기 어려운 것이다.

제국의 근대를 설명할 때 동원되는 내셔널리즘을 식민지의 근대에도 무차별하게 그대로 적용하여 설명하는 경우가 대다수다. 하지만 식민지의 근대에서는 제국의 근대에서 발견할 수 있는 그러한 내셔널리즘은 존재하지 않는다. 상상된 내이션을 기반으로 하나의 공동체를 형성하고 이를 본위로 다른 나라와의 차이를 특화시키고 나아가 비서구를 식민지하는 것이 제국의 경험이고 여기서 하나의 태도로서 내셔널리즘이 배태되었다. 하지만 상상된 공동체에서 출발하였다 하더라도 제국주의의 침략 하에서 식민지로 전락한 이후의 근대의 역사에서 드러나는 균열로 인하여 내셔널리즘과 같은 단일한 태도가 비서구 식민지에서는 발생하지 않는다. 그 대신 동일한 상상된 공동체에 기반을 둔 상이한 태도로서의 국민주의와 민족주의가 발생하는 것이다.

　　흔히 영어로는 내셔널리즘이라고 번역되어 별다른 차이가 없는 것처럼 여겨지기 십상이지만 두 입장 사이에는 분명한 차이가 있다는 것을 놓쳐서는 안 된다. 민족주의는 식민주의에 대한 저항으로 근대적 실력 향상과 독립을 동시에 요구하게 된다. 흔히 민족주의자들이 독립만을 요구하고 근대적 국민국가를 만들 수 있는 역량 즉 실력 향상에 대해서 거의 관심을 두지 않은 것처럼 묘사하는 것은 대단히 잘못된 태도라 할 수 있다. 신채호를 비롯한 민족주의의 논자들의 글에서 확인할 수 있는 것처럼 이들은 근대적 실력 양성과 독립을 항상 같이 촉구하였다. 그들의 글에서 근대적 실력 양성이란 것이 두드러지지 않고 오로지 독립만이 돋보이게 느껴지는 것은 즉각적 독립의 필요성을 강조할 수밖에 없는 절박함의 어조 때문이다. 국민주의 역시 실력양성과 독립을 말한다는 점에서 민족주의와 별 차이가 없는 것처럼 보인다. 하지만 실력양성을 우선하고 독립을 그 결과로서만 본다는 점에서 다른 것이다. 필자가 보기에 이광수의 사상적 태도는 바로 이 국민주의가 아닌가 한다. 특히 상해에서 귀국 후 민족개조를 통한 실력양성을 주장하기 시작할 때부터의 이광수는 국민주의의 전형적인 태도를 보여주고 있다. 독립의 전망을 배제하거나 포기하지 않지만 실력양성을 독립과 분리시켜 접근하는 것이다.


## 2. 실력의 양성과 독립의 전망


### 1) 실력양성을 통한 독립운동

일제 강점 이후 이광수의 전망은 실력의 양성과 독립의 기회추구였다. 일본 제국주의의 침략을 물리치기에는 우리 조선인의 실력이 현저하게 모자랐다는 뼈아픈 현실 인식에서 나온 것이 실력의 양성이었다. 당장 일제에 맞서 독립전쟁을 행한다는 것은 듣기에는 그럴싸하지만 현실적으로 가능성이 없는 무모한 짓에 지나지 않는다는 판단에 기초한 것이다. 정부도 없고 군대도 없는 상태에서 일본과 맞서 싸운다는 것은 엄청난 희생만 초래할 뿐이지 긍정적 결과를 가져올 수 없다는 것이었다. 승산 없는 싸움에 인민들을 끌어넣는 것은 지도자들과 지식인들이 행할 일이 아니라는 것이다. 무작정 싸움에 나서는 것은 철저하게 자신의 명분만을 살리고 인민을 죽이는 엘리트의 편협한 자기만족이라고 보았던 것이다. 시급한 것은 일본 제국주의를 극복할 수 있는 실력의 양성이었다.

국치 이후 이광수의 이러한 전망을 이해할 때 비로소 1916년 9월 『매일신보』에 발표한 '대구에서'라는 문제적인 글을 제대로 이해할 수 있을 것이다. 대구에서 테러를 행하다 잡혀간 20명의 청년들에 대해 쓴 다음의 글은 이광수가 독립을 포기하고 식민주의에 협력하는 것처럼 보일 수도 있다. 하지만 이는 당시 이광수의 속내를 제대로 파악하지 못한 것에 지나지 않는다.

그네가 만일 현명하였던들 번연히 뜻을 돌이켜 신사회에서 활동할 만한 실력을 길러 금일은 진실로 사회의 중추가 될 만한 자격과 능력을 얻었으련마는 그네의 무모한 혈기와 지식의 암매(暗昧)함이 이를 깨닫지 못하게 하여 마침내 금일의 비극을 양성함인가 하나이다. (…중략…) 일찍 해외에 있어 격렬한 사상을 고취하던 자가 동경에 와서 2, 3년간 교육을 받노라면 번연 인구몽(引舊夢)을 버려 이전 동지에게 부패하였다는 조소까지 듣게 되는 것을 보아도 알지라.[1]

실력이 모자람에도 불구하고 무모하게 일본과 맞서 싸우는 것은 경거망동에 지나지 않는다는 것이 이 글의 핵심요지이다. 얼핏 보면 마치 이광수가 조선의 독립을 포기하여 일본에 협력한 것으로 읽힐 수도 있지만 이글의 진정한 의도와는 거리가 있는 것으로 보인다. 해외에서 혈전을 당장 호소하는 것은 얼마 되지 않은 무력으로 큰 일본의 무력에 도전하겠다는 것은 듣기에는 좋으나 가능하지 않은 일이라고 보았던 것이다. 일본의 힘과 실력을 모르기 때문에 그렇게 호언장담할 수 있는 것이지 일단 일본의 힘과 무력을 접하게 되면 그러한 망상은 결코 하지 않는다는 것이다. 동경에 와서 몇 년을 공부하다보면 부패했다는 조소까지 듣게 된다고 한 것의 진정한 의도는 바로 여기에 있다. 일본 국가의 힘은 크고 조선의 역량은 작기 때문에 필요한 것은 기분 좋은 일대 혈전의 선언이 아니라 국민의 실력을 키우는 것이라는 것이 바로 이 무렵 이광수의 실력양성 우선론의 핵심이다.

이러한 실력의 양성과 짝을 이루는 것이 바로 독립의 기회였다. 조선

---

1) 『이광수전집』 9, 삼중당, 1971, 135~136면.

인들의 자체 실력의 성장만으로 일본을 극복할 수 있다고 이광수는 보지 않았던 것 같다. 국권을 빼앗긴 민족이 자체의 실력을 양성한다고 해서 그것이 빠른 시일 내에 도래할 수 있을 것이라고 보지는 않았던 것 같다. 그것은 장기적인 노력을 요하는 일이기 때문에 성급하게 굴어서는 안된다고 생각했던 것으로 보인다. 오히려 독립의 기회는 외부의 국제적 정세의 변동으로 초래될 수 있다고 보았던 것이다. 꼭 찍어서 말할 수는 없지만 이러한 기회는 조만간 올 수 있을 것이고 그 때를 대비해야 한다고 보았던 것이다. 일본 내부의 변혁을 포함하여 다양한 형태의 국제적 정세의 변화에 대해 그가 주의깊게 살펴 보았던 것은 바로 이러한 이유 때문이다.


## 2) 실력양성과 병행한 독립운동

이광수가 상해로 건너가 임시정부에 참여한 것은 국제적 정세가 조선의 독립을 위해 매우 우호적이라고 판단했기 때문이다. 윌슨의 민족자결주의는 그러한 분위기를 조성함에 있어 결정적인 사건이라고 판단하였다. 만약 민족자결주의와 같은 정치적 발언이 없었더라면 이광수는 2·8독립선언을 기획하지 않았을 것이다. 그가 보기에 조선 자체의 실력은 여전히 독립전쟁을 행하기에는 어림없이 약하다는 것을 알고 있었기 때문이다. 실력이 없어 일본의 보호국이 되고 식민지가 되었기 때문에 실력을 키워야 하는데 아직은 현저하게 모자란다고 판단하였다. 하지만 윌슨의 민족자결주의를 비롯한 국제적 정세는 모자란 실력을 메울 수 있는 좋은 기회인 것으로 간주되었다. 아직 조선 자체의 실력은 강대하지 않지만 외부의 힘이 있기 때문에 대세에 편승하면 약소한 실력으로도 얼마든지 독립을 행할 수 있다는 것이다. 이광수가 독립운동에 나선 것은 바로 이러한 국제적 여건의 개선 때문이었다. 조선사람들이 독립을 외칠 때 세계가 조선 민중들이 독립을 갈구하고 있다는 것을 인지하게 될 것이고 이를 근거로 조선을 독립시켜 줄 것이라고 믿었던 것이다. 상해에 있던 여운형 등이 조직한 신한청년회와의 만남을 기화로 이광수는 민족자결주의의 국제적 흐름을 접하게 되었고 이를 전하기 위하여 북경과 조선을 거쳐 동경으로 왔던 것이다. 중국 대표들이 파리에서 열리는 베르사이유 회의에 참가한다는 소식을 접하고서 윌슨의 민족자결주의의 의미를 파악하고 곧 북경을 떠나 조선을 거쳐 동경으로 가서 주변 동료들과 독립운동을 준비했다는 이광수의 회고를 감안하면 이 시기 이광수가 국제 정세에 편승하여 조선 독립의 기회를 찾으려고 노력했음을 알 수 있다.

윌슨의 민족자결주의에 건 기대는 중국의 5·4운동과 더불어 한층 고조되었다. 상해 임시정부에 참여한 이광수가 상해에서 벌어지는 중국의 5·4운동을 접하고 한층 고무되었을 것이다. 중국과 같이 압력을 넣으면 한층 여론의 환기를 쉽게 받을 수 있을 것으로 믿었기에 상해의 중국인들과 적극적으로 연대하기도 하였다. 중국의 대표가 참여한 이 파리 회의에서 중국의 산동문제가 제대로 다루어지지 않고 오히려 산동이 독일에서 일본으로 넘어가려고 하는 것을 목격하면서 중국내 지식인들이 항의하는 5·4운동을 벌였다. 파리 강화회의에서 열국들은 일본의 눈치를 보았기 때문에 조선의 독립문제가 상정되지도 않았고 또한 그나마 대표가 참여하였던 중국의 산동문제 해결도 일본의 입장으로 기우는 것을 보면서 중국의 지식인들은 분노하였다. 이광수는 일본의 이러한 태도에 맞서 조선과 중국이 힘을 합친다면 국제 사회에 각성을 불러일으키는 좋은 계기가 될 것이라고 보았다. 그리하여 상해에서 중국인과 더불어 일본에 항의하는 시위와 집회에 참석하였다. 산동문제에 대한 중국인의 분노에 동참한 조선인 청년들에게 6개 학교 중국인 교장들이 감사를 전하자 상해 조선인민단은 이들을 초대하여 강한 연대감을 표시하였다. 이 회합에서 이광수는 조선인과 중국인의 연대를 강조하면서 이것을 통해 일본을 극복할 수 있으리라는 희망을 강하게 표시하는 연설을 하였다.[2] 이 무렵만 해도 이광수는 조선의 독립에 대한 기대가 컸고 이를 위해 모든 일을 하였던 것으로 보인다.

하지만 파리의 강화회의는 식민지 조선의 지식인들의 기대와는 전혀 다르게 승전국들의 잔치로 끝났다. 패전국들의 식민지는 독립되었지만 승전국들의 식민지는 그 상태로 지속되었다. 윌슨의 민족자결주의는 실현되지 못하고 끝난 버린 것이었다. 1919년 6월 파리 강화회의가 조선 독립의 문제를 다루지 않고 종결되자 이광수는 깊은 충격에 휩싸였다. 국제 여론에 편승하여 조선의 독립을 꿈꾸었던 이광수로서는 국제 사회의 이러한 합의는 청천벽력이었을 것이다. 조선 자체의 실력으로는 독립이 불가능하다고 판단하여 실력양성을 외치던 그가 희망을 걸었던 것이 국제 사회의 여론이었다. 하지만 이것이 수포로 돌아가자 막막하였을 것이나. 이러한 좌절에 굴복하지 않고 새로운 방략을 도모하였는데 그것이 안창호 등의 주선으로 이루어진 『독립신문』 발간이다.

이광수에게 『독립신문』 발간의 의미는 실력양성을 통한 독립운동이었다. 실력양성을 통한 독립운동은 즉각적인 독립론과 다르다. 윌슨의 민족자결주의에 편승하여 독립을 얻으려고 할 때의 이광수의 입장은 실력양성을 통한 독립운동론보다는 즉각적인 독립운동론이었다. 국제사회가 조선의 즉각적인 독립을 실현시켜 줄 수 있다는 믿음이 있었기 때문에 모든 것을 즉각적인 독립에 쏟아야 한다는 것이었다. 우리의 힘으로는 독립을 하기 어렵고 국제사회의 힘으로 독립을 해야 하는 상황에서 이러한 좋은 기회는 쉽지 않기 때문에 실력양성은 유보될 수 있는 것이다. 따라서 이광수는 즉각적인 독립운동에 모든 것을 걸고 1918년 말 이후 줄곧 달려왔던 것이다. 하지만 이것이 어려워지자 노선을 전환할 수밖에 없는 것이다. 이제 실력양성을 통한 독립운동을 해야 하는 것이다.

---

2) 김정명 편, 『조선독립운동』 2, 原書房, 1967, 40~41면.

미국과 러시아가 일본과 대립하는 가운데 중국이 반일운동을 하게 되면 조선으로서는 독립의 기회를 잡을 수 있다고 판단했던 것으로 보인다. 일본이 이들 나라와 아무런 적대적 관계나 갈등이 없을 때에는 국제사회의 도움을 기다리는 것이 무모하기 때문에 먼 훗날의 국제사회의 변화를 염두에 두고 실력양성에 매진할 수밖에 없지만, 일본이 미국과 러시아 그리고 중국과 갈등 상태에 놓여있고 곧이어 전쟁으로 돌입할 수 있는 상황에서는 독립이란 것이 먼 훗날의 일만은 될 수 없는 것이기 때문이다. 국제사회의 도움이 가시권에 들어와 있는 상황에서 막연하게 실력양성을 외치는 것은 비현실적이라고 판단하였기에 이광수는 실력양성을 통한 독립운동론에 매진할 수 있었던 것이다. 이러한 전망은 이 시기 『독립신문』에 발표한 글 중 「미일전쟁」에서 가장 잘 드러난다.

> 이상의 모든 조건을 종합하건대, 일본 내의 사회혁명이 돌발한다면 모르거니와 지금의 형세대로 나아간다 하면 미일의 개전(開戰)은 길어도 몇 년 내에 짧으면 수삭 내에 있으리라 단정할 수 있나니 이 위급한 형세에 대한 면밀한 연구와 충분한 준비를 쉬지 않음이 이 시대에 처한 우리 민족의 임무라 하리로다.[3]

미국과 일본 사이의 전쟁이 머지 않아 일어날 것이라는 기대를 강하게 보여주고 있다. 윌슨의 민족자결주의가 조선의 독립에 아무런 결과를 가져다 주지 않았음에도 불구하고 미국에 대한 기대는 여전하였던 것이다.

당시 상해 임시정부는 혁명후 소비에트 러시아도 조선의 독립에 우호적일 것이라고 보았다. 러시아 혁명 이후 간섭전쟁의 일환으로 일본

---

3) 「미일전쟁」, 『독립신문』, 1920.3.20.

이 시베리아에 출병하게 되면서 적군과 대치하게 되자 많은 조선인들은 소비에트 러시아와 일본 사이에 전쟁이 일어날 것이라고 보았다. 전쟁이 일어나지 않는다 하더라도 소비에트 러시아는 일본과의 적대 관계 때문에 조선의 독립을 지지해 줄 것이라고 보았다.

미국과 러시아에 대해 거는 기대보다 한층 강한 것이 중국의 반일운동이었다. 중국의 반일운동이 이후 조선의 독립에 가져다 줄 영향에 대한 이광수의 열망은 매우 강하였다. 5·4운동 이후 중국의 반일 분위기에 강한 영향을 받았기 때문에 이러한 생각을 했던 것으로 보인다.

　　한국은 피를 흘리고 중국은 무기를 제공함이니 한족은 이미 죽음을 각오하고 배수진의 싸움을 결하였은즉 그들에게 군기와 군비만 제공하면 50만에 가까운 결사의 장정을 얻을 것이외다. 지금 한족은 그 재산 전부를 그 국토와 함께 일본의 손아귀에 두고 어찌할 길이 없은즉 불가불 독립군비는 외국에서 빌어야 할 것이외다. 한국은 러시아에서 군기를 얻고 미국에서 군비를 얻으리라. 그러나 이는 전쟁이 상당한 기간 계속한 뒤의 일이니 전쟁을 개시하기에 필요한 자금은 적을 공동으로 하는 중국에 기대하여야 할 것이다. 중국 동포여 한국의 독립이 즉 중국의 화근을 없애는 것인 줄을 아시오 그러는 동안에 독립한 한국을 두고는 일본은 다시 중국에 대하여 전과 같은 야심을 부리지 못할 것이오 한국의 독립전쟁을 치르고 난 일본은 다시 그러한 힘이 없어지리라. 중국 동포여, 한국 독립의 성공이 속히 이루어지느냐 그렇지 않으냐는 여러분께 달렸고, 동시에 중국의 화근을 제거하고 못함이 여러분에게 달려나니 한국인은 한국을 위하여 중국인은 중국을 위하여 서로 굳게 제휴합시다.[4]

조선이 중국과 더불어 일본과 전쟁을 하게 되면 미국과 러시아가 지원해 줄 것이라는 기대감에 부풀어 있었다. 곧 있을 중일전쟁에서 조선

---

4) 『독립신문』, 1920.4.17.

이 독립하기 위해서는 세금을 통하여 돈을 모으고 젊은이들의 군복무와 같은 실력양성이 전제되어야 하는 것이다. 그래야만 개전되었을 때 즉각 참전할 수 있기 때문이다.

국민아 이것이 비록 무슨 기초 확실한 계산이 아니오 일종의 가설에 불과하지만 우리의 실력은 대개 이에 근사하다. 2천만이 다 일심단결이 되어야 우리는 비로소 이만한 실력일망정 발할 것이니 혹은 2갈래 혹은 3갈래로 갈린다던지 전 국민이 각기 필사의 노력을 다하지 아니하면 그 결과가 어떠하랴. 러시아 하나만이 어느 정도의 힘을 내며 서간도나 북간도 하나만이 어느 정도의 힘을 내랴. 우리가 현재 일심일체가 되어 전 인력, 전 금력, 전 성력, 전 혈력을 다 모아야 가히 우리의 목적한 사업을 경영할지오. 족히 국제연맹도 이용하여 미일전쟁이나 러일전쟁도 이용할 것이라. 국민아 우리 흥망이 오직 일심단결과 필사적인 노력의 여하에 달렸나니 회개하고 각오하고 분발하지어다.[5]

국제적 정세에 편승하여 조선의 독립을 얻기 위해서는 실력을 쌓아야 하는데 당시 상해임시정부 내에서는 지역별로 단체가 난립하여 통일적인 조직을 형성하지 못한 상태이다. 특히 러시아나 중국 지역의 독립운동 단체들은 실력양성을 통한 독립운동 준비보다는 당장 일본과 맞서 싸우자는 급진전 독립전쟁론이 우세하였다. 그러다보니 임시정부는 간판만 건 격이 되고 실제로는 독립운동 세력을 규합하는 중심이 되지 못하였다. 이런 상태로는 실력의 양성이 어렵고 언젠가 국제 정세가 호전될 경우에도 제대로 된 독립을 쟁취하기 어려운 것이다. 하지만 해외 독립운동은 이광수의 뜻처럼 되지 않게 되었고 이에 대한 실망은 매우 컸던 것이다. 이광수로 하여금 절망적인 몸짓으로 마지막 호소를 해본 것이 바로 간도 사변 직후에 발표한 「간도사변과 독립운동 장래의 방침」이다.

---

5) 「대한인아 대한의 독립은 전민족의 일심단결과 필사적 노력을 요구한다」, 『독립신문』, 1920.3.25.

이 글은 1920년 간도 사변이 일어난 이후 해외 독립운동 세력 사이의 단합이 이루어지지 못하고 오히려 노선을 둘러싼 투쟁이 일어나자 이에 분격하여 쓴 글로서 이 무렵 이광수의 심정을 잘 보여주는 글이다.

> 15년래로 이러한 원한 중에 은인하여온 우리니 그처럼 은인한 이유는 오직 우리에게 실력과 기회가 없음이라. 과거 15년간에도 항상 급진론과 실력 준비론이 갈리어 급진론을 대하는 지도자는 날마다 해마다 '나간다, 나간다' 하여 왔고 해외에 있는 그 중에도 중국 러시아에 있는 동포들은 이 급진론에 공명하여 인재와 금전과 단결의 큰 힘을 준비하자는 지도자의 지도를 받지 아니하였도다. 그리하여 국치 후 10년이 경과하도록 대사를 경영할 인재도 금전도 준비함이 없고 민족적 대운동에 핵심이 될 만한 튼튼한 단결도 이룩함이 없어 작년 3월 1일 독립을 선언한 이래로도 지리분열한 상태를 계속하였고 이 북간도의 참변을 당하고도 통쾌한 복수의 거사에 나갈 실력이 없게 되었도다. 지금 소위 급진론자는 다만 구두의 급진론이니 인재를 내고 금전을 내고 조직적이오 튼튼한 독립당을 내놓기 전에는 아무리 급진을 호소한다 하더라도 앉은뱅이에게 달리기를 잘 하라고 재촉함과 같도다. 군인도 없이 군비도 없이 무기도 없이 어찌 큰 부대와 맞서 전쟁을 하리오[6]

단결과 실력준비의 호소가 먹여들지 않게 되자 이광수의 절망은 매우 컸다. 이제 그는 단결하지 못하고 분열하는 조선인들의 모습에 환멸을 느끼면서 조만간의 독립운동 실현을 접고 다시 실력양성론으로 귀의하였던 것이다. 하지만 과거의 실력양성론이 아니었다. 왜냐하면 이제부터의 실력양성은 독립을 준비하는 그러한 실력양성운동이 아니고 그 이전 단계에서 해결해야 할 민족 개조의 과정이 전제되어 있는 그러한 실력양성론이기 때문이다.

---

6) 「간도사변과 독립운동 장래의 방침」, 『독립신문』, 1920.12.18.

## 3) 민족개조를 통한 실력양성

1921년 봄에 귀국한 이광수가 펼친 것은 민족개조를 통한 실력양성론이다. 얼핏 보면 귀국 후의 이광수가 내보인 실력양성론은 3·1운동 이전의 그것과 별반 차이가 없는 것으로 보일 수 있다. 동일한 기초에 놓인 것이지만 단순 반복은 결코 아니다. 3·1운동 이전의 실력양성론은 실력양성 우선론으로 교육과 식산흥업을 통해 힘을 기르고 있으면 국제 정세가 조선에 호의적일 때 독립을 쟁취할 수 있다는 것이다. 즉 실력과 기회의 문제였다. 실력이 조선인들에 의한 것이라면 기회는 조선 바깥에서 이루어지는 것이었다. 하지만 상해임시정부에서의 독립운동을 경험한 이후의 이광수는 이러한 실력양성론에 비판적이었다. 내적으로 조선인들이 실력을 양성하지 않은 상태에서 외부의 세력 즉 국제 정치적 역학에 힘입어 독립을 한다고 했을 때 그것은 실현되기도 어렵고 또한 이루어진다 하더라도 그것을 유지할 수 없어 결국 실패로 귀결될 수밖에 없다는 것이다. 필요한 것은 이러한 단기적 전망이 아니라 장기적 혁명으로서의 실력양성인 것이다.

가령 극히 가난한 사람이 부(富)하기를 원하다 하면 그는 각고와 근면으로 축적하리라는 생각보다도 무슨 요행(僥倖)으로 졸부가 되려고 합니다. 그래서 혹은 금광을 찾으러 다니고, 혹은 미두를 하러 다닙니다. 그렇지마는 금광이나 미두는 소원하는 졸부가 되는 자는 만에 하나도 드문 일이외다. 나머지 9천9백구십구인은 일생을 허욕만 따르다가 마침내 빈(貧)한대로 죽고 말게 됩니다.그네가 근면축적의 길을 잡았다면 일생에 먹으리만한 재산은 다 가질 수가 있을 것이어늘. 그러나 졸부는 혹 이러한 요행으로 될 수 있지마는 학자나 위인은 결코 요행으로 될 수 없고 오직 각고와 근면으로만 되는 것이외다. 그런데 민족의 성쇠는 졸부되는 것과 같은 것이 아니오 학자나 위인이 되는 것과 같은 것이다. 제가 도덕을 닦고 지식을 배우고 개인과 사회의 생활을 개량하고 부를 축적함으로 되는 것이지 결코 남의 도움이나 일시적 요행으로 되는 것이 아니외다. 강화회의나 국제연맹이나 태평양 회의는 조선인의 생활개선에는 아무 관계가 없는 것이외다. 설사 조선인의 생활의 행복이 정치적 독립에 달렸다 하더라도 그 정치적 독립은 일종 법률상 수속이니 이는 독립의 실력이 있고 시세가 있는 때에 일종의 국제상의 수속으로 승인되는 것이지 운동으로만 될 것이 아니외다. 우리는 과거의 쓰라린 경험으로 이 귀한 진리를 깨달았습니다. 우리는 다시 구원을 우리 밖에 구하는 우를 반복하지 아니할 것이오 우리는 목적을 요행에서 달하려는 치(穉)를 반복치 아니할 것이외다. 이제부터 우리가 근본적으로 할 일은 정경대도(正經大道)를 취한 민족개조요 실력양성이외다. 조선인이 각 개인으로 또 일 민족으로 문명한 생활을 경영할 만한 실력을 가지게 된 후에야 비로소 그네의 운명을 그네의 의사대로 결정할 자격과 능력이 생길 것이니 그때에야 동화를 하거나 자치를 하거나 독립을 하거나 또 세계적 의의를 가진 대혁명을 하거나 그네의 의지대로 자처할 것이외다.[7]

3·1운동 이전의 것이 조선인의 실력을 내적으로 양성하고 외부의 국제적 기회를 틈타 독립을 쟁취하는 것이었다면 귀국 후의 실력양성은 외적인 계기나 기회는 무시하고 오로지 내적인 실력양성을 기르는 데만 있는 것이다. 그는 상해에서 여러 분파로 흩어진 조선의 독립역량에 실망한 나머지 이를 근대 이후의 일련의 운동사의 맥락에서 짚어내고 있다. 갑신정변 이후 조선인들이 행한 모든 운동들이 실패로 끝난 것은 바로 민족적 역량을 기르지 못하였기 때문이라고 생각하였다. 3·1운동도 결국 민족적 역량이 성숙하지 못한 상태에서 이루어졌기 때문에 독립과 국민국가 쟁취에 실패했다고 보고 있는 것이다. 따라서 이제 조선인의 내적 실력을 기르기 위해서는 민족개조를 통한 실력양성이다. 단순히 교육

---

7) 이광수, 「민족개조론」, 『조선의 현재와 장래』, 한성도서주식회사, 1923, 52~53면.

과 식산만을 해서는 되지 않고 민족성을 개조해야만 장구한 혁명을 이룰 수 있는 것이고 그럴 때만이 조선의 독립은 국제적 승인하에서 자연스럽게 이루어질 수 있다는 것이다. 또한 그럴 때만이 독립 이후에도 건강한 국민국가를 유지할 수 있다는 생각이었다. 이런 점들을 고려할 때 그가 윤치호에 대한 찬사의 글을 쓴 것은 결코 우연이라 할 수 없을 것이다. 1927년 2월 잡지 『동광』에 발표한 '규모의 인 윤치호씨'를 보면 당시 이광수의 이러한 심정을 어느 정도 재구성할 수 있다. 잘 알려져 있는 것처럼 윤치호는 신민회의 구성원으로 독립운동을 하였던 이로 3 · 1운동 때 참가하지 않았다. 많은 사람들이 의아하게 생각하였다. 윤치호는 미국과 유럽이 결코 일본과 맞서지 않으리라고 단정하였기에 윌슨의 민족자결주의나 파리 강화회의에서 제국 열강들이 조선의 독립을 보장해주지 않으리라고 생각하였다. 그렇기 때문에 이것에 호소하는 독립운동에 가담하지 않았던 것이다. 오히려 내적으로 실력양성을 해야 한다고 믿고 있었던 것이다. 이광수는 이러한 윤치호의 안목에 경이로움을 표하였다. 자기는 상해에서 겪고 난 다음 깨달은 것을 윤치호는 조선에 앉아서 내다보았다는 사실에 놀라지 않을 수 없었다.

이러한 민족개조론은 제국주의의 식민지 지배보다는 조선인들의 내적 취약성을 우선하기 때문에 민족허무주의적 요소를 강하게 가지고 있는 것이다. 독립, 자치 그리고 동화에 앞서 중요한 것이 민족개조라는 이광수의 논지에서 분명하게 드러나고 있는 것처럼, 이전에 지녔던 실력양성론과는 일정한 차이가 있는 것이다. 그가 이러한 주장을 하게 된 데에는 환멸이 강하게 작용하고 있다. 상해에서 직접 겪은 임시정부 내부의 분열과 또한 미국 · 중국 · 러시아 등지에서 이루어지는 독립운동의 분열상에서 이광수는 강한 환멸을 느꼈을 것이고 이러한 것으로 하여 무엇보다 조선인들이 자신의 민족성을 개조해야 하는 일에 착수해야 한다고 생각했을 것이다. 민족주의와 분명히 다른 국민주의의 태도라고 할 수 있을 것이다. 독립을 배제하지 않고 여전히 고려하고 있지만 실력양성과 분리하여 사고하는 것이다.

민족개조론에 입각한 실력양성론을 내세운 이광수는 독립에 더 이상 매달리지는 않았지만 그렇다고 이를 배제하지 않았다. 흔히 귀국 후 이광수를 묘사하면서 마치 독립운동을 포기하고 일본 제국에 협력하는 것으로 보는 것은 그런 점에서 옳지 않다. 물론 이광수가 귀국한 이후 조선총독부는 이광수를 체제 내 인물로 만들려고 다각도로 노력한 것은 사실이지만 이것이 곧 이광수가 독립을 포기했다는 증거로는 되지 않는다. 조선총독부와 이광수는 동상이몽을 꿈꾸었다. 조선총독부는 민족개조를 통한 실력양성론을 이광수가 독립을 포기하는 도정으로 인도해 나가려고 하였을 것이고, 이광수는 이를 먼 훗날 도래할 독립의 전제로 삼으려고 하였던 것이다. 조선총독부와 이광수 사이에는 지루한 협상이 이어졌다. 이처럼 이광수가 독립에 더 이상 매달리지 않았지만 독립을 포기한 것은 아니라는 점은 조선총독부의 조선어 정책에 대한 반박에서 어렵지 않게 읽을 수 있다.

1935년 10월 조선총독부에서 '내선공학'을 들고 나오자 많은 문학가들이 이에 항의하였다. 부르조아문학과 프로문학의 구분 없이 모두 조선어의 수호를 위해 힘을 합쳤다. 문학가들의 집단적 공식 성명은 없었지만 개벽적으로 성토하는 글을 발표하였다. 프로문학의 축을 대표하여 임화가 '내선공학'을 반대하는 글을 하였다면 부르조아문학을 대표하여 이광수가 반대의 글을 발표하였다. 『조선일보』 1935년 10월 17일부터 20일까지 발표한 「공학에서 파생할 몇가지 문제」는 당시 이광수의 반식민주의를 잘 보여준다.

조선인은 언제나 조선인대로 있는 것이 좋지 아니할까. 모든 꽃으로 한 꽃을 만들어 버릴 필요가 없지 아니한가. 조선인은 조선인대로 있으면서 조선인 독특의 문화적 사명을 다하게 하는 것이 합리하지 아니할까. 조선어는 조선어대로 발달을 시키고 조선문학 조선예술 조선의 모든 전통은 그대로 발달을

시키는 것이 문화적이요 합리적이 아닐까. 만일 그렇다하면 차라리 초등 중등 학교에서 다른 학과를 변통하더라도 조선어의 학과를 더 가하여서 금후 조선인으로 하여금 더욱 조선인의 특색과 가치를 가진 조선인을 양성하도록 함이 도리어 위정자의 정당한 긍지가 되지 아니할까. 그렇다고 하면 조선어문과 조선의 역사를 위시하여 조선적인 것을 장려는 할지언정 제거하려고 노력할 이유는 없는 것이다.[8]

내선공학을 통하여 조선어를 말살하려고 하던 조선 총독부의 의도를 간파하고 반대하는 글을 발표하였다. 민족개조를 통한 실력양성이란 것이 독립에 매달리지는 않지만 독립을 배제하지 않았다는 점을 아주 잘 보여주는 대목이라 할 수 있다. 그런 것을 고려할 때 1938년 말 이후 이광수가 내선일체를 외치면서 친일 협력의 길을 걷기 시작한 것은 그의 전 문학적·사상적 행정에서 일대 변화라고 하지 않을 수 없다.

## 3. 독립의 포기와 차이의 해소를 통한 일본신민 되기

### 1) 일본 제국의 혈통내셔널리즘과 단일민족론의 비판으로서의 내선일체

일본이 무한삼진을 함락하였을 때 이광수의 충격은 표현하기 어려울 정도로 컸다. 민족개조를 통한 실력양성이란 것이 비록 민족허무주의적인 색채가 농후한 것이기는 하지만 외부의 국제적 정세에 편승해서 독

---

8) 『이광수전집』 9, 삼중당, 1971, 458면.

립을 얻는 전망을 포기한 것은 아니었다. 상해 시절을 통해 얻은 교훈은 아무리 국제적 정세가 조선의 독립에 유리하게 전개된다 하더라도 조선 내부의 실력이 쌓이지 않으면 헛된 것이라는 점이었지 결코 국제정세를 무시하는 것은 아니었다. 여전히 민족개조를 통해 실력양성을 하면서 국제적 정세를 엿보았다.

그런데 일본의 침략으로 시작된 중일전쟁에서 중국은 어이없게 일본의 무력 앞에 무너졌다. 무한삼진의 함락은 중국의 패배를 극적으로 보여준 것이기에 이광수는 심한 충격을 받았을 것이다. 이제 더 이상 독립의 기회를 얻을 수 있는 희망이 없는 것이다. 독립의 전망을 상실했을 때 민족개조를 통한 실력양성은 더 이상 의미를 가지기 어려운 것이다.

무한삼진의 함락에도 불구하고 중국의 국민당과 공산당은 변방에서 여전히 대일 전선을 형성하고 있었고 미국과 소련은 일본의 침략 행위를 비판하고 있었기 때문에 이러한 사태를 조선의 독립을 위한 좋은 기회로 보고 새롭게 전열을 가다듬는 이들과 달리 국민주의자로서의 이광수는 절망에 쉽게 빠지게 되었다. 국제적 정세가 아무리 나빠졌다 하더라도 실력양성을 통한 독립에 대한 기대가 강하다면 이를 이겨낼 수 있었을 것이다. 하지만 이미 내부적으로 조선인들의 역량에 대한 회의와 환멸 속에서 민족개조론을 외치다 보니 절망은 한층 쉬웠을 것이다. 독립의 전망을 상실한 이광수가 선택한 것은 조선인들의 일본인화였고 나아가 조선인들의 차별 철폐였다. 독립의 가능성이 거의 없는 상태에서 조선의 독립을 준비하고 외치는 것은 일종의 허위의식이며 이것은 무고한 조선 인민들을 영원히 차별 상태에 방치해두는 잘못된 지식인의 태도라고 보았던 것이다. 그렇기 때문에 이러한 상태에서 할 수 있는 것은 조선인들이 일본인이 되어 또한 조선 민족과 일본 민족이 하나가 되어 더 이상 차별을 받지 않는 것이야말로 계몽적 지식인인 이광수 자신이 해야 할 일이라고 보았던 것이다. 독립의 전망이 존재할 때 일본의 피식민지인으로 차별받고 살아가는 것은 훗날 도래할 독립을 위한 준비일 수 있지만, 독립의 전망이 없을 때 일본의 식민지인으로 차별받고 살아가는 것은 무모한 일이라는 것이다. 선각자로서의 자신이 할 수 있는 것은 속인들이 던지는 무지의 욕을 먹는 한이 있더라도, 진정한 내선일체를 위해 자신의 몸을 던지는 것이라고 이광수는 생각하였다. 2천만 조선민중을 위해 자신을 희생하는 것이야말로 자신이 할 수 있는 최선의 일이라고 생각하였다. 근대문학을 시작할 때 구태에 익숙한 사람들로부터 욕을 먹으면서도 굴하지 않고 자신의 길을 걸었던 것처럼, 이 새로운 전인미답의 길을 열어 놓아야 한다고 생각하였을 것이다. 그렇기 때문에 가식적인 '내선일체'가 아닌 진정한 '내선일체'를 주장하였고 이를 위해 모든 것을 감수하였던 것이다.

진정한 '내선일체'에 모든 것을 건 이광수가 행한 행동은 두 가지 방면으로 이어졌다. 하나는 조선인들에게 일본인처럼 되라고 주문하는 것이고, 다른 하나는 일본인을 향하여 조선인을 동포처럼 대해주라고 간청하는 것이다. 왜냐하면 '내선일체'는 조선인과 일본인 양측 모두에게 입장의 전환이 요구되는 것이기 때문이다.

### (1) 내외 조선인에게 '내선일체'를 주문

일본인에게 내선일체의 요구를 하기 위해서는 우선 조선인들부터 변하여야 한다고 생각한 이광수는 조선인들에게 강한 요청을 한다. '내선일체'를 위해서 조선인들이 해야 할 일은 지원병으로 지원하는 것과 창씨개명을 하는 것이다. 이 둘이 이루어져야 일본인들에게 '내선일체'를 요청할 수 있는 위신이 선다고 보았던 것이다.

1938년 3월 조선인들의 지원병령이 내린 것을 이광수는 조선인이 진정한 일본인이 되고 이후 차별받지 않을 수 있는 절호의 기회라고 생각하였다. 그 동안 일본제국은 조선인들에게 군대에 지원할 수 있는 것을 막았다. 일본 제국에 대한 조선인들의 충성을 믿지 못하였기 때문에 혹시나 있을 수 있는 전쟁에서의 돌발사태를 고려하여 원천봉쇄하였다. 하지만 일본 제국이 전쟁에 돌입하면서 병력이 모자라자 조선인들의 지원을 허락하였다. 이광수는 이것이 조선인으로서는 제국의 신민이 될 수 있는 좋은 기회라고 생각하여 많은 이들이 지원할 것을 독려하였다. 피를 흘려야만이 일본인들이 조선인을 같은 동포로 대우해줄 것이라고 믿었다. 피를 흘리지 않는 조선인들을 왜 일본인들이 동포로 취급해주 겠느냐 하는 것이었다. 이인석 상병이 지원을 하여 전사하였을 때 그에게 고맙다고 할 수 있었던 것은 바로 이러한 맥락에서 나온 것이다. 제2의 이인석을 촉구하는 시를 지었던 것은 그런 점에서 결코 우연한 일이 아닌 것이다. 조선의 젊은 청년들이 일본군으로 전쟁터에 나가는 것은 독립의 희망이 없는 조선의 현실에서 영원히 차별받지 않고 살아갈 수 있는 유일할 길이라는 확신이 서 있었기에 이러한 시가 가능한 것이다. 오늘날 보면 외압에 의해 어쩔 수 없이 마음에 없는 시를 썼다고 할 지 모르지만 이는 당시 이광수의 내적 논리를 이해하지 못한 소산이다. 이 광수는 2천만 조선 민중의 복지를 위해 이러한 시를 썼고 자신은 그들을 대변해야 하는 것이라고 생각하였다.

다음으로는 창씨개명이다. 성와 이름을 바꾸어야만 누가 원래 조선인이었는가 하는 것을 알 수 없게 되고 그럴 때만이 차별이 없어지는 것이라는 논리이다. 차별을 받지 않기 위해서는 창씨개명에 적극 참여해야 한다고 믿었던 것이다.

> 내선일체를 국가가 조선인에게 허하였다. 이에 내선일체 운동을 할 자는 조선인이다. 조선인이 내지인과 차별없이 될 것밖에 바랄 것이 무엇이 있는가. 따라서 차별의 제거를 위하여 온갖 노력을 할 것밖에 더 중대하고 긴급한 일이 어디 또 있는가. 성명 석자를 고치는 것도 그 노력 중의 하나라면 아낄 것이 무엇인가. 기쁘게 할 것이 아닌가. 나는 이러한 신념으로 향산이라는 씨를 창설하였다.[9]

피와 살이 일본인처럼 되어야 한다고 했을 때 그것은 결코 강요된 것이 아니었다. 차별을 받지 않고 당당하게 대우받고 살기 위해서는 구분이 없어져야 한다는 것이다.

조선인과 일본인의 차이 해소를 통하여 일본제국의 신민이 됨으로써 차별을 극복하려고 하였던 이광수의 주관적 희망과 노력은 당시 일본제국 내에 존재하였던 일본 제국의 단일민족론과 혈통내셔널리즘에 대한 비판의 의미를 가졌다. 당시 일본 내에서는 일본 민족의 기원을 둘러싸고 상이한 입장이 공존하였다. 다민족론은 일본 자체가 다양한 민족으로 구성되었다고 보았는데 이들은 그런 점에서 내선일체를 지지할 수 있었다. 조선인이 일본어와 일본 풍습을 배우면 얼마든지 일본제국의 신민이 될 수 있다고 보았다. 다민족론과 언어내셔널리즘은 그런 점에서 통할 수 있었다. 단일민족론은 일본 민족은 단일한 혈통으로 오랜 세월 진행되었기에 순수혈통의 우수성을 견지하고 있어 결코 다른 민족 특히 식민지 피지배민족과 섞일 수 없다는 입장이었다. 단일민족론과 혈통내셔널리즘은 궤를 같이 하였다. 이러한 두 개의 입장 중에서 이광수가 기대덨 것은 다민족론과 언어내셔널리즘이었고, 비판하였던 것은 단일민족론과 혈통내셔널리즘이었다.

이광수의 이러한 태도는 반도 내에 있는 조선인뿐만 아니라 재일조선인에게도 미쳤다. 『내선일체수상록』은 재일조선인을 주 대상으로 한 글이다. 1941년 5월 일본 동경에 있는 중앙협화회의 이름으로 발간된 이 책자에서 이광수는 자신의 유학시절을 떠올리면서 재일조선인들이 일본어와 일본 풍습을 익히는 것이 '내선일체'를 앞당기기 위해 얼마나 중요한 것인가를 설파하고 있다. 그런데 이 글에서 중요한 것은 역시 혈통내셔널리즘과 단일민족론에 대한 비판이다.

---

9) 이광수, 「창씨와 나」, 『매일신보』, 1940.2.20.

일본인이란 일본정신을 소유하고 또 그것을 실천하는 자를 가리킨다. 우리 제국은 예로부터 그러했거니와 금후 한층 혈통국가여서는 안 된다. 이따금 내선은 혈통에 있어서도 적어도 전인구의 1/3의 혼혈률을 갖고 있어 보여 하나로 되고 하나의 국민을 조형함에는 참으로 좋은 형편이라고까지 말해지고 있지만 대동아공영권 건설을 위해서는 오히려 혈통이란 방해가 될 수도 있다. 항차 팔굉일우의 큰 이상으로써 전 인류를 포섭하고자 함에 있어서랴.[10]

천황의 이름으로 혈통내셔널리즘과 단일민족론을 비판함으로써 내선일체를 통한 차별극복이란 자신의 구상을 한층 강하게 설파할 수 있었던 것이다.

### (2) 내외 일본인에게 '내선일체'를 요구

'내선일체'의 요구는 비단 조선인에게만 해당되지 않는다. 일본인에게도 요구하였다. 특히 일본인들 사이에는 혈통내셔널리즘과 단일민족론을 지지하는 사람들이 많았기 때문에 더욱 중요하였던 것이다. 이광수는 재조 일본인들뿐만 아니라 일본에 있는 일본인들을 향해 발언할 수 있는 기회가 오면 기꺼이 나섰다. 동경에 있는 일본인과 조선에 있는 일본인 모두를 향해 이광수가 내선일체를 요구한 첫 글은 「동포에게 보낸다」이다. 재조일본인을 주된 독자층으로 삼고 있었던 『경성일보』에 발표하기는 하였지만 문맥으로 보아 비단 재조일본인에 그치는 것이 아니고 동경에 있는 일본인을 향해서도 발언한 것이다. 경성의 일본인을 발판으로 삼아 일본 전체에 발언하고자 했던 것이 아마도 이광수의 속내였을 것이다. "그대가 만약 동경에 살고 있다면 동경에 있는 조선학생들을 군의 가정에 맞이해 보지 않겠는가. 따뜻하고 정갈한 그대 가정의 하루는 능히 그들의 마음의 언 얼음덩이를 녹이리라. 그런데

---

10) 이광수, 「행자」, 『이광수의 일어 창작 및 산문선』(김윤식 편), 역락, 2007.

조선에 있어서조차 내지인과 조선인 사이의 개인적 가정적 접촉은 매우 적다네. 서로가 같은 직장이나 회사에서는 친구이지만 서로가 가정에 초대받는 일은 주저하고 있는 것 같다네. 이러고서는 참된 '접촉'이라 할 수 없다네. 그대여, 내 집에 와주지 않겠는가"라는 대목을 보면이 글은 일본에 있는 일본인과 조선에 있는 일본인 모두를 독자층으로삼아 쓴 글이 분명하다. 그 동안 조선인은 한번도 일본에 굴복하는 태도를 가져보지 않았고 언제가 도래할 독립을 위해 반역의 정신을 키웠지만 이제는 달라졌다는 것이다. 이광수는 자신의 마음이 바뀌게 된 결정적 계기가 중일전쟁이라고 하면서 이제부터 조선인들의 희망은 영원한 차별을 받아가면서 살아가기보다는 동등한 일본국민으로 살아가는것이라고 주장한다.

> 지금 조선인에 남아있는 유일한 희망은 평등 또는 동등한 일본인이 되는 것이라네. 이를 제하면 아무 것도 없다네. 조선은 이미 일본에서 분리하려는 공상은 포기했다네. 자자손손 평등 및 동등한 일본국민으로서의 영광을 누릴 수있다면 무엇이 괴로워 대일본제국이라는 넓디넓은 활동 무대를 버리고 답답하도록 비좁은 소국가를 세우고자 하는 생각을 일으키랴.11)

독립을 포기한 조선인들이 기댈 수 있는 것은 차별받지 않고 살아갈수 있는 길이라는 것이다. 일본인들이 야마토 민족의 단일 혈통만을 고집하고 말고 조선인을 일본 신민으로 받아들여줄 것을 간청하는 것이다. 그러면 조선인은 일본국을 위해 목숨을 바치려 전쟁터에도 기꺼이갈 것이고 일본어를 배워 일본 정신을 배울 것이며 일본인의 풍습을 따르기 위해 창씨개명도 기꺼이 할 것이라는 주장이다. 이러한 선언 이후에 이광수는 틈만 나면 일본에 살고 있는 일본인뿐만 아니라 조선에 살

---

11) 위의 책, 166면.

고 있는 일본인들을 향해서도 이러한 간청을 하게 된다.

우선 재조일본인들 향해 이광수가 한 발언부터 보자. 재조일본인을 주 대상으로 발행되던 『경성일보』에 발표한 글 「무부츠 옹[無佛翁]의 추억」에서 이광수는 죽은 아베를 조선인을 차별없이 대한 대표적인 일본인으로 그리고 있다. 조선인들을 차별하는 총독부의 관료와 대립하여 분노하고 있는 아베를 인상적으로 그리고 있다. 당시 조선총독부에 와 있던 한 관료가 각계각층의 조선인들을 동등하게 대하고 있는 아베를 못마땅하게 생각하여 비난하는 것을 들은 아베는 조선총독부 관료에 대한 분노로 인하여 조선을 떠나기까지 할 정도였다. 아베는 그러한 일본인들을 건방진 사람이라고 일컬으면서 그들이 조선에서 일하는 한 조선인은 결코 동등하게 대우받을 수 없다고 강조하였다.

"일본과 조선은 예로부터 하나로 될 수밖에 없지. 하나로 되는 것이 서로 형편이 좋지 않을까" 등의 말도 하는 것이었다. "그렇게 하기 위해서는 일본인이 건방진 생각을 버리지 않으면 안될 걸. 개개인이 그 마음으로써 묶여져야 비로소 하나가 되는 것인데, 관리들이 위세를 부려서야 되겠어." 옹은 이렇게 말하면서 조선에서 지닌 분개함을 이마에 나타내었다.

조선인을 차별하는 건방진 일본인과 대조되는 일본인으로서의 아베를 기리는 것은 향후 재조일본인들이 아베처럼 행동하기를 간절하게 원하는 마음에서 나온 것이다.

이광수는 기회가 닿는대로 재조일본인에게 다민족론의 정당성을 요구하고 그 연장선에서 내선일체를 주장하게 되는데 여기에는 오랜 친분이 있던 아베만이 아니라 새롭게 만나는 재조 일본인 지식인도 포함되어 있었다. 경성제대 교수 마쓰모토 시게하루[松本重彦]는 그 대표적인 인물이다. 이광수는 대화숙에서 강사로 왔던 마쓰모토 시게하루로부터 단일민족론과 혈통내셔널리즘을 비판하는 이야기를 듣고 깊은 감명을 받았다. 「행자」에 보면 당시 이광수가 그로부터 받은 인상이 얼마나 강했는가를 짐작할 수 있다.

　　모두 고마운 말씀이나 특히 고마운 것은 "일본에는 민족적 차별이란 없다. 신라나 고구려에서 귀화한 조선인은 양자로 일본인으로 되고 말았다. 혈통은 따질 것이 아니다. 대만인도 조선인도 일본인이다. 이로부터 떠나고자 하는 것은 구한국인이다……일본은 일민족 일국가이다. 결코 일본 민족 속에는 차별이란 것이 없다. 천황 밑에 있어서는 일본인은 일체 평등하다"라고 한 대목이오 (…중략…) 혈통의 것이란 문제가 아님을 교수는 말씀했지요. 정신만이 일본정신으로 된다면 조선민족은 양자적으로 일인으로 된다고 말씀했소.[12]

　마쓰모토 시게하루[松本重彦] 교수의 입론을 통하여 일본제국 내의 혈통내셔널리즘을 비판하고 있는 것이다. 이광수는 이러한 재조일본인을 그냥 내버려두지 않고 자신의 차별 극복 전략으로서의 내선일체론에 적극적으로 활용하였다. 아베가 죽어 없는 마당에 경성제국대학 교수의 활용 가치는 높았을 것이다. 1943년 1월 1일 『매일신보』 대담에서 이광수는 대화숙에서 강의를 들었던 1941년 초무렵을 회상하면서 다시 한번 자신의 입론을 선전한다. 이광수는 이 재조 일본인 교수와의 대담에서 처음에는 일반적인 이야기를 하다가 다시 이 대목을 강조하면서 대담을 마치고 있다. 다소 길지만 당시 이광수의 내선일체 논리를 확인하기 위하여 인용한다.

　　香山씨: 언젠가 선생은 양자라는 것에 대해서 "혈족이 아니라도 양자가 되면 그 집의 사람된다"고 말씀을 하셨고 조선인이 황국신민이 되는 것도 양자가 되는 것이라고 말씀하신 것같이 생각됩니다만.

---

12) 위의 책, 100~101면.

松本씨 : 나는 역시 그렇게 생각하고 있습니다.

香山씨 : 조선인은 자기들을 내선일체라고 말은 하고 있으나 어떤지 모르게 자기들은 참으로 당당한 황국신민이 될 수 있는지 하는 의심이라고할가 불안이라고 할가 이러한 생각을 갖는 자도 없지 않다고 생각되는데 선생은 황국신민에는 차별은 없다. 모두 평등하다고 말씀하였으며 또 천황폐하의 황민이 된 때에는 조선인도 다 같이 황민으로서 차별은 없다고 하시었는데……

松本씨 : 아국의 국상에 있어서는 인종의 차라는 것은 그다지 문제로 삼지 않았을 뿐 아니라 이 종족의 문화상의 차도 문제가 되지 않았습니다. 이종족이거나 또는 이문화를 가진 민족이거나 그들이 스스로 국가에 봉사하는 자에게는 역량재간에 응하여 적당한 지위를 주고 특히 우수한 자에게는 귀인의 대우를 주어서 그 뜻을 성취케 하여 왔으니 이것은 역사가 보여주는 바와 같습니다. 아국은 이인종이나 이문화를 가진 자를 배척한다든가 또는 멸시한다는 생각은 조금도 없습니다. 오히려 우수한 외국인 우수한 이종족을 보면 도리어 존경하는 품이 과도하다고 생각되는 편입니다. 그러므로 일본인과 동근동조라고 생각되는 조선인이 우선 황국신민의 일분자로서 국가를 위하여 진력하려고 하는 생각을 가지고 있는데 이것을 멸시한다든가 혹은 배척한다든가 하는 생각은 원래 없어야 할 것입니다.13)

만약 당시 재조 일본인들 사이에 단일민족론이나 혈통내셔널리즘이 강하지 않았다면 이광수는 이 일본 교수를 이렇게까지 등장시켜 내선일체를 선전하지는 않았을 것이다. 되풀이 하여 그를 불러낸 것을 보면 당시 재조일본인 사이에는 이 혈통내셔널리즘과 단일민족론이 강했음을 알 수 있다.

일본인에 대한 요구는 비단 재조일본인에게 그치지 않고 일본에서 살고 있는 일본인들에게까지 미치고 있다. 이 시기에 내선일체를 지지

---

13) 『매일신보』, 1943.1.1.

하는 일본인을 떠올렸을 때 그가 가장 먼저 불러낸 인물은 그 동안 여러 번 만나 친하게 지냈던 도쿠토미 소호[德富蘇峰]이다. 창씨개명을 하고 난 다음 보낸 편지[14]에서 이광수는 도쿠토미 소호에게 조선인과 내지인이 하나가 될 수 있음을 역설하고 이에 대한 동의를 구하고 있다. 당시 일본 내에서는 단일민족론과 다민족론이 각축을 벌이고 있었는데 도쿠토미 소호는 다민족론에 서 있었다는 지적[15]을 고려하면 당시 이광수가 그를 불러내고자 했던 이유를 알 수 있다.

오랜 친분이 있던 도쿠토미 소호뿐만 아니라 최근에 이르러 얼굴을 맞대게 된 고바야시 히데오에게도 자신의 입론을 동의해줄 것을 요청한다. 고바야시 히데오의 부탁으로 일본의 문학 잡지 『문예계』에 발표된 「행자」는 이를 잘 보여주고 있다. 고바야시 히데오에게 보내는 편지 형식으로 된 이 글에서 이광수는 대화숙에서 들은 경성제대 교수가 행한 감동적인 강연 내용을 전하는데 그중에서도 가장 감동을 받은 대목은 바로 혈통은 따지지 않는다는 대목이다. 당시 일본 내에서는 두 가지의 입장이 공존하였다. 하나는 조선인들을 포함한 식민지인들을 일본인으로 취급할 때 혈통적 구분은 해야 한다는 것이었고, 다른 하나는 혈통같은 것은 따지지 말고 문화적으로 통합되면 일본인으로 받아들여야 한다는 것이었다. 전자의 경우 설령 법적으로 식민지인들이 일본의 국민이 된다 하더라도 그 내부에는 차별이 존재할 수밖에 없는 것이다. 일본 야마토 종족의 순수성을 지켜야한다고 하는 데서 나온 이러한 생각은 당시 일본 내에서 널리 퍼져 있던 견해였다. 이럴 경우 아무리 내선일체를 이야기한다 하더라도 조선인들은 이등국민을 벗어나기 어렵고 차별을 감내해야 하는 것이다. 이광수는 바로 이러한 생각을 불식시켜야 하고 이것이 지식인으로서 선각자로서의 자기가 해야 할 의무라고 보았다. 대화숙에서 강연한 일본인 교수는 이러한 입장에 반대하면

14) 김원모, 「춘원의 친일과 민족보존론」, 『한국민족독립운동사의 제문제』, 범우사, 1992.
15) 오쿠마 에이지, 조현설 역, 『일본 단일민족신화의 기원』, 소명출판, 2003, 417면.

서 혈통은 따지지 말고 문화적으로 일본인이 되면 동등하게 대우해야 하고 차별을 없애야 한다는 쪽이었기 때문에 이를 고바야시 히데오에게 전하고 동의를 구하는 것이다.

조선이 독립을 할 수 없는 마당에 일본 제국의 신민이 되지 않는다면 영원히 노예 혹은 이등국민으로 차별 받고 살 것이라고 단정하고 이를 극복하기 위해서는 '내선일체'를 완벽하게 관철하는 것만이 길이라고 믿었던 이광수는 이를 위해 열심히 뛰는 것만이 2천만 조선민중의 복지를 위한 것이라고 생각하였다. 실제로 일본의 조선에 대한 식민지 지배 정책은 강점 직후부터 의무교육과 징병령이 내려졌던 일제말까지 변함 없이 일본제국은 언어내셔널리즘이 아닌 혈족내셔널리즘에 기반을 두고 식민지 지배를 하였다는 사실16)을 고려할 때 이광수의 노력은 그 자체로 의미를 가질 수 있다. 혈족내셔널리즘의 식민지 지배보다는 언어 내셔널리즘을 호소하였다고 해서 식민지의 사태가 달라지는 것은 아니다. 이것들은 모두 일본의 식민지 지배를 전제한 뒤에 가능한 것이고, 조선의 독립을 불가능한 몽상으로 치부한 다음에 오는 것이기 때문에 말한 나위도 없이 제국주의와 식민주의에 협력하는 것이다.


## 2) '대동아공영권'과 '내선일체'의 곤혹

일본 제국의 단일민족론과 혈통내셔널리즘을 비판하면서 '내선일체'의 친일 협력을 하였던 이광수는 일본이 1940년 10월 이후 '대동아공영권'을 내세우면서 심각한 내부 혼란을 겪게 된다. 그 동안 이광수가 취했던 전략은 '내선일체'를 기본으로 하는 것이며 이것은 나름대로의 역사적 근거를 가지고 있다고 믿었다. 즉 조선의 유교가 들어온 이후부터

---

16) 고마고메 다키시, 오성철 외역, 『식민지 제국 일본의 문화통합』, 역사비평사, 2008, 440~446면.

조선이 중국과 같은 문화적 계통을 형성하였지만 그 이전에는 조선과 중국은 전혀 다른 문화를 유지하고 있었다는 것이다. 단군 이후 삼국시기까지 조선은 오히려 일본과 동일한 계통이라는 것이다. 바로 이것이 조선과 일본이 하나라는 역사적 근거라고 주장했었다. 실제로 유교가 들어오기 이전에 조선과 중국은 다른 문화적 계통이었다는 것은 1938년 말 이광수가 친일 협력을 하기 시작하면서 만들어낸 생각은 아니다. 1910년대 민족주의를 표방하던 시절에 이러한 사상을 뒷받침할 수 있는 역사적 근거로 곧잘 이러한 역사관을 이야기하곤 하였다. 이광수는 1917년 10월 동경에서 쓰고 1918년 3월 『청춘』 잡지에 발표한 「부활의 서광」에서 다음과 같이 말한 바 있다.

조선인도 단군이 하늘에서 하강하였다 하였으니 자기를 상제의 적자로 자신하였던 것이 분명하였다. 그러하거늘 처음 한문을 읽던 어리석은 우리조상네가 이 이치를 모른 까닭으로 단군을 버리고 요순을 숭하였으며 상제의 적자라는 영광스러운 지위를 버리고 소중화라는 노예적 별명에 隨喜感泣하게 되었다. 이리하여 마침내 자기네가 단군선조적부터 계승하여 오는 사상 감정과 생활양식을 버리고 힘써 공맹을 산한 중국인을 본받았다. 그로부터 우리는 '아이고 아파'하고 울지 아니하고 '嗚呼痛哉'하고 울어야 하였으며, '우리 임금마마'라 하기를 그만두고 '朝鮮國王殿下'라 하고야 만족하였다. 그네의 눈에 백두산은 태산보다 낮았으며 금강산보다 양자강 벌판의 거무데데한 봉우리들이 아름다웠다. 이 모양으로 他를 己에게 동화하는 대신에 己를 他에게 동화하였다. 소중화라는 부끄러운 명칭은 실로 중국인이 미련한 조선인에 하사한 것이니 이 명칭을 받는 날이 즉 조선인이 아주 조선을 버린 졸업일이라, 이 때에 조선인은 죽었다.[17]

---

17) 『이광수전집』 9, 삼중당, 1971, 28면.

유교가 들어오기 이전에 조선인들이 만들었던 문명 예컨대 신라에 대한 찬미를 한참 하고 난 다음에 그가 언급한 위의 대목은 그가 얼마나 유교 이전의 조선의 고대문명에 대해서 얼마나 강한 애정을 갖고 있었나 하는가를 잘 보여주고 있다. 1938년 말 친일협력 이후 이광수의 생각은 조금 바뀌기 시작하였다. 신라의 통일 이후 고구려나 백제에서 일본으로 건너간 이주민들의 정착을 근거로 조선과 일본이 고대에서는 서로 같은 뿌리를 가지고 있었다고 주장하게 되는 것이다. 이를 근거로 '내선일체'를 주장하게 된다. 견강부회의 역사적 근거를 들고 나온 데는 앞서 보았던 것처럼 이등국민으로서 차별받지 않으려고 하는 이광수의 염원이 크게 작용한 것으로 보인다. 그렇게 해서라도 조선인과 일본인들을 설득시켜 동등한 권리를 주장하려고 하였던 것으로 보인다.

하지만 1940년 10월 이후 '대동아공영권론'이 일본 제국의 식민주의 논리로 대두하면서 이광수의 논리는 차실을 겪게 된다. 역사적 근거에 바탕을 둔 '내선일체'를 계속 주장하게 될 경우 '대동아공영권'과 배치되는 문제가 생기게 된다. 고대 사회에서 조선과 일본이 하나였고 중국은 이들과 다른 것이라고 주장하였는데 이러한 것은 결국 중국을 배제하는 효과를 갖게 되고 이는 '대동아공영권'과 일정하게 배치되는 결과를 야기하게 된다. 이광수 스스로 자신의 난감함을 다음과 같이 표현하고 있다.

이 글은 금년 3월 말경에 쓴 것으로 이러한 생각이 옳은가 아닌가를 지난 5개월간 음미해왔다. 최근 『경성일보』 미타라이 사장께서 읽어보시고 이로써 좋다고 했으나 4월 이래 내외 정세가 다소 변했다. 그 하나는 창씨가 전 인구의 8할 9분 3리에 이르렀으며 또 하나는 의무교육의 실시에 관한 것이 유유히 정식으로 발표되었다는 사실이다. 그러나 현재 그 준비를 하고 있기에 쇼와 20년 이내에 실시되리라 한다. 또한 4월 이래 변한 것으로는 유럽의 동정이다. 역사도 문화도 밝은 몇 나라가 툭툭 쓰러져 저 프랑스조차 무조건 항복했고

바야흐로 열국이라는 이백년 이래 세계를 내 것으로 해온 대제국의 문명도 아무래도 위험해지고 있다. 구질서가 일소되고 세계적으로 신질서가 생기고 있다. 이 사실은 일본의 사명을 분명히 한 것으로 생각된다. 아리타 전 외상의 성명에 의해 동양까지도 휘몰아칠 동양질서 확립이 목표로 되어 본다면 제국이 지금부터 해야 할 사업은 동아신질서보다도 배가되었다고 하겠다.[18]

무한삼진 함락 이후에 일본이 내세운 것이 바로 '동아신질서'였다. 파리 함락 이후에 일본이 본격적으로 내세운 것이 바로 '대동아공영권'이다. 이광수가 새로운 '대동아공영권론'을 언급하지 않고 "지금부터 해야 할 사업은 동아신질서보다도 배가되었다고 하겠다"라고 한 것은 난감한 속내를 그대로 보여주고 있는 것이다. '동아신질서'와 '내선일체'는 공존 가능한 것이지만 '대동아공영권'과 '내선일체'는 공존하기 어려운 대목이 많기 때문이다. 이광수는 이후 한편으로는 과거와 같이 차별없는 평등한 국민되기를 외치면서 다른 한편으로는 '대동아공영권'과 '내선일체'의 충동을 해소할 수 있는 새로운 논리를 모색하였다. 그것은 '내선일체론'을 뒷받침하고 있는 다민족론을 한층 확장하는 것이다.

이러한 곤혼스러움을 해소하려고 노력한 것이 '내선일체'의 연장으로서의 아시아론이다. 일본과 조선이 하나가 된 것처럼 나아가 중국과 하나되고 더나아가 아시아 다른 나라들과 하나가 된다는 논리이다. 아시아 모든 민족들은 모두 같은 혈통이라고 주장하는 것이다. '내선일체'의 연장으로서의 '대동아공영권론'은 기본적으로 혈통주의에 기초한 것이기 때문에 기존의 이광수 논리 내부에서도 자리잡기 어려웠던 것인데 이것을 더욱 확장하여 아시아 전체에 적용한다는 것은 사리에 맞지 않다는 것을 알 수 있다. '내선일체'를 혈통적으로 설명하기 위하여 백제인이 무사시노 지역에 이주한 것을 원용하고 일본 천황의 피에 고대

18) 이광수, 「동포에게 보낸다」, 『이광수의 일어 창작 및 산문선』(김윤식 편), 역락, 2001, 70~171면.

조선인의 피가 흐른다고 했던 것을 어떻게 중국을 비롯한 아시아 각 나라에 확대적용할 수 있는가? 이광수 스스로도 일본과 조선간의 혈통적 연관을 설명하는데 논리적인 비약을 느낄 정도인데 이것을 확장한다는 것은 갑작스럽게 내려온 '대동아공영권' 논리에 적응해보려고 노력한 데서 빚어진 소극이라고 해야 할 것이다. 이광수 스스로도 이후 이러한 논리가 제대로 설득력을 갖기 어렵다는 것을 알게 됨으로써 논리적 곤혹스러움을 한층 강화되었던 것이다.

  '내선일체'를 주장하면서 중국을 비롯한 아시아 여러 나라들을 배제하던 이광수가 '대동아공영' 앞에서 매우 곤혹스러워하였지만 이를 일거에 넘어설 수 있었던 것은 태평양전쟁이었다. 아시아를 하나를 묶을 수 있는 논리가 생긴 것이다. 바로 운명공동체로서의 아시아였다. 아시아 대부분의 나라들이 구미의 식민지였기 때문에 이들로부터 독립하고 해방되는 것이야말로 아시아 모든 나라들의 과제였는데 일본이 이를 맡아주고 있기 때문에 아시아는 운명공동체라는 것이다. 아시아를 묶을 수 있는 그 어떤 것도 찾을 수 없었던 '내선일체'론자 이광수에게 태평양전쟁은 뜻하지 않은 좋은 논리를 제공해주는 계기를 마련하였다. 이런 점을 가장 잘 보여주는 것이 소설 「대동아」이다. 아시아 여러 나라들 중에서 주목한 것은 중국이다. 그 동안 내선일체를 주장하면서 배제하였던 중국을 끌어들이는 작업을 이 소설을 통해 하고자 했던 것이다. 기존의 자신의 논리를 정면으로 포기하지 않으면서도 '대동아공영권'을 받아들일 수 있는 것은 일차적으로 중국을 어떻게 보는가의 문제다. 필리핀, 말레이시아 등은 그 다음이다. 가장 시급한 것은 배제된 중국을 끌어안은 문제였다. 이 작품은 일본인과 중국인이 하나의 운명공동체라는 것을 깨달아가는 과정으로 이루어져 있다. 일본과 중국이 싸우는 이 현실에서 어떻게 일본인과 중국인이 하나가 될 수 있는가라는 중국인 학생의 질문에 일본인 교수는 다음과 같이 답하고 있다.

일본인도 지나인도 아니 아시아 모든 민족이 모두 동종 형제라는 것, 공동운 명체라고 할 수 있다는 말일세. 입술이 없으면 이가 시리다는 말 이상의 관계 라는 것을 알아야 해. 일본 없이는 지나가 존재하지 않는 것처럼, 아시아가 영 미에게 점령당하면 일본도 없는 거나 마찬가지야. 아시아 민족이 하나로 뭉치 지 않고는 영미의 맹아에서 벗어나 밝은 아시아의 미래를 실현할 수는 없어.[19]

구미제국주의의 식민지 억압으로부터 벗어나야 한다는 공통성을 운 명공동체로 치환함으로써 이광수는 '내선일체'와 '대동아공영권'을 공 존하는 길을 모색하기에 이른다. 그 스스로는 이 이상의 논리를 발견해 보려고 노력하지만 결코 쉽지 않은 것이다. 아시아의 다양한 면모를 통 합할 수 있는 논리를 내선일체를 유지하면서는 쉽지 않은 것이다. 내선 일체의 연장으로서의 아시아에 실패한 이광수가 운명공동체로서의 아 시아로 귀결하면서 드러난 것은 전쟁의 무조건적 옹호일 뿐이다. 두 번 에 걸쳐 참가한 '대동아문학자대회'에서 행한 그의 연설은 아시아를 묶 을 수 있는 그 어떠한 논리도 제시하지 못하고 무조건 전쟁에 동참하여 야 한다는 것이다. 학병을 독려하고 징병을 옹호한 것은 '내선일체'적 측면도 있지만 이러한 운명공동체로서이 아시아를 합리화하기 위한 것 이기도 한 것이다.

---

19) 이광수, 「대동아」, 『식민주의와 협력』(김재용・김미란 편), 역락, 2003.

## 4. 안창호와 윤치호 사이에서―국민주의자로서의 이광수

1920년대 이후로 이광수의 사상과 정치적 태도에 큰 영향을 미친 인물은 안창호와 윤치호이다. 실력양성 우선론자였던 이광수가 상해에서 안창호를 만나면서 그의 영향 하에서 『독립신문』을 편집하였고 이를 무대로 실력양성을 통한 독립전쟁론을 펼쳤다. 상해에서 귀국한 이후에는 윤치호를 만나게 되었고 그를 모범적인 인물로 칭송할 정도로 따랐다. 이광수의 머리 속에 자리잡고 있는 안창호와 윤치호는 각각 민족주의와 국민주의의 대표적인 주자로서 독립협회의 조직과 신민회사건 이후 다른 길을 걸었던 것이다. 이광수는 이 둘이 행한 독립협회운동을 자신이 내세운 민족개조론의 첫 움직임이었다고 평가할 정도로 존중하였고 이 두 사람의 행로를 예의주시해오던 터였다.

> 본래 조선사람으로서 미국에 입적하여 다년 그 나라의 문명의 풍조에 씻긴 서재필이 미국 시민의 자격으로 외부고문이 되어 경성에 내주함에 그의 조국이던 조선의 갱생은 도저히 정부의 개혁 정권의 장악으로만 될 것이 아니오 오직 일반 민중의 각성에 있음을 깨달아 독립협회를 일으키니 당시 연소기예하고 미국 선교사와 배재학당을 통하여 서양의 문명을 맛본 이승만 윤치호 안창호 등이 협회의 기하로 모여들어 일변 연설회를 열며 일변 『독립신문』을 간행하여 민중의 각성을 촉하니 이것이 조선서 민족개조운동의 첫소리였습니다.[20]

윤치호와 안창호를 바로 민족개조론의 첫 주자로 파악하고 있을 정도로 이들의 행보에 대해 지대한 관심을 가졌다.

안창호는 무실역행의 실력양성론자인 반면, 윤치호는 민족개조의 실

---

20) 이광수, 「민족개조론」, 『조선의 현재와 장래』, 한성도서주식회사, 1923, 17면.

력양성이었기 때문에 일정한 차이를 가지고 있었다. 무실역행의 실력양성은 즉각적인 독립전쟁론에 상대되는 것으로 돈과 사람이 준비되지 않은 상태에서 막강한 일본과 싸운다는 것은 무모한 것이기 때문에 우선 금전을 모으고 인력을 키워야 한다는 것이다. 따라서 이러한 실력양성은 항상 독립전쟁과 궤를 같이하는 것으로 민족허무주의와는 거리가 멀다. 하지만 민족개조의 실력양성은, 해외독립운동에서 잘 드러나고 있는 것처럼, 조선인들의 분파싸움으로 인한 단결력 부족이 현재 어려움을 야기시킨 원인이기 때문에 이를 고쳐야 한다는 것이다. 따라서 이것은 독립을 배제하지는 않지만 독립전쟁과는 무관한 것으로 민족허무주의적 색채가 강하다. 상해에서 비록 이광수는 안창호의 영향 하에서 무실역행의 실력양성론에 기울어 있었지만 그 내부에는 일정한 차이가 있었다. 당시 안창호와 이광수 밑에서 일하였던 김산의 다음 회고는 비록 훗날의 기억에 의한 것이기는 하지만 이러한 틈을 잘 보여주고 있다.

> 안창호가 부르조아적 원칙을 따르는 민주적 대중운동을 대변하는 반면에, 이광수는 그것과 평행한 상층 부르조아지와 부르조아 지식층의 자유주의적 문화운동을 대변하고 있다. 이광수는 프롤레타리아의 세력 증대에 반대하지만 안창호는 프롤레타리아의 혁명적 역할을 인정한다. 이광수는 가부장제 귀족주의적 경향을 가지고 있지만, 반면에 안창호는 참으로 자유주의적이고 민주적인 지도자이다.[21]

이광수가 조선으로 귀국하려고 할 때 안창호가 말렸다는 이야기는 그런 점에서 새겨볼 만하다. 귀국 후 이광수는 자신의 생각이 안창호의 그것에서 비롯되었다고 말하고 있어 혼란을 가중시키지만 이것은 어디까지나 이광수가 국내에서의 어려운 처지를 타개하기 위한 조치에서

---

21) 님 웨일즈, 조우화 역, 『아리랑』, 동녘, 1984, 91~92면.

나온 것일 뿐이다.

　귀국 후 이광수가 외쳤던 민족개조론은 비록 안창호의 뜻을 이어받은 것이라는 주장에도 불구하고 실제로는 안창호의 것이기보다는 이광수 자신의 것이며 이는 당시 국내에서 3·1에 참가하지 않았던 윤치호의 생각에 가까운 것이다. 독립협회와 신민회 사건을 거치면서 윤치호는 실력이 없는 가운데 외국의 힘에 편승하거나 혹은 일본 제국을 과소평가하면서 경거망동하는 것을 경계하면서 민족성의 개조를 통한 실력양성을 주장하였다. 윌슨의 민족자결주의가 국제사회에서 무력화되는 것을 보고, 독립운동 세력 내부의 분열을 목격하면서 이광수는 일찍이 이러한 것을 예견한 윤치호를 우러러 보았던 것이다. 무한 삼진 함락 이후 윤치호가 '내선일체'를 외치기 시작하고 이광수가 이를 뒤따랐던 것은 그런 점에서 결코 우연한 것이 아니다. 민족주의자든 국민주의자든 공통된 것은 근대화론에 입각해 있다고 하는 것이다. 식민지에서 민족주의자들이 근대의 문제점을 간파하고 이를 넘어서려고 하는 노력을 하는 경우가 적지 않지만 민족주의자로 남는 한 근대의 벽을 넘어서기 어려운 것이다. 그런 점에서 식민지에서 민족주의자든 국민주의자든 근대화론에 입각해 있다고 해도 크게 틀리지 않을 것이다. 하지만 식민지의 근대를 바라보는 입장에 있어서는 일정한 차이를 보여준다. 민족주의자는 식민지의 근대가 결코 제국의 근대와 동일하지 않음을 알게 된다. 제국의 근대 경우 자국의 영광을 기리기 위해 다양한 형태로 전통을 창출해내고 이를 기반으로 내적 결속을 다지게 된다. 그리고 다른 종족이나 국가에 비해 자신의 우월성을 드러내기 위하여 다양한 노력을 하면서 단일성의 신화가 마련되는 것이다. 하지만 식민지의 근대의 경우 자신을 식민지화한 제국의 근대에 일방적으로 편입되어 이를 추종하는 협력 세력과 포섭되기를 거부하면서 끝없이 이탈하고자 하는 저항의 세력으로 나누어지는 것을 목도하게 된다. 상층은 제국의 근대에 깊이 연루되고, 하층은 제국의 근대로부터 어떤 직접적 혜택을 입지 못하기 때문에 배제되는 양극화의 현상

속에서 민족주의자들은 제국의 근대와 다른 식민지의 근대를 인식하고 이를 바탕으로 자신의 진로와 저항을 선택하게 된다. 하지만 국민주의자들은 제국의 근대와 식민지의 근대의 차이에 대해서는 인식하지 못하고 오로지 근대 일반의 문제로만 접근하게 된다. 따라서 그들이 이야기하는 실력양성은 식민지의 근대에 바탕을 둔 것이라기보다는 근대 일반 즉 제국의 근대를 그대로 추종하는 양상을 보여주게 된다. 바로 여기서 실력 양성론의 추상성이 발생한다.